suhrkamp taschenbuch 742

Ödön von Horváth (1901–1938) gilt heute als einer der bedeutendsten deutschsprachigen Schriftsteller unseres Jahrhunderts. Am 9. Dezember 1981 wäre Ödön von Horváth 80 Jahre alt geworden. Aus diesem Anlaß erscheint das erstmals 1976 veröffentlichte *Lesebuch* als suhrkamp taschenbuch in einer neu durchgesehenen Ausgabe.

In knapp fünfzehn Jahren, etwa von 1923 bis etwa 1938, entstanden neben lyrischen Versuchen, kleiner Prosa, zahlreichen Entwürfen und Fragmenten drei Romane und achtzehn Bühnenstücke, Umarbeitungen und Varianten nicht mitgezählt. Durch dieses, Ödön von Horváths Gesamtwerk, versucht das *Lesebuch* einen Querschnitt zu geben.

Die von Traugott Krischke getroffene Auswahl umfaßt Horváths *Sportmärchen,* kleine pointierte Prosaarbeiten aus der ersten Schaffensperiode. *Sechsunddreißig Stunden (Die Geschichte vom Fräulein Pollinger)* ist eine Vorarbeit zu Horváths »erbaulichem Roman« *Der ewige Spießer* (1930). Sein dramatisches Hauptwerk *Geschichten aus dem Wiener Wald* aus den Jahren 1930/31 wird in einer von Horváth verfaßten Variante »in sieben Bildern« präsentiert.

Bei den unter dem Titel *Die stille Revolution* zusammengefaßten Prosatexten handelt es sich um Vorarbeiten zum letzten Roman Horváths *Ein Kind unserer Zeit.* Der letzte Abschnitt, das Fragment *Neue Wellen,* war für Horváths Roman *Adieu Europa* vorgesehen, den er nur noch im Handlungsablauf skizzieren konnte.

Der Band wird abgerundet durch den biographischen Essay *Mutmaßungen über Ödön von Horváth* des Herausgebers Traugott Krischke aus dem Jahr 1976. Editorische Notizen und eine Auswahlbibliographie nach dem Stand des Jahres 1981 schließen den Band ab. Die *Gesammelten Werke* Ödön von Horváths, herausgegeben von Traugott Krischke und Dieter Hildebrandt, sind im Suhrkamp Verlag in zwei textidentischen Ausgaben erschienen: eine Dünndruckausgabe in 4 Bänden und eine Werkausgabe in 8 Bänden.

Ödön von Horváth
Ein Lesebuch

Herausgegeben
von Traugott Krischke

Suhrkamp

suhrkamp taschenbuch 742
Erste Auflage 1981
Der Text folgt dem gleichnamigen Band im Suhrkamp Verlag 1976
und wurde für diese Taschenbuchausgabe neu durchgesehen.
Alle Aufführungs-, Sende- und Übersetzungsrechte für »Geschichten
aus dem Wiener Wald« liegen ausschließlich beim Thomas Sessler
Verlag in Wien und München.
© für diese Ausgabe Suhrkamp Verlag Frankfurt am Main 1976
Suhrkamp Taschenbuch Verlag
Alle Rechte vorbehalten, insbesondere das des öffentlichen Vortrags,
der Übertragung durch Rundfunk und Fernsehen sowie der
Übersetzung, auch einzelner Teile.
Druck: Ebner Ulm
Umschlag nach Entwürfen von Willy Fleckhaus und Rolf Staudt

Inhalt

Autobiographische Notiz (auf Bestellung) 7
Sportmärchen 9
Sechsunddreißig Stunden
(Die Geschichte vom Fräulein Pollinger) 41
Geschichten aus dem Wiener Wald 147
Die stille Revolution 231
Neue Wellen 261

Traugott Krischke
Mutmaßungen über Ödön von Horváth 265

Anhang
Editorische Notiz 291
Hinweise und Quellen 292
Ausgewählte Bibliographie 294

Autobiographische Notiz
(auf Bestellung)

Geboren bin ich am 9. Dezember 1901, und zwar in Fiume an der Adria, nachmittags um dreiviertelfünf (nach einer anderen Überlieferung um halbfünf). Als ich zweiunddreißig Pfund wog, verließ ich Fiume, trieb mich teils in Venedig und teils auf dem Balkan herum und erlebte allerhand, u. a. die Ermordung S. M. des Königs Alexanders von Serbien samt seiner Ehehälfte. Als ich 1,20 Meter hoch wurde, zog ich nach Budapest und lebte dort bis 1,21 Meter. War dortselbst ein eifriger Besucher zahlreicher Kinderspielplätze und fiel durch mein verträumtes und boshaftes Wesen unliebenswert auf. Bei einer ungefähren Höhe von 1,52 erwachte in mir der Eros, aber vorerst ohne mir irgendwelche besonderen Scherereien zu bereiten – (meine Liebe zur Politik war damals bereits ziemlich vorhanden).

Mein Interesse für Kunst, insbesondere für die schöne Literatur, regte sich relativ spät (bei einer Höhe von rund 1,70), aber erst ab 1,79 war es ein Drang, zwar kein unwiderstehlicher, jedoch immerhin. Als der Weltkrieg ausbrach, war ich bereits 1,67 und als er dann aufhörte bereits 1,80 (ich schoß im Krieg sehr rasch empor). Mit 1,69 hatte ich mein erstes ausgesprochen sexuelles Erlebnis – und heute, wo ich längst aufgehört habe zu wachsen (1,84), denke ich mit einer sanften Wehmut an jene ahnungsschwangeren Tage zurück.

Heut geh ich ja nurmehr in die Breite – aber hierüber kann ich Ihnen noch nichts mitteilen, denn ich bin mir halt noch zu nah.

Sportmärchen

Was es alles gibt:

Der Faustkampf, das Harfenkonzert und die Meinung des lieben Gottes – Start und Ziel – Der sichere Stand – Legende vom Fußballplatz – Regatta – Vom artigen Ringkämpfer – Vom unartigen Ringkämpfer – Der große und der kleine Berg – Was ist das? Stafetten – Wintersportlegendchen – Vom wunderlichen Herrn von Bindunghausen – Über das Meer – Aus einem Rennradfahrerfamilienleben – Begegnung in der Wand – Die Mauerhakenzwerge – Die Eispickelhexe – Die Beratung – Aus Leichtathletikland

Der Faustkampf, das Harfenkonzert
und die Meinung des lieben Gottes

! k. o. ! ! k. o. ! ! !
heulten grelle Plakate in die Stadt; und der eines über-
hörte, dem sprangen drei ins Gesicht:
! k. o. ! ! k. o. ! ! !

Und nur ein einziges Zeitschriftlein wagte zu wider-
sprechen; aus eines schwindsüchtigen Buchladens schmal-
brüstiger Auslage wisperte sein fadenscheiniges Stimm-
lein:
Harfenkonzert – Harfenkonzert –

Tausende gingen vorbei bis einer es hörte; und das war
ein grauer grober Mann, der sogleich stehen blieb; auf
seine niedere Stirne zogen finstere Falten und aus seiner
Tasche quoll ein großer gelber Zettel, den er knurrend
auf das Fenster der Auslage klebte; und der Zettel
brüllte bereits kaum die Scheibe berührend derart
durchdringend, daß Männlein und Weiblein von weit-
umher zusammenliefen:
! k. o. ! ! k. o. ! ! !

Da verstummte das Zeitschriftlein, denn nun schwand
auch seine letzte Hoffnung; und in dem Schatten, den
das tobende Plakat auf sein kleines Titelblatt warf,
ward es sich klar, daß seine Sache im Sterben sei. Und
es schlich aus der Auslage, riß sich in Stücke und erhängte sich an einem gewissen Orte.

Später, als man das dem lieben Gott mitteilte, da zuckte
er die Achsel und meinte:
»Hja, mein Gott –«

Start und Ziel

Manchmal plaudern Start und Ziel miteinander.

Es sagt das Ziel:
»Stände ich nicht hier – wärest du ziellos!«

Und der Start sagt:
»Das ist schon richtig; doch denke: wäre ich ziellos –
was dann?«

»Das wäre mein Tod.«

Da lächelt der Start:
»Jaja – so ist das Leben, Herr Vetter!«

Der sichere Stand

Einst kletterte ein Kletterer über einen berüchtigten un-
gemein brüchigen Grat empor – und fürwahr! er war
ein kühner Bursche: denn selbst von Zacken mit Zipper-
lein (die nur noch den erlösenden Rülps ersehnten um
die Fahrt nach dem Friedhof tief unten im Kar antreten
zu können) rief er denen, die hinter ihm herkletterten,
zu:
»Kommt immer nur nach! Habe sicheren Stand!«

Und einmal hielt er sich gar nur mit zwei Fingerspitzen
der linken Hand an einem kaum sichtbaren Griff, doch
schon rollte er rasch mit der Rechten das Seil ein und
schrie:
»Sicherer Stand!«

– da seufzte sein Griff und brach ab: kopfüber flog er
aus der Mutterwand und mit ihm unser Kletterer, während ein scharfer Stein schmunzelnd das Seil durch-
biß - - und erst nach gut fünfhundert Metern klatschte
er wie eine reife Pflaume auf eine breite Geröllterrasse.
Aber sterbend schrie er noch seinen Gefährten zu:
»Nachkommen! Sicherer Stand!«

War das ein Optimist!!

Legende vom Fußballplatz

Es war einmal ein armer kleiner Bub, der war kaum sieben Jahre alt, aber schon loderte in ihm eine Leidenschaft: er liebte den Fußball über Alles.

Bei jedem Wettspiel mußt er dabei gewesen sein: ob Liberia gegen Haidhausen, ob Beludschistan gegen Neukölln – immer lag er hinter einem der Tore im Grase (meistens bereits lange vor Beginn) und verfolgte mit aufgerissenen runden Kinderaugen den mehr oder minder spannenden Kampf. Und wenn ein Spieler grob rempelte, ballten sich seine Händchen erregt zu Fäusten und mit gerunzelter Stirne fixierte er finster den Übeltäter. Doch wenn dann vielleicht gar gleich darauf des Schicksals Laune (quasi als Racheakt) ein Goal schoß, so tanzte er begeistert und suchte strahlend all den Anderen, die um ihn herum applaudierten, ins Antlitz zu schauen. Diese Anderen, die neben ihm lagen, waren ja meistens schon um ein oder zwei Jahre älter und andächtig horchte er, wenn sie sich in den ungeheuerlichsten hochdeutschen Fachausdrücken, die sie weiß Gott wo zusammengehört hatten, über die einzelnen Spieler und Clubs ergingen; ergriffen lauschte er trüben Weissagungen, bis ihn wieder ein wunderbar vollendet geköpfter Ball mit sich riß, daß sein Herz noch höher flog wie der Ball.

So saß er oft im nassen Grase. Stundenlang.
Der Novemberwind schmiegte sich an seinen schmalen Rücken, als wollt er sich wärmen und hoch über dem Spielplatz zog die Fieberhexe ihre Raubvogelkreise.

Und als der Schlußpfiff verklungen war, da dämmerte es bereits; der kleine Bub lief noch einmal quer über das Feld und ging dann allein nach Hause. In den leeren Sonntagsstraßen war es ihm einigemale als hörte er

Schritte hinter sich: als schliche ihm jemand nach, der spionieren wolle, wo er wohne. Doch er wagte nicht umzuschauen und beneidete den Schutzmann, der solch große Schritte machen konnte. Erst zuhause, vor dem hohen grauen Gebäude, in dem seine Eltern den Gemüseladen hatten, sah er sich endlich um: ob es vielleicht der dicke Karl ist mit dem er die Schulbank teilt und der ihn nie in Ruhe läßt – aber es war nur ein dürres Blatt, das sich mühsam die Straße dahinschleppte und sich einen Winkel suchte zum Sterben.

Und am Abend in seinem Bette fror er trotz tiefroter Backen; und dann hustete er auch und es hob ihn vornüber, als haute ihm der dicke Karl mit der Faust in den Rücken.

Nur wie durch einen Schleier sah er seiner Mutter Antlitz, die am Bettrande saß und ihn besorgt betrachtete; und er hörte auch Schritte im Zimmer, langsame, hin und her: das war Vater.

Der Nordwind hockte im Ofenrohr und zu seinem Gesumm fingen Regenbogen an einen Reigen um ihn zu tanzen. Er schloß die Augen. Da wurd es dunkel. Und still.

Doch nach Mitternacht wich plötzlich der Schlaf und feine Fingerknöchelchen klopften von außen an die Fensterscheibe – und er hörte seinen Namen rufen – »Hansl!« rief eine sanfte Stimme – »Hansl!«

Da erhob sich der kleine Bub aus seinem Bette, trug einen Stuhl vor das Fenster, erkletterte ihn und öffnete –: draußen war tiefe stille Nacht; keine Trambahn läutete mehr und auch die Gaslaterne an der Ecke war schlafen gegangen und – vor seinem Fenster im vierten Stock schwebte ein heller Engel; der ähnelte jenem, welcher Großvaters Gebetbuch als Spange umschloß, nur, daß er farbige Flügel hatte: der linke blau und gelb: das waren die Farben des Fußballvereins von Oberhaching; der rechte rosa und grün: das waren die Farben dessen von Unterhaching; seine schmalen Füße staken in purpurnen Fußballschuhen, an silberner Sternenschnur hing um seinen Schwanenhals eine goldene Schiedsrichterpfeife und in den durchsichtigen Händen wiegte sich ein mattweißer Fußball.

»Schau –« sprach der Engel – »schau!« und köpfte den Ball kerzengerade in die Höhe; der flog, flog – bis er weit hinter der Milchstraße verschwand.

Dann reichte der Himmlische dem staunenden Hansl die Hand und lächelte: »Komm mit – zum Fußballwettspiel –«

Und Hansl ging mit.
Wortlos war er auf das Fensterbrett gestiegen und da er des Engels Hand ergriffen, da war es ihm als hätte es nie einen dicken Karl gegeben. Alles war vergessen, versank unter ihm in ewigen Tiefen – und als die beiden an der Milchstraße vorbeischwebten, fragte der kleine Bub: »Ist es noch weit?«
»Nein«, lächelte wieder der Engel, »bald sind wir dort.« Und weil Engel nie lügen leuchtete bald durch die Finsternis eine weiße rechteckige Fläche, auf die sie zuflogen. Anfangs glaubte Hansl es wäre nur ein Blatt unliniertes Papier, doch kaum, daß er dies gedacht hatte, erfaßte sein Führer auch schon den Rand; nur noch ein Klimmzug – und es war erreicht!

Doch wie erstaunte da der kleine Bub!
Aus dem Blatt unliniertem Papier war eine große Wolke geworden, deren Oberfläche ein einziger herrlich angelegter Fußballplatz war; auf buntbewimpelten Tribünen saßen Zuschauer wie sie in solcher Zahl unser Kleiner noch bei keinem Wettspiel erlebt hatte. Und das

ganze Publikum erhob sich zum Gruß und Aller Augen waren voll Güte auf ihn gerichtet, ja selbst der Aufseher, der ihn doch sonst immer sofort hinter das Tor in das nasse Gras trieb, führte ihn unter fortwährenden Bücklingen auf seinen Platz: Tribüne (!) Erste Reihe (!!) Mitte (! ! !)

»Wie still nur all die Leute sind!« meinte der kleine Bub. »Sehr recht, mein Herr«, lispelte der Aufseher untertänig, »dies sind ja auch all die seligen Fußballwettspielzuschauer.«

Unten am Rand losten die Parteien nun um die Sonne-im-Rücken-Seite und – »das sind die besten der seligen Fußballspieler«, hörte Hansl seinen Nachbar sagen; und als er ihn ansah nickte ihm dieser freundlich zu: da erkannte er in ihm jenen guten alten Herrn, der ihn einst (als Borneo gegen Alaska verlor) vor dem dicken Karl verteidigte; noch hielt er den Rohrstock in der Hand mit dem er dem Raufbold damals drohte. Wie der dann lief!
Unermeßliche Seligkeit erfüllte des armen kleinen Buben Herz. Das Spiel hatte begonnen um nimmermehr beendet zu werden und die Zweiundzwanzig spielten wie er noch nie spielen sah. Manchmal kam es zwar vor, daß der eine oder andere dem Balle einfach nachflog (es waren ja auch lauter Engel) doch da pfiff der Schiedsrichter (ein Erzengel) sogleich ab: wegen unfairer Kampfesweise.

Das Wetter war herrlich. Etwas Sonne und kein Wind. Ein richtiges Fußballwetter.

Seit dieser Zeit hat niemand mehr den armen kleinen Buben auf einem irdischen Fußballplatze gesehen.

Regatta

Tausend Fähnlein flattern im Wind:
regettete regattata

In hundert Segel speit der Wind:
Huuuu –

Einer wird Erster, einer wird Letzter:
Regatta!

Einer ist munter:
regattattatatararaaa! ! !

Einer geht unter:
r.

Vom artigen Ringkämpfer

Manche Menschen besitzen das Pech, zu spät geboren worden zu sein. Hätte zum Beispiel der Ringkämpfer, den dies Märlein des öfteren ringen sah, Sonne und Sterne nur tausend Jahre früher von der Erde aus erblickt, so wäre er wahrscheinlich Begründer einer Dynastie geworden – so aber wurd er nur Weltmeister.

Nichtsdestotrotz war er artig gegen jedermann. Selbst gegen unartige Gegner, selbst gegen ungerechte Richter. Nie hörte man ihn murren – er verbeugte sich höflich und rang bescheiden weiter; und legte alles auf beide Schultern.

So ward er Beispiel und Ehrenmitglied aller Ringkämpfer-Kongregationen.

Eines Nachts nun (es war nach seinem berühmten Siege über den robusten kannibalensichen Herkules) setzte sich Satan in persona an sein Bett und sprach wie eine Mutter zu ihrem Kinde:

»Ach, du mein artiges zuckersüßes Würmchen, wenn du mir folgst und den bösen Erzengel besiegst, so schenk ich dir auch etwas Wunderwunderschönes!«
»Was denn?« frug gar neugierig unser braver Ringkämpfer.
»Die Welt!« flüsterte Satan und stach mit dem Zeigefinger in die Luft.
Doch da gähnte der artige Knabe:
»Danke dafür – bin ja bereits Weltmeister.«

Vom unartigen Ringkämpfer

War das ein unartiger Ringkämpfer!
Wie der kratzte, fauchte, biß und schlug! Haare aus-
riß, Bein stellte und Finger brach (selbst wenn der Gegner nur seine Hälfte wog!) – bei Gott! es war platter-
dings das unsportlichste Ungeheuer, das jemals die Mat-
te entweihte!

Und wie eitel er war!
Sah über alles hinweg (wohl weil sein kurzes Köpfchen
kraft seines Corpus alles überragte) und sprach nur mit
dem Spiegel, vor dem er gar gerne, manchmal sogar
schäkernd, seine Muskeln spielen ließ. Und als er sieben
Jahre unbesiegt blieb, schwor er schier jeden Eid, daß
es vor ihm noch nie einen Weltmeister gegeben habe.

Eines Abends nun kam er an einem alten Kloster vorbei, dessen Kirchlein sich einst einen Turm gebaut, wohl
um des lieben Gottes Stimme besser erhören zu können.
Und rings um das Zifferblatt auf seiner Stirne mahnten
die Worte aus Stein:
»Unser Herr Tod
Kennt kein Gebot«

Als dies der unartige Weltmeister las, da fuhr ihm die
Schlange Übermut ganz in den Bauch und juckte ihn
dortselbst derart, daß er mit seinen Riesenhänden das
Türmlein um den Hals packte; und feist grinsend preßte er dessen Kehle zu – bis die Turmspitze entseelt her-
abhing, wie eines Erhängten Kopf in Zipfelmütze.

Nach dieser Untat verschwand unser starker Mann
überaus befriedigt in dem Gasthof um die Ecke, zum
»Asketen Sport«. Dort trank er roten und weißen Un-
garwein und ließ die Päpstin der Amazonen hochleben
– denn dies war die einzige Frau, die er schätzte.

Und als er sie das siebenundsiebzigstemal hochleben ließ, da ward er plötzlich von dem Verlangen nach jener Einsiedelei geplagt, von der die Sage geht, daß man sie meistens nur durch einen hinteren Ausgang erreichen kann. Dort schrieb er, während er sich entleerte, mit Kreide an die Wand:
»Unser Herr Tod
Kennt kein Gebot«

Da traf ihn der Schlag.

Ein anderer Weltmeister war eingetreten und legte den unartigen Ringkämpfer auf beide Schultern, obwohl er körperlich weit leichter war, denn er bestand ja nur aus Knochen –

Aber er besaß eine brillante Technik!!

Der große und der kleine Berg

Als einst der große Berg, der vor lauter Erhabenheit
schon schneeweiß geworden war, dem kleinen Berge gebot:
»Staune ob meiner Größe!«
antwortete jener Felsenzwerg schnippisch nur dies:
»Wieso?«

Da reckte sich der Riese und sein Scheitel berührte die
Wolken, als stünde Goliath in einer niederen Bauern-
stube – und durch seine drohende Stimme lief das
Grollen der Lawinen: »Ich bin der Größere!«

Doch der kleine Berg ließ sich nicht einschüchtern:
»Aber ich bin der Stärkere!«

Wie lachte da der große Berg!

Doch der Kleine wiederholte stolz:
»Ich bin der Stärkere, denn ich bin der Schwierigere!
Du wirst bei unseren Feinden, den Bergsteigerkreisen,
nur als leicht belächelt, ich hingegen werde als sehr
schwierig geachtet und gefürchtet. Mich ersteigen jährlich höchstens sieben! Und dich? – Blättere nur mal
nach in deinem Gipfelbuch, dort steht der Unterschied
unverfälschbar!«

Auf das sichere Auftreten des bisher (über die Achsel)
Angesehenen hin wurd der Große doch etwas stutzig
und blätterte stirnrunzelnd in seinem Gipfelbuche und
– oh, Graus!

: – Namen, Namen, zehntausende! und was für Namen!! fünfjährige Kinder und achtzigjährige Lehrerin-
nen!!

Er zitterte.

Da bröckelten Steine aus seiner Krone und wurden als
Steinschlag eines Bergsteigers Tod, der wenn er seinen
Namen in ein Gipfelbuch schrieb, immer nur dies dach-
te:
»Berge! staunet ob meiner Größe!«

Und als dies der große Berg erfuhr, sagte er nur:
»Wehe mir!«

Was ist das?

Zwei Schwergewichte werden als Zwillinge geboren und hassen sich schon in der ersten Runde ihres Daseins. Aber nie reicht die Kraft, um den anderen im freien Stil zu erwürgen, nie wirken die heimlich im Ring verabreichten Gifte genügend gefährlich und alle Schüsse aus dem Hinterhalt prallen von den zu Stein trainierten Muskelteilen (vom Gürtel aufwärts!) ab.

Und so leben die beiden neunzig Lenze lang.

Aber eines Nachts schläft der eine beim offengelassenen Fenster, hustet dann morgens und stirbt noch am selbigen Abend.

Was ist das?

Ein Punktsieg.

Stafetten

Nur an der Schaltjahre Schalttagen treffen sich die Brüder Stafetten zu einem gemütlichen Plausch.

Die Stafette von und zu Ski erzählt von korrekt verschneiten Tannenwäldern, drolligen Lawinenkindern, neckisch vereisten Stellen und störig verharschten Sprunghügeln.

Die Stafette aus dem Stadion ergeht sich in Prophezeiungen über die Aussichten der guten und schlechten Starts anläßlich einer Nachricht über Möglichkeit der Abhaltung des jüngsten Gerichts und liest zwecks seelischer Gesundung mahnende Stellen aus dem Werke »Das ewige Übergeben« vor.

Die Schlittschuhstafette propagiert mit einem Temperament, das der Laie ihrer eisgrünen Hornbrille niemals zutraute, die Erbauung künstlicher Eisbahnen – wegen der immer mehr zunehmenden Impotenz der Stadtwinter.

Und die Schwimmstafette gibt Ergötzlichkeiten aus Wiesenbächen und Weltmeeren zum besten; unter anderem, von einer neuentdeckten Sardinenart, für die der freie Stil ein Buch mit sieben Siegeln sei, und von menschenfressenden träumerischen Tiefseelilien.

Zu all dem trinkt man köstlichen Kaffee und raucht seinen Lieblingstabak.

Kurzum:
unvergeßliche Stunden!

Wintersportlegendchen

Wenn Schneeflocken fallen binden sich selbst die heiligen Herren Skier unter die bloßen Sohlen. Also tat auch der heilige Franz.

Und dem war kein Hang zu steil, kein Hügel zu hoch, kein Holz zu dicht, kein Hindernis zu hinterlistig – er lief und sprang und bremste derart meisterhaft, daß er nie seinen Heiligenschein verbog.

So glitt er durch winterliche Wälder. Es war still ringsum und – eigentlich ist er noch keinem Menschen begegnet und auch keinem Reh. Nur eine verirrte Skispur erzählte einmal, sie habe ihn auf einer Lichtung stehen sehen, woselbst er einer Gruppe Skihaserln predigte. Die saßen um ihn herum im tiefen Schnee, rot, grün, gelb, blau – und spitzten andächtig die Ohren, wie er so sprach von unbefleckten Trockenkursen im Kloster »zur guten Bindung«, von den alleinseligmachenden Stemmbögen, Umsprung-Ablässen und lauwarmen Telemarkeln. Und wie erschauerten die Skihaserln, da er losdonnerte wider gewisse undogmatische Unterrichtsmethoden!

Vom wunderlichen Herrn
von Bindunghausen

I.

Wächtengleich droht des Herrn von Bindunghausen
Burg dort droben auf jenem Sprunghügel, der trutzig
verharscht in lawinenloser Landschaft wurzelt.

Seht Ihr? – rings gleiten die eisblauen Berge als das
ideale Skigelände in den glattgefrorenen See, an dessen
Gestaden Seehundfelle röhren; und nirgends findet der
Wanderer Straßen, nur Bobbahnen und statt der Pfade
Rodelbahnen – und an so mancher stimmungsvollen
Kurve mahnt zum inneren Bremsen ein Kreuz aus un-
gleichem Schneeschuhpaar.

Sanft überwölbt der silbergraue Himmel Bilder emsi-
ger Arbeit: um dereinst magere Jahre zu mästen ver-
speichert sich heute die Pulverschnee-Ernte, dort drinnen, wo das Skifett sich konserviert, des Burgherrn pi-
kanteste Delikatesse.

Und der Gemächer Wände verkünden aus großer Zeit
der Vorfahren Ruhm: da hängen Schneereifenschilde,
Skistocklanzen und krumme Säbel aus Schlittschuhstahl.
Und der Wappen derer von Bindunghausen spricht:
»Nur auf die Bindung kommt es an!« – (was aber an-
gezweifelt werden kann)

Wahrlich: ein bezaubernder Besitz!

II.

Des Nachts, wenn am Hochgericht Sturm, Strick und
Rad musizieren, besucht ihn die wilde Jagd – und je-

desmal wieder führt er die Gäste gerührt in jenen einfachen Anschnallraum, in welchem König Winter MLXXVII. das letztemal nächtigte, als er gen Süden zum Frühling nach Canossa zog.

III.

Leitartikel las er nur schlittschuhlaufend: Bogen links, Bogen rechts, Dreier, Dreiersprung, sprungpung -- pung! da saß er am Hintern und tief im Teiche rief der Wassermann: »Herein!« Denn man darf nicht aufhören zu hoffen.

So dachten auch die Nixlein unterm durchsichtigen Eis und zwinkerten ihm, wenns dämmerte, aus Schlingpflanzen zu: »Kleiner komm runter –«. Sie waren zwar recht kitschig, doch nichts Menschliches blieb ihm fremd.

IV.

Obwohl er durchaus kein Wüstling war, dürfte wohl seinem Geschlechtsleben auch der gebildete Laie Interesse entgegenbringen.

Wahrscheinlich weil er wintersportlich empfand, reizten ihn nur weibliche Schneemänner. Wie peinlich für ihn, falls es mal zu sehr fror, doch um wie viel peinlicher für die Frauen, wenn er mal zu sehr transpirierte!

Seine angetraute Gemahlin war jene zweieinhalb Meter hohe nibelungenhaft herbe Erscheinung, die ihm bereits sieben rassereine Albinos gebar: bei roten Äuglein weiß an Haut und Haar. Mutter und Kinder stellten fürwahr malerische Familienbilder.

Und gar oft führte geile Intuition seine Finger und er

formte am nahen Übungshügel Dicke, Dünne, Große, Kleine, Reife – so fröhnte er seiner Gefrierfleisches-lust.

v.

Weltberüchtigt war die große Kurve, die noch von nie-mandem befriedigend bezwungen worden war. Diesel-be richtig zu nehmen, war des Herrn von Bindunghau-sen Lebensziel – »dann erst«, so sprach er zu seinen Söh-nen, »kann ich ruhig sterben. Denn Leben heißt Kurven nehmen.« – –

Über das Meer

Sowohl noch nie als auch schon oft habt Ihr folgende
Geschichte gehört:

Ein nüchternes Brustschwimmen wollte nach Amerika.
Es sprang zu Le Havre ins Meer und schwamm –

Tagelang. Jahrelang.

Jedoch mitten im Meere wurde es müd. Schlief ein und
träumte –

Tagelang. Jahrelang.

Und erwachte als romantisches Rückenschwimmen.

Aus einem Rennradfahrerfamilienleben

Er überrundet bereits die sechste Nacht im Sportpalast
– und sein Endspurt zwingt den Zeitrichter die Licht-
sekundenstoppuhr zu zücken!

Inzwischen streitet zuhause seine Frau mit der Nach-
barin: »Was? ich habe ein Rad zuviel? Ja – gibt es denn
ein Rad mit weniger als zwei Rädern?!«

Und was schreibt wohl dem Weihnachtsmann dieser bei-
der Kindlein, das fast auf einem Damenrade geboren
wurde, wäre seine geistesgegenwärtige Mutter nicht
noch im allerletzten Augenblicke abgesprungen?

Es schreibt:

»Du guter Weihnachtsmann
gib, daß ich bald kann
radfahren um häuslichen Herd
rascher als Mond um Erd«

Dann schläft es ein und träumt, während Vater siegt
und Mutter Reifen flickt, von Motoradelfen und dem
Prinzeßlein im Beiwagen; und von Kühlerkobolden auf
Märchenkraftwagen und den sieben radfahrenden Geiß-
lein, Bremshexen und Übersetzungsschlänglein –

Begegnung in der Wand

Als einst der geübte Bergsteiger von einer hehren Alpenzinne herabkletterte, begegnete er in der sich nach unten zu einem äußerst schwierigen Kamin verengenden plattigen Rinne dem ungeübten Bergsteiger.

Der lag schon seit einigen Jahren an dieser Stelle. Kopfabwärts. Sein Rückgrat war gebrochen und lugte nun aus seiner Kehle wie eine schlechtsitzende Kravatte; dadurch hing sein Schädel hinten herunter als hätt er den Hals vergessen. Statt Kleider flatterten im kühlen Bergwind nur Fetzen der Wickelgamaschen um seine Knochen, auf denen sich am relativ besten die Fleischteile über der Brust behaupteten. Und er besaß nur mehr einen Arm, denn der andere hatte bereits zu letzt Frühjahr seinen Rumpf verlassen und war nach unten in die finstere Randkluft geflogen. Das Fliegen hatte jener wahrscheinlich den Jochgeiern abgeguckt, denen die Augen seines Herrn seinerzeit als Leckerbissen mundeten.

Da nun der geübte Bergsteiger neben diesem Wesen an der Wand klebte, sprach er nach kurzem Gruße:
»Wenn ein Ungeübter mit solch Schuhzeug (geschweige denn Kletterschuhe) hier herunterklettert, obendrein allein, so hab ich kein Mitleid!«

»Verzeihen Sie —« erwiderte der ungeübte Bergsteiger »verzeihen Sie, daß als ich noch klein war über meinem Bette ein Gebirgsbild hing; denn seit jenen Jahren hört ich sie singen in mir: die Sehnsucht nach den blauen Bergen — ohne jemals auch nur einen Hügel erblickt zu haben. Und dies war meine erste —«

»Man merkts«, unterbrach ihn der Geübte und hielt sich die Nase zu.

»Jaja!« nickte die Leiche und lächelte leise. »Sichere Kletterer behalten immer Recht: es duftet nicht nach Hyazinthen – jedoch ich hoffe Sie werden mir trotzdem einen Gefallen tun: wenn Sie auch kein Mitleid mit mir haben. Aber ich sehe: Sie sind geübt und gelangen daher wieder heil hinab ins Tal. Und ich bitte: wären Sie nicht so liebenswürdig diese Postkarte, die ich bereits vor zwei Sommern an meine Mutter in Tilsit schrieb, mitzunehmen und in einen Briefkasten zu befördern?«

»Warum nicht?«
»Warum ja? – haben Sie Angst?«
»Geben Sie die Karte her!« schrie da der Sichere – und kaum fühlte er sie in der Hand, kletterte er fluchtartig, als drohten ihm Gewitterfinger, fort ohne Gruß von dem redseligen Leichnam.

Doch dieser hat ihm noch freundlich nachgewunken mit seinem einen Arm: als er unten über den Ferner lief – bis er verschwand: dort hinter dem Buckel wo die Hütte liegt im Tal, das schon ganz in Schatten versank.

Und bald umrangen auch Nachtnebel grau die verlassenen Gipfel und die Dunkelheit hielt Hochzeit im stillen Kar. Und irgendwo sang ein Salamander Ständchen. –

Da grub der ungeübte Bergsteiger aus einer Felsenspalte einen Führer hervor und las nach, welch Wand oder Grat seiner blauen Berge er noch nicht erklettert hat.

Denn die Nächte gehören den Abgestürzten.

Die Mauerhakenzwerge

Unzählbare Mauerhaken stecken in Spalten und Falten der Felsen. Auf diesen turnt in Neumondnächten ein gar lustiges Völklein: die Mauerhakenzwerge.

Da machen sie Handstand und Purzelbaum und nie kugelt einer herunter, denn sie sind derart winzig leicht, daß sie in der Luft klettern, wie wir, beispielsweise, in einem Kamin.

Aber am Tage bleiben sie unsichtbar und treiben mit den Bergsteigern harmlosen Ulk. So unter anderem, wenn einer klettert, kneifen sie ihn in die Ohren oder krabbeln an seiner Nase, damit er sich kratzen muß; und kichern wenn er flucht.

Gerät aber ein Gerechter in Lebensgefahr und finden seine zitternden Glieder weder Griff noch Tritt – so schweben die Mauerhakenzwerge heran und schmiegen sich dort an die Wand, wo er gerade einen Griff oder Tritt erfleht: wie ein Bienenschwarm mit weißen wallenden Bärten unter Tarnkäppchen und lassen sich als Stufe benützen – und der solch Stelle überwand, wundert sich hernach selber, wie dies nur möglich gewesen sei!

Freilich: an die braven Mauerhakenzwerge denkt keiner.

Und es sind doch so sehr sympathische Leute!

Die Eispickelhexe

Hoch droben in dem Lande in dem es weder Wälder noch Wiesen nur zerklüftete Eisäcker gibt, dort haust die Eispickelhexe.

Statt den Zehen wuchsen ihr Pickelspitzen und ihre Zähne sind klein und aus blauem Stahl. Ihre Brüste sind mächtige Hängegletscher und – trinkt sie Kaffee mit Gemsenblut, darf niemand sie stören. Nicht einmal die Mauerhakenzwerge.

Sie ist aller Eispickel Schutzpatronin.

Drum in den Nächten auf den Hütten, wenn jene sich unbeobachtet meinen, schleichen sie aus den Schlafräumen ihrer Herrn: von den Haken herab, aus den Ecken heraus, unter den Bänken hervor – unhörbar zur Türe hinaus. Dort knien sie nieder und falten ihre Pickelschlingen und beten zum Schutzpatron um guten Schnee –

Die Beratung

Es war einmal ein Bergsteiger, der vernachlässigte in gar arger Weise seine Ausrüstung. Das ließ sich diese aber nicht länger mehr gefallen und trat zusammen zur Beratung.

Die Nagelschuhe fletschten grimmig die Zähne und forderten, da er sie ständig fettlos ernähre, seinen sofortigen Tod. Darin wurden sie vom Seil unterstützt. Die Kletterschuhe zeigten ihre offenen Wunden dem Rucksack, der noch etwas ungläubig tat, da er erst gestern aus dem Laden gekommen war, und erzählten ihm erbebend den jeglicher Zivilisation hohnsprechenden Martertod seines Vorgängers. Der Eispickel bohrte sich gehaltvoll bedächtig in den Boden und sprach: »Es muß anders werden!« Und die Windjacke kreischte empört: »Er zieht mich sogar in der Stadt an!«

Endlich ward man sich einig über seinen Tod bei der nächsten Tour:

Die Windjacke sollte sich zuhause verstecken um überhaupt nicht dabei zu sein. Zuerst müßten dann die Nagelschuhe, vornehmlich mit ihren besonders spitzen Absatzzähnen, seine Fersen und Sohlen blutig beißen. Später in der Wand wird ihn der Rucksack aus dem Gleichgewicht bringen, wobei sich die Kletterschuhe aalglatt zu benehmen haben – und sogleich wird der Pickel in seine Gedärme dringen und das Seil ihn mit einer Schlinge erwürgen.

Jedoch zu selbiger Zeit glitt der Bergsteiger auf der Straße über eine Apfelsinenschale und brach sich das Bein. Und – er würde sicher nicht mehr fluchen, daß er nun nie mehr in die Berge kann, wüßte er von der Beratung.

Aus Leichtathletikland

Als jener geniale Mensch, der als erster seines Geschlechtes aus der Baumwipfelheimat zu Boden sprang – da wurd die Leichtathletik geboren.

Zu jenen Zeiten wuchs in allen Ländern nur Urwald – und schüchtern schritt das Gehen durch Dickicht und Dschungel.

Doch eines Abends grunzte im Moor das Riesenschwein und wieder verdämmerte ein Zeitalter; ein neues pochte an die Pforten unseres Planeten: denn nun l i e f das Gehen!

Jedoch erst vieltausend Jahre später teilte der Häuptling die Menschheit in Kurzstrecken- und Langstreckenläufer.
(denn naturgemäß mußte lange Zeit verfließen, ehe selbst ein Häuptling zwischen Schenkel und Schenkel unterscheiden konnte)

Und nun lief das Langstreckenlaufen unzählbare Male um die Erde und wurd weder müde noch alt – aber der Wald ward gar bald zum Greis; die vielen Jahre hatten Höhlen in seine Knochen gegraben und saßen nun drinnen und sägten und sägten; und fällten die stolzen Stämme, deren Leichen das Langstreckenlaufen oft zu meilenlangen Umwegen zwangen.

Eines Morgens flog an dem Langstreckenlaufen ein Schmetterling vorbei, der derart lila war, daß das »Lang« ihm sogleich nachhaschte wie ein einfältiges Mädchen.. Über die Lichtung und dann immer tiefer und tiefer hinein in den Wald. Bis die Sonne sank, der Falter verschwand und die Nacht hob die dunkle Hand. Nun erst griff sich das »Lang« an die Kniee (seinen Kopf) und machte kehrt – doch wohin es sich auch wand, überall lagen Leichen der Riesenbäume.

Sechs Tage und sechs Nächte saß nun das »Lang« gefangen auf Moos und spreizte verzweifelt die Zehen. Es war still – nur ab und zu stöhnte ein sterbender Stamm. Und die Luft murmelte lau –

In der siebenten Mitternacht (es war vor Angst bereits halbtot) rief eine helle Stimme:
»Siehe, dort liegt eine tote Tanne! Gehe hin und befolge das Gebot, du Auserkorener!«

Da senkte das Langstreckenlaufen gläubig die abgezehrten Zehen und rannte blind und bleich auf die dunkle Masse zu – zwei Urhasen im Unterholz schrien gellend auf, denn sie sahen es bereits mit gespaltenen Kniescheiben vermodern – jedoch im allerletzten Augenblick hob ein beflügeltes weißes Wesen das »Lang« über den toten Riesen und ließ es drüben unversehrt zu Boden gleiten. Da falteten die beiden ungläubigen Urhasen die Ohren und lobpreisten laut die Allmacht; es war ja ein Wunder geschehen: Hochsprung ist erstanden!

Wie unendliche Heuschreckenschwärme flog das Gerücht vom heiligen Hochsprung über die Welt und allüberall sang man Dankchoräle. Als aber kurze Zeit darauf auch das Kurzstreckenlaufen einen Hochsprung vollführte, glaubte niemand mehr an das Wunder. Und die folgende Generation glaubte überhaupt nichts mehr – denn nun konnte ja jeder schon vom dritten Lebensjahre ab hochspringen. Sogar aus dem Stande.

Da aber erzürnte der liebe Gott gar sehr ob der allgemeinen Gottlosigkeit und sprach zum Eis:
»Eis, tust du meinen Willen nicht, so geb ich dir die Sonne zum Gemahl!«

Sogleich warf sich der Vater aller Winter auf den Bauch vor Gott; und gerade dort, wo er den Nabel trug, drehte sich die Erde.

(– und grimmige Kälte und grüner Frost erwählten die Erde zu ihrem Brautbett und finstere Stürme triumphierten.
Alles erstarb ohne verwesen zu dürfen.
Es waren Bilder, wie sie grausiger kaum an Verfolgungswahn leidende Insassen der Hölle hätten malen können.
Die wenigen, deren Blut nicht stillstand, hausten in Höhlen und weinten bittere Eiszapfen)

Und das Eis sprach zu Gott:
»Ich werde dein Wille, Herr!«
Und der Allgütige antwortete:
»So stehe auf! Denn allein wenn du so sagst, sind sie genügend gestraft!«

Kaum war das Wort verklungen schien die Sonne wieder auf die Erde und all die Eiszapfentränen schmolzen und bildeten mächtige Ströme – überall; einmal sogar zwischen einem Liebespaar.
So entstand der Weitsprung.
Und selbst die reuigsten Sünder konnten nicht umhin fest zu fühlen, daß dies kein Wunder sei, sondern nur natürlich. Daher beantragten sie (eben weil es kein Wunder war) ein Weitsprungverbot. Aber eben weil es natürlich war blieb es immer nur beim Antrag.

Erst bedeutend später verfertigte ein Geistvoller, der weder Gott noch Weib verehrte, einen Stab, mit dem der Hochsprung einen hochaufgeschossenen Sohn zeugte:
den Stabhochsprung
der heutzutage besonders bei Sportfotografen beliebt ist.

Randbemerkung zu Satz eins:

Nur um der Wahrheit Willen soll corrigieret werden, was aus
Bequemlichkeit der Ausdrucksweise Überlieferung geworden war –
daß nämlich jener geniale Mensch von jenem Baume nicht her-
untersprang, sondern bloß herunterfiel. Und selbst kopfunten
warf er noch heulend Gebetbrocken an den Horizont: denn
damals herrschte in unserem Geschlechte der Glaube, daß am
Boden nicht zu leben sei. Als er aber ebendortselbst dank seines
vortrefflichen Genickerbauers heil landete, staunte er zunächst
stumm ob des nicht eintretenden Todes. Doch bald verkündete
er mit lauter Lunge seinen Brüdern und Schwestern, daß er
heruntergesprungen sei. D i e s war seine geniale Tat.

Und begeistert sprangen ihm die Geschwister nach ins neue Land;
in der alten Heimat gab es nämlich bereits zu viel Menschen
und zu wenig Äste. Freilich mit der neuen entdeckten sie auch
nicht das Paradies: denn damals herrschten noch Drachen. Aber
es waren ja bei dem Sprung aus dem Vaterland nicht gerade alle
auf den Kopf gefallen: einige wußten Rat. Mit Steinen und spitzen Stämmen (den Ahnen von Diskos und Speer) rotteten sie die
Ungeheuer mit Müh und Plag nach und nach aus. Aber nur so,
durch Leid geläutert, konnte sich die Leichtathletik entfalten. Und
das ist doch Fortschritt – und uns allen liegt auch nichts ferner
als dies: jenem Mitmenschen die kleine Formlüge nicht verzeihen
zu können.

> Juppiter Fürchtegott
> Weltrekordinhaber h. c.

Sechsunddreißig Stunden
(Die Geschichte vom Fräulein Pollinger)

1.

Die ganze Geschichte spielt in München. Als Agnes ihren Eugen kennen lernte, da war es noch Sommer. Sie waren beide arbeitslos und Eugen knüpfte daran an, als er sie ansprach. Das war in der Thalkirchner Straße vor dem städtischen Arbeitsamt und er sagte, er sei bereits zwei Monate ohne Arbeit und eigentlich kein Bayer, sondern ein geborener Österreicher. Sie sagte, sie sei bereits fünf Monate arbeitslos und eigentlich keine Münchnerin, sondern eine geborene Oberpfälzerin. Er sagte, er kenne die Oberpfalz nicht und sie sagte, sie kenne Österreich nicht, worauf er meinte, Wien sei eine sehr schöne Stadt und sie sehe eigentlich wie eine Wienerin aus. Sie lachte und er sagte, ob sie nicht etwas mit ihm spazieren gehen wollte, er habe so lange nicht mehr diskuriert, denn er kenne hier nur seine Wirtin und das sei ein pedantisches Mistvieh. Sie sagte, sie wohne bei ihrer Tante und schwieg. Er lächelte und sagte, er freue sich sehr, daß er sie nun kennen gelernt habe, sonst hätte er noch das Reden verlernt. Sie sagte, man könne doch nicht das Reden verlernen.

Hierauf gingen sie spazieren. Über Sendlingertorplatz und Stachus, durch die Dachauerstraße, dann die Augustenstraße entlang hinaus auf das Oberwiesenfeld.

Als Eugen die ehemaligen Kasernen sah, meinte er, oft nütze im Leben der beste Wille nichts. Überhaupt gäbe es viele Mächte, die stärker wären als der Mensch, aber so dürfe man nicht denken, denn dann müßte man sich aufhängen. Sie sagte, er solle doch nicht so traurig daherreden, hier sei nun das Oberwiesenfeld und er solle doch lieber sehen, wie weit heut der Horizont wär und wie still die Luft, nur ab und zu kreise über einem ein Flugzeug, denn dort drüben sei der Flughafen. Er sagte, das wisse er schon und die Welt werde immer enger, denn bald wird man von da drüben in zwei Stunden nach Australien fliegen, freilich nur die Finanzmagnaten mit ihren Sekretären und Geheimsekretärinnen. So sei das sehr komisch, das mit dem Herrn von Löwenstein, der zwischen England und Frankreich in der Luft auf das Klosett gehen wollte und derweil in den Himmel kam. Überhaupt entwickle sich die Technik kolossal, neulich habe ein Amerikaner den künstlichen Menschen erfunden, das sei wirklich großartig, daß der menschliche Geist solche Höhen erklimmt und sie werde es ja auch noch erleben, daß, wenn das so weiter geht, Europa zugrunde gehen wird. Daran wären zwar nicht die Maschinen schuld, sondern die anarchischen Produktionsverhältnisse und er habe gestern gelesen, daß sich das Sphinxgesicht der Wirtschaft langsam dem Sozialismus zuwende, weil sich die Kapitalisten anfangen zu organisieren. Sie sagte, jener amerikanische künstliche Mensch würde sie schon sehr interessieren. Er sagte, auch in München gäbe es künstliche Menschen, aber nun wolle er nichts mehr sagen.

Das war Ende August 1928. Es hatte wochenlang nicht mehr geregnet und man prophezeite einen kurzen trüben Herbst und einen langen kalten Winter. Die Landeswetterwarte konstatierte, daß das Hoch über Irland einem Tief über dem Golf von Biskaya weiche. Drüben in Amerika soll bereits Schnee gefallen sein und auch der Golfstrom sei nicht mehr so ganz in Ordnung, hörte man in München.

Am Nachmittag hatte es zwar drei Mal gedonnert, aber wieder nicht geregnet und nach Sonnenuntergang war es noch derart drückend schwül, als hätte die Luft Fieber. Erst um Mitternacht setzte sich langsam der Staub auf die verschwitzte Stadt.

Agnes fragte Eugen, ob auch er es fühle, wie schwül der Abend sei und dann: sie denke nun schon so lange darüber nach und könne es sich gar nicht vorstellen, was er für einen Beruf hätte. »Kellner«, sagte er, und hätte es keinen Weltkrieg gegeben, wäre er heute sicher in einem ausländischen Grandhotel, wahrscheinlich in Afrika, in der Oase Bisra. Er könnt jetzt unter Palmen wandeln. Er hätt zehn Neger unter sich und tät dem Vanderbildt seinem Neffen servieren, er hätt fürstlich verdient und hätt sich mit fünfzig ein kleines Hotel im Salzkammergut gekauft. Auch die Pyramiden hätt er gesehen, wäre nicht die Schweinerei in Sarajewo passiert, wo die Serben den tschechischen Erzherzog, der wo der österreich-ungarische Thronfolger war, erschossen haben. Sie sagte, sie wisse nicht, was dieses Sarajewo für eine Stadt sei, ihr Vater sei zwar gefallen, gleich ganz zu Beginn und soviel sie gehört hätte, liege er vor Paris, aber sie könne sich an den ganzen Weltkrieg nicht gut erinnern, denn als der seinerzeit ausbrach, da sei sie erst vier Jahr alt gewesen. Sie erinnere sich nur an die Inflation, wo auch sie Billionärin gewesen sei, aber sie denke lieber nicht daran, denn damals sei ihre Mutter an der Kopfgrippe gestorben. Sie habe zwar ihre Mutter nie richtig geliebt, die sei sehr mager gewesen und so streng weiß um den Mund herum und sie hätt oft das Gefühl gehabt, daß die Mutter denke: warum lebt das Mädel? Sie habe noch heut ab und zu Angst, obwohl nun die Mutter seit fünf Jahren tot sei. So habe sie erst neulich geträumt, sie sei wieder ganz klein und ein General mit lauter Orden sei in der Küche erschienen und habe gesagt: »Im Namen seiner Majestät ist der Ernährer der Familie auf dem Felde der Ehre gefallen!« Und die Mutter habe nur gesagt: »Soso, wenn er nur nicht wieder den Hausschlüssel verliert.« Und der General habe präsentiert und sei verschwunden und die Mutter habe sich vor sie hingeschlichen und sie entsetzlich gehässig angeglotzt. Dann habe sie das Licht ausgedreht, weil es plötzlich Nacht geworden sei, und den Gashahn aufgedreht und etwas vor sich hingemurmelt, das habe geklungen wie eine Prozession. Aber plötzlich sei es unheimlich licht geworden und das war überirdisch. Und Gottvater selbst sei zur Tür hereingekommen und habe zur Mutter gesagt: »Was tust du deinem Kinde? Das ist strengstens verboten Frau Pollinger!« Dann habe der

Gottvater das Fenster aufgerissen und den Gashahn geschlossen.

Und Agnes erklärte Eugen: »Solche Dummheiten träumt man oft, aber das war eine blöde Dummheit.«

Und Agnes dachte, wenn sie heut an ihre Kindheit zurückdenkt, so sieht sie sich in einem hohen Zimmer am Boden sitzen und mit bunten Kugeln spielen. Draußen scheint die Sonne aber kein Strahl fällt in das Zimmer. Sie hat das Gefühl, als schwebe der Raum ungeheuer hoch über der Erde. Und dann weiß sie, daß draußen tief unten in der Ebene ein breiter Fluß fließen würde, wenn sie größer wäre und durch das Fenster sehen könnte.

Lautlos fährt ein Zug über die Brücke. Der Abend wartet am Horizont mit violetten Wolken.

Aber das ist freilich alles ganz anders gewesen. Der Himmel war verbaut und durch das Fenster jenes Zimmers sah man auf einen trüben Hof mit Kehrichttonnen und verkrüppelten Fliederbüschen. Hier klopften die Hausfrauen Teppiche und wenn ihre Hündinnen läufig waren, ließen sie sie nur hier unten spazieren, denn draußen auf der Straße wimmerten die Kavaliere. Kinder durften hier aber nicht spielen, das hat der Hausmeister untersagt, seit sie den Flieder gestohlen und ohne Rücksicht auf die sterbende böse Großmutter Biedermann im ersten Stock gejohlt und gepfiffen haben, daß irgendein Tepp die Feuerwehr alarmierte.

Dies Haus steht noch heute in Regensburg und im dritten Stock links erlag 1923 Frau Helene Pollinger der Kopfgrippe. Sie war die Witwe des auf dem Felde der Ehre gefallenen Artilleristen und Zigarettenvertreters Martin Pollinger.

Und ungefähr fünf Jahre später, Ende August 1928, ging ihre Tochter Agnes mit einem arbeitslosen Kellner aus Österreich über das Münchener Oberwiesenfeld und erzählte:

»Als sie meine Mutter begrabn habn, da war es der achtundzwanzigste Oktober und dann bin ich von Regensburg zur Tante nach München gefahrn. Ich war, glaub ich, grad vierzehn Jahr alt und hab im Zug sehr gefroren, weil die Heizung hin war und das Fenster kein Glas nicht gehabt hat, es war nämlich grad Infalation. Die Tante hat mich am Hauptbahnhof erwartet und hat geweint, nun bin ich also ein Waisenkind, ein Doppelwaisenkind, ein Niemandskind, ein ganz bedauernswertes und dann hat die Tante furchtbar geschimpft, weil sie nun gar nicht weiß, was sie mit mir anfangen soll, sie hat ja selber nichts und ob ich etwa glaub, daß sie etwas hätt und ob meine Mutter selig vielleicht geglaubt hätt, daß sie etwas hätt und wenn ich auch die Tochter ihrer einzigen Schwester selig bin und diese einzige Schwester selig soebn in Gott verstorbn ist, so muß man halt doch schon wissn, daß ein jeder sterbn muß, keiner lebt ewig nicht, da hilft sich nichts. Und die Tante hat gesagt, auf die Verwandtn ist wirklich kein Verlaß nicht. Ich bin dann bald zu einer Näherin gekommen und hab dort nähen gelernt und hab Pakete herumtragn müssen in ganz München, aber die Näherin hat paar Monat drauf einen Postbeamten geheiratet, nach Ingolstadt. Da hat die Tante wieder furchtbar geschimpft und hat mich hinausschmeissen wollen, aber ich bin im letzten Moment zu einer anderen Näherin gekommen, dort hab ich aber ein Kostüm verschnittn und dann bin ich wieder zu einer anderen Näherin gekommen, da hab ich aber wieder ein Kostüm verschnittn und dann hab ich wirklich Glück gehabt, daß ich gleich wieder zu einer Näherin gekommen bin, da hab ich aber wieder ein Kostüm verschnittn, ich hab schon wirklich Pech gehabt.«

Und Agnes fuhr fort, im letzten Kriegsjahr sei mal die Tante in Regensburg gewesen und habe gesagt, sie sehe zwar ihrem Vater schon gar nicht ähnlich, aber sie hätte genau sein Haar, worauf ihre Mutter gemeint habe: »Gelobt sei Jesus Christus, wenn du sonst nichts von ihm hast!« Und dazu habe die Mutter so bissig gegrinst, daß sie sehr böse geworden ist, weil ja der Vater schon tot geschossen gewesen wäre, und sie habe die Mutter sehr geärgert gefragt, was sie denn von ihr hätte. Da sei aber die Mutter plötzlich sehr traurig geworden und habe nur gesagt: »Sei froh, wenn du nichts von mir hast!« Sie glaube auch, daß sie schon rein gar nichts von der Mutter habe.

Sie habe jedoch ein Jugendbildnis der Großmutter aus Straubing gesehen und da sei sie direkt erschrocken, wie ähnlich sie der sehe. Sie könne ihre Tochter sein oder ihre Schwseter. Oder sie selbst.

Eugen meinte, daß jeder Mensch Verwandte hat, der eine mehr und der andere weniger, entweder reiche oder arme, boshafte oder liebe, und jeder Verwandte vererbt einem etwas, der eine mehr und der andere weniger, entweder Geld, ein Haus, zwei Häuser oder einen großen Dreck. Auch Eigenschaften wären erblich, so würde der eine ein Genie, der zweite Beamter, der Dritte ein kompletter Trottel, aber die meisten Menschen würden bloß Nummern, die sich alles gefallen ließen. Nur wenige ließen sich nicht alles gefallen und das wäre sehr traurig.

Und Eugen erzählte, er habe vor dem Weltkrieg im Bahnhofscafé in Temesvar den Bahnhofsvorstand bedient, das sei ein ungarischer Rumäne gewesen und hätte angefangen über die Vererbung nachzugrübeln, hätte sich Tabellen zusammengestellt, addiert, subtrahiert, multipliziert, dividiert und im Lexikon studiert von A bis Z und wäre endlich dahintergekommen, daß jeder mit jedem irgendwie verwandt ist, mit jedem Räuber, Mörder, General, Minister, sogar mit jedem römischkatholischen Priester und dem Wunderrabbi von Kolomea. Darüber sei er dann verrückt geworden und hätte aus der Irrenanstalt Briefe an seine Verwandten geschickt. So habe er zu Weihnachten Franz Joseph folgendermaßen gratuliert:

Liebe Nichte!

Ich wünsche Dir einen recht angenehmen Geburtstag.

Herzliche Grüße aus dem K. K. priv. Narrenhaus!

Das Wetter ist schön
Auf Wiedersehn!
Es küßt Dich
Deine Mama.

Und Eugen erklärte Agnes, obwohl jener Bedauernswerte korrekt verrückt gewesen sei, hätte jener doch
recht gehabt, denn jeder Mensch sei tatsächlich mit jedem Menschen verwandt, aber es habe keinen Sinn, sich
mit dieser Verwandtschaft zu beschäftigen, denn wenn
man sich all das so richtig überlegen würde, müßte man
wahrscheinlich auch verrückt werden. Da habe der alte
Schuster Breitenberger in Preßburg schon sehr recht gehabt, wie er, bevor er gestorben ist, zu seiner versam-
melten Familie gesagt hat: »Leutl, wenn ihr mal recht
blöd seids, so denkts an mich!«

Agnes sagte, sie denke fast nie an ihre Familienverhält-
nisse und sie wundere sich schon eine ganze Weile sehr,
wieso, wodurch und warum sie darauf zu sprechen gekommen sei.

Eugen sagte, er denke überhaupt nie an seine Vorfahren. Er sei doch kein Aristokrat, der darüber Buch füh-
re, damit er es sich auf den Tag ausrechnen könne, wann
er verteppen würde.

So endete das Gespräch über die liebe Verwandtschaft –
Der Tag gähnte, er war bereits müde geworden und
zog sich schon die Stiefel aus, als Agnes fühlte, daß Eugen bald ihre Hüfte berühren werde. Er tat es auch und
sagte »Pardon!«

2.

Zehn Minuten später saßen Agnes und Eugen unter einer Ulme. Er hatte sie nämlich gefragt, ob sie sich nicht
setzen wollten, er sei zwar nicht müde, aber immerhin
hätte er nichts dagegen, wenn er sich setzen könnte. Sie
hatte ihn etwas mißtrauisch angeschaut, und er hatte
ein ganz unschuldiges Gesicht geschnitten, aber sie hatte
ihm diese Unschuld schon gar nicht geglaubt, und gesagt, sie hätte nichts dagegen, daß er sich setzen wollte,

er könnte sich ruhig setzen und wenn er sich setzen würde, würde sie sich auch setzen.

Es war nirgends eine Bank zu sehen und sie haben sich dann ins Gras gesetzt. Unter einer Ulme.

Das war ein großer alter Baum, und die Sonne ging unter. Im Westen, natürlich.

Überhaupt ging alles seine schicksalhafte Bahn, das Größte und das Kleinste, auch unter der Ulme.

Man hörte es fast gehen, so still war es ringsum.

Auch Agnes und Eugen saßen schweigend unter ihrer Ulme und sie dachte: »So ein Baum ist etwas Schönes.« Und er dachte: »So ein Baum ist etwas Schönes.«

Und da hatten sie beide recht.

3.

Agnes lachte.

Es fiel ihr nämlich plötzlich ein, daß sie ja noch gar nicht weiß, wie der Mann da neben ihr heißt. Sie wisse ja nur, daß er den Vornamen Eugen hat und vielleicht hat er einen sehr komischen Nachnamen, etwa Käsbohrer, Itzelplitz, Rindskopf, Kalbskopf oder die drei bayerischen Köpf: Holzkopf, Gipskopf, Saukopf oder Baron Rotz, Fürst Steiss, Graf Huber Sepp –

Warum sie denn lache und worüber, erkundigte sich Eugen.

Es sei ihr nur etwas eingefallen.

Was?

Es sei ihr eingefallen, daß sie einmal einen Menschen kannte, der Salat hieß.

Er meinte, das fände er gar nicht komisch, eher tragisch. So kenne er einen tragischen Fall, einen Kollegen in Linz, der an seinem Familiennamen zu Grunde gegangen ist.

»Er hieß Johann Suppe und war in ganz Oberösterreich berühmt, er war nämlich Zahlkellner im ›Erzherzog Albrecht‹ und alle Gäste riefen ihn nur per ›Herr Rindssuppe! Herr Nudelsuppe! Herr Reissuppe! Herr Krautsuppe! Zahlen, Herr Brotsuppe! Sie haben sich verrechnet, Herr Erdäpfelsuppe! Wo bleibt meine Erbsensuppe, Herr Erbsensuppe?! Was macht mein Bier, Herr Biersuppe?! Schweinerei das, Herr Schweinssuppe!‹ undsoweiter, bis er eines Tages sagte: ›Jetzt hab ich aber die Suppen satt! Meiner Seel, ich laß mich umtaufen und wenn ich Pischeles heißen werd!‹ Er ist aufs Magistrat gegangen, um die Formulare zur Namensänderung auszufüllen, aber diese Formulare hatte ein Beamter unter sich, der auch Stammgast im ›Erzherzog Albrecht‹ war und der hat ihn gleich per ›Herr Bohnensuppe‹ apostrophiert und hat ihn gefragt: ›Na wo fehlts denn, mein lieber Bouillon mit Ei?‹ und da hat sich mein unglücklicher Kollege eine Beamtenbeleidigung geleistet und hat sich dann später im Gefängnis ein Magenleiden geholt, und wie er dann herausgekommen ist, da hat ihm der Arzt gesagt: ›Sie müssen strengste Diät halten, Sie dürfen nur mehr Suppe essen, sonst nichts.‹ Da ist er sehr bleich geworden und der Arzt hat ihn trösten wollen und hat gesagt: ›Ja, so ist das Leben, mein lieber Herr Kraftbrühe!‹ und da hat er sich an dem Arzt vergriffen und hat wegen schwerer Körperverletzung Kerker gekriegt und hat sich dann dort erhängt. Er ist an sich selbst gestorben.«

Und Eugen schloß, er sei froh, daß er nicht Johann Suppe heiße, sondern Eugen Reithofer. Und Agnes war auch froh, daß sie nicht Agnes Suppe heißt, sondern Agnes Pollinger, und er meinte, Pollinger sei kein so verbreiteter Name wie Reithofer und er sei fest überzeugt, daß sie sehr froh sein darf, daß sie Pollinger heißt, denn ein verbreiteter Name bereite einem oft eklatante Scherereien: »So war ich mal 1913 in einem gewissen Café Mariahilf und der Cafétier hat auch Reithofer geheißen. Kommt da an einem Montag ein eleganter alter Pensionist, hat sich einen Kapuziner bestellt und mich in einer Tour fixiert und hat dann sehr höflich gefragt: ›Pardon, Sie sind doch der Herr Reithofer selbst?‹ ›Ja‹, hab ich gesagt und da hat er gesagt: ›Also, Pardon, mein lieber Herr Reithofer, ich bin der

Oberstleutnant Ferdinand Reithofer und ich möchte Sie nur bitten, daß Sie sich nicht allen Menschen per Oberstleutnant Reithofer vorstellen, Sie ordinärer Hochstapler und Canaille.‹ Da hab ich ihm natürlich zwei Watschen gegeben und er ist davongestürzt, als hätt ich ihm auch noch zwei Fußtritt gegeben, denn ich hab mich noch nie per Oberstleutnant Reithofer vorgestellt und ich hab im Moment nicht gedacht, daß dieser Pensionist ja gar nicht mich, sondern den Cafétier gemeint hat, der ja auch Reithofer geheißen hat. Der Cafétier hat dann am Dienstag eine Vorladung auf das Kommissariat bekommen, er ist hin und dort haben sie ihn dann verhört wegen der beiden Watschen und dem einen Fußtritt. Er hat überhaupt von nichts gewußt, er hat sich nämlich auch noch nie per Oberstleutnant Reithofer vorgestellt und das Ganze war ein Irrtum von dem Pensionisten Reithofer. Nämlich der, der sich per Oberstleutnant Reithofer vorgestellt hat, das war ein gewisser Versicherungsagent Reithofer aus dem VIII. Bezirk, aber die Polizei hat gesagt, das spiele eine sekundäre Rolle, sie verhöre ihn jetzt nur wegen der beiden Watschen und dem Fußtritt und der Cafétier Reithofer hat gemeint, daß er verrückt geworden ist oder vielleicht hypnotisiert worden ist und ist wütend ins Café zurückgekommen und hat seinen Ärger am Piccolo ausgelassen. Er hat ihm zwei Watschen gegeben. Dieser Piccolo hat auch Reithofer geheißen.«

Während Eugen sprach, kam Agnes immer mehr und mehr dahinter, daß dies eine sehr verwickelte Geschichte ist. Und sie wurde traurig, denn auf einmal schien ihr alles auf der Welt so fürchterlich verwickelt zu sein, daß jeder in alles unerbittlich hineingewickelt wird. Da könne sich keiner herauswickeln und sie bedauerte sich selbst, als hätte sie von jenem ungerechten Cafétier Reithofer jene zwei Watschen bekommen. »Ich bin doch auch nur ein Piccolo«, dachte sie und Eugen konstatierte: »Freilich geht das nicht immer so glücklich aus, indem irgendso ein Piccolo zwei Watschen kriegt. So hat man mich mal fast verhaften wollen, weil ein Zahlkellner, der wo auch Reithofer geheißen hat, seine Braut erschlagen, zerstückelt und im Herd verbrannt hat. Später hat es sich erst rausgestellt, daß der nicht Reithofer geheißen hat, sondern Wimpassinger.«

Agnes konstatierte, jeder Lustmord sei ein scheußliches Verbrechen und Eugen erwiderte, heute hätten es sich die Kapazitäten ausgerechnet, daß jeder Lustmord eine Krankheit wäre, ein ganz gewöhnliches Gebrechen, wie etwa ein Buckel oder ein Schnupfen. Die Lustmörder seien nämlich alle wahnsinnig, aber die Kapazitäten hätten es sich ausgerechnet, daß fast jeder Mensch ein bisserl wahnsinnig wäre.

Agnes meinte, sie sei ganz normal.

Eugen meinte, auch er sei ganz normal.

So endete das Gespräch über die komischen Familiennamen und deren tragische Folgen, über die beiden Watschen und den armen Kellner Johann Suppe, über Lustmörder und Kapazitäten mit besonderer Berücksichtigung des normalen Geschlechtsverkehrs.

4.

Es wurde immer dunkler unter der Ulme und Eugen dachte: »Also einen Lustmord könnt ich nie machen.« Und Agnes dachte: »Also wie ein Lustmörder sieht der nicht aus«, worauf sie ihn fragte, ob er Berlin kenne? Sie möchte mal gerne nach Berlin. Oder gar nach Amerika. Auch in Garmisch-Partenkirchen sei sie noch nie gewesen, sie habe überhaupt noch nie einen richtigen Berg gesehen und sie habe gehört, daß die Zugspitze ein sehr hoher Berg sei mit eisernen Nägeln in der Wand, an denen die Touristen hinaufkletterten und viele Sachsen abstürzten.

Sie wartete aber seine Antwort auf ihre Frage, ob er Berlin kenne, gar nicht ab, sondern erklärte ihm, daß nach ihrer innersten Überzeugung jene Touristen, die über jene eisernen Nägel hinaufkletterten, durchaus schwindelfrei sein müßten und daß jene Sachsen, die herunterfielen, sicherlich nicht schwindelfrei wären. Und sie teilte ihm mit, daß sie nur zwei Städte auf der ganzen Erde kennt, nämlich München und Regensburg, wo sie geboren sei. Regensburg liege an der Donau und in der Nähe sei die Walhalla, wo die berühmten Männer als Marmorbüsten herumständen, während München an der Isar liege. Die Donau sei zwar größer als die Isar, aber dafür könne die Isar nichts. Hinwiederum sei die Isar zwar grüner als die Donau, dafür sei aber wieder München die Hauptstadt Bayerns.

So sprach sie, ohne zu wissen, was sie sprach, denn sie dachte nur daran, daß etwas vor sich gehen werde, sobald sie aufhören würde zu sprechen, nämlich er hat ja schon mal ihre Hüfte berührt. Er hat zwar »Pardon!« gesagt, aber unter der Ulme wurde es, wie gesagt, immer dunkler und auf so ein »Pardon!« ist kein Verlaß. Sie hatte Angst vor dem Ende ihrer Erzählung, wie Scheherazade in tausend und einer Nacht. Sie erzählte zwar keine Märchen, sondern Blech und Mist und Eugen wurde ganz melancholisch und dachte sich: »Sind denn alle Mädel blöd? Oder ist das nur so eine weibliche Nervosität, nämlich so Frauen sind sehr sensibel, die spürens gleich im vornhinein.«

Und er erinnerte sich an eine zarte Blondine, das war die Frau des Restaurateurs Klein in Preßburg, eine ungarische Jüdin, die hat mal zu ihm gesagt: »Spüren Sie denn gar nichts, Herr Jenö!« Er hat gesagt, nein, er spürte gar nichts und er könnte es sich überhaupt nicht vorstellen, was er spüren sollte, worauf sie gesagt hat: »Freitag Nacht verreist mein Herr Gemahl und heut ist Freitag. Spüren Sie denn noch immer nichts, lieber Jenö?« Da hat er schon etwas gespürt und Freitag Nacht im Bett hat sie ihm dann zugehaucht, sie hätte es schon am Montag vor vierzehn Tagen gespürt, daß er Freitag Nacht so süß sein werde. So sensibel war jene blonde Frau Klein.

»Aber nicht nur die Blondinen, auch die Schwarzen sind sensibel«, überlegte Eugen. »Auch die Brünetten, die

Strohgelben und Tizianroten – und auch diese Agnes
da ist genauso sensibel, sonst tät sie eben keine solchen
Blödheiten daherreden.«
Sie fing ihm an leid zu tun wegen ihrer Sensibilität. Sie
mußte sich ja furchtbar anstrengen mit dem vielen Re-
den, weil sie es auch im vornhinein spürt.
Und er dachte, das wäre jetzt sehr edel, wenn er ihr nur
väterlich über das Haar streichen, ihr Zuckerln schen-
ken und sagen würde: »Geh ruhig nachhaus, mein liebes
Kind.«
Er tat es natürlich nicht, sondern lächelte sanft und ver-
legen, als würden die Kindlein zu ihm kommen.
Und Agnes redete, redete, redete, ohne Komma, ohne
Punkt – nur ab und zu flatterte aus all dem wirren
Geschwätz ein ängstliches Fragezeichen über das stille
Oberwiesenfeld.

5.

Sie wollte ihn gerade fragen, ob auch er es nicht glaube,
daß an all dem Elend die Juden schuld sind, wie es der
Hitler überall herumplakatiert, da legte er seine Hand
auf ihr Knie und sie verstummte.
Mittendrin.
Sie fühlte seine linke Hand auf ihrem linken Knie.
Seine Hand war stark und warm.
Und wurde immer stärker und sie fühlte ihre Wärme
durch den Strumpf dringen bis unter ihre Haut und sie
selbst wurde immer unentschlossener, was sie nun mit
seiner linken Hand und ihrem linken Knie anfangen
soll. Soll sie sagen: »Was machens denn da mit Ihrer
linken Hand? Glaubens nur ja nicht, daß mein linkes
Knie Ihrer linken Hand gehört! Mein Knie ist kein solches Knie! Mein Knie ist zum Knien da, aber nicht dazu,
daß Sie mich am End noch aufregen!« Oder soll sie gar
nichts sagen, sondern nur sanft seine linke Hand von
ihrem linken Knie langsam wegheben oder spassig über
seine linke Hand schlagen und dazu lächeln, aber dann
würde sie ihn vielleicht erst auf irgendwelche Kniege-

danken bringen, denn vielleicht weiß er es ja noch gar nicht, daß er seine linke Hand auf ihrem linken Knie hat, er hat sie vielleicht nur zufällig da und dann wäre ihr das sehr peinlich, denn dann würde er denken, daß sie denkt, daß er seine linke Hand nicht zufällig auf ihrem linken Knie hat. Oder soll sie überhaupt nichts sagen und nichts tun, sondern nur warten, bis er seine linke Hand von ihrem linken Knie nimmt, denn er weiß sicher nichts von seiner linken Hand, er sitzt ja ganz weltverloren neben ihr und scheint an etwas ernstes zu denken und nicht an ein linkes Knie – da fühlte sie seine Hand auf ihrem rechten Knie.

Sie preßte sich erschrocken zusammen und da lag nun seine linke Hand auf ihren beiden Knien. So groß war er. Und Agnes dachte: also ist der da neben mir doch nicht so weltverloren, aber er scheint noch immer an etwas sehr ernstes zu denken und vielleicht weiß ers noch immer nicht, was seine linke Hand tut – da fühlte sie, wie seine rechte Hand hinter ihrem Rücken ihren rechten Oberarm erfaßte.

Auch seine rechte Hand war stark und warm.

Und Agnes dachte, er sei nicht nur stark und groß, sondern vielleicht auch grob und es sei nun erwiesen, daß er an nichts ernstes denkt, sondern an sie. Und es wäre halt doch das beste, wenn sie ihm sehr bald folgendes sagen würde: »Was machens denn da mit Ihrer linken Hand und Ihrer rechten Hand? Glaubens nur ja nicht, daß mein rechtes Knie Ihrer linken Hand gehört! Mein linkes Knie ist kein solches Knie und mein rechtes Knie ist nur zum Knien da, aber nicht dazu da, daß Sie mit Ihrer rechten Hand meinen rechten Arm so narrisch zamdrucken, au! Gehns weg mit Ihrer linken Hand! Was machens denn da mit Ihrer rechten Hand, au! Werdens gleich Ihre linke Hand von meiner rechten Schulter runter? Himmel, mein Haar! Mein linker Daumen, au! Mein rechter kleiner Finger, au! Gehns weg mit Ihrer Nasen, ich beiß! Jesus Maria, mein Mund! Au, Sie ganz Rabiater! Sie mit Ihrer linken Hand –«

Aber von all dem hat der mit seiner linken Hand nichts gehört, denn sie hat ihm ja kein Wort gesagt, sondern all dies sich nur gedacht. Sie wußte nämlich, daß sich solch eine linke Hand durch Worte nicht hindern läßt – und Agnes überlegte, sie habe sich zwar gewehrt, aber sie hätte sich drei Mal so wehren können, er hätte sie genau so abgeküßt, denn er sei noch stärker und überhaupt gut gebaut, jedoch wäre es ungerecht, wenn man sagen würde, daß er grob ist. Nein, grob sei er gar nicht gewesen, aber es sei schon sehr ungerecht eingerichtet, daß die Herren stärker sind als die Damen. So hätten es die Mannsbilder immer besser und seien doch oft nur Schufte, die sofort hernach verschwänden, obwohl sie oft angenehme Menschen seien, wie dieser da mit seiner linken Hand, der sie ja auch erst nur drei Mal geküßt hätte und das dritte Mal sei es am schönsten gewesen.

Die Sonne war untergegangen und nun kam die Nacht.
So ging alles, wie es kommen mußte.
Erstaunt stellte Agnes fest, daß Eugen sie noch immer umarmt hält und sie ihn.
Sie war sprachlos und die ganze Welt schien sprachlos zu sein, so still war es unter der Ulme.
So kam alles, wie es kommen sollte.
Man hörte es fast kommen und Eugen sah sich plötzlich um.
Auch Agnes erschrak und fragte ihn schüchtern, ob er etwas gehört hätte.
»Ja«, sagte er, »es war nichts.«
Und sie meinte, ob sie jetzt nicht gehen wollten und er meinte, nein. So blieben sie sitzen.

6.

Eugen sprach sehr leise.
Wenn das Oberwiesenfeld noch Exerzierplatz wäre, sagte er, dann wäre es hier heute nicht so still und er hasse das Militärische und sie könnte fast seine Tochter sein, obzwar er nur zwölf Jahre älter sei, aber die Kriegsjahre würden ja doppelt gezählt werden, wenn

man etwa Generalspensionsberechtigung haben würde
– aber nun wolle er wirklich nicht mehr so traurig daher reden. Er lächelte dabei und wartete, bis sie ihn ansah. Und als sie ihn ansah, da sah er sie an und sagte, der Abend, respektive die Nacht, sei wirklich warm. Sie sagte, sie liebe den Sommer und er sagte, nun flöge auch kein Flugapparat mehr herum, sie seien alle daheim. Er möchte so ein Flugapparat sein und auch mal daheim sein können. Und jetzt sei überhaupt wieder ein Tag zu End und morgen begänne ein neuer Tag. Heute sei Dienstag und morgen sei Mittwoch und sie solle doch nicht so sein, sie sei ja gar nicht so, sie sei ganz anders, er wisse schon, wie sie sei. Es sei überhaupt schon stockfinster, wer sollte denn noch kommen? Es sei niemand da, nur sie zwei. Sie seien wirklich allein. Mehr allein könne man gar nicht sein.

Er preßte sie an sich und Agnes sagte, das sehe sie schon ein, daß sie ganz allein sind, aber sie fürchte sich immer so, es könne was daraus werden aus dem Alleinsein, nämlich das ginge ihr gerade noch ab.

Und sie preßte sich an ihn und meinte resigniert, vielleicht sei sie dumm, weil sie sich so sehr fürchte. Gerührt erwiderte er, freilich sei das dumm, jedoch begreiflich, aber ihm könnte sie sich ganz anvertrauen, er sei nämlich ein durchaus anständiger und vorsichtiger Mann.

7.

Es war nach der Polizeistunde, als sich Eugen von Agnes verabschiedete. Er hatte sie bis nachhause gebracht und sah ihr nun zu, wie sie sich anstrengte, die Haustüre mit einem falschen Hausschlüssel zu öffnen.

Nämlich sie hatte ihren richtigen Hausschlüssel verloren als sie vor drei Wochen mit dem Zimmerherren ihrer Tante, einem gewissen Herrn Kastner, im Kino gewesen ist. Man hat den Film »Madame wünscht keine Kinder« gegeben und der Kastner hat sie immer abgreifen wollen, sie hat sich gewehrt und dabei den Hausschlüssel verloren. Das durfte aber die Tante nie erfahren, sonst würde sie schauerlich keppeln, nicht wegen der Greiferei, sondern wegen des Schlüssels.

Der Kastner ist damals sehr verärgert gewesen und hat gefragt, wie sie wohl darüber denke, daß man jemand zu einem Großfilm einladet und dann »nicht mal das?!« Er ist sehr empört gewesen, aber trotzdem hat er sie zehn Tage später zu einem Ausflug nach dem Ammersee mitgenommen, doch dieser Sonntag nachmittag hat auch damit geendet, daß er gesagt hat, nun sei das Maß voll.

Der Kastner hat ihr noch nie gefallen, denn er hat vorn lauter Stiftzähne. Nur ein Zahn ist echt, der ist schwarz, das Zahnfleisch ist gelb und blutet braun.

Die Tante wohnte in der Schellingstraße, nicht dort, wo sie bei der Ludwigskirche so vornehm beginnt, sondern dort, wo sie aufhört. Dort vermietete sie im vierten Stock Zimmer und führte parterre das Geschäft ihres verstorbenen Mannes, kaum größer als eine Kammer. Darüber stand »Antiquariat«, und im Fenster gab es zerrissene Zeitschriften und verstaubte Aktpostkarten.

Als Eugen so vor der Haustüre stand, fiel es ihm plötzlich auf, daß er eigentlich schon unglaublich oft so vor einer Haustüre gestanden ist und zugeschaut hat, wie irgendeine sie öffnete, und er fand es eigenartig, daß er es gar nicht zusammenzählen kann, wie oft er schon so dagestanden ist. Doch bald dünkte ihm das eigentlich gar nicht eigenartig, sondern selbstverständlich und er wurde stolz. In wie vielen Straßen und Ländern ist er schon so dagestanden! Mit Österreicherinnen, Böhminnen, Ungarinnen, Rumäninnen, Serbinnen, Italienerinnen und jetzt mit einer Oberpfälzerin! Um ein Haar wäre er auch mit Negerinnen, Türkinnen, Araberinnen, Beduininnen so dagestanden, nämlich in der Oase Bisra, hätte es keinen Weltkrieg gegeben. Und wer weiß, mit wem allen er noch so dastehen wird, wo und wie oft, warum und darum, denn er hat ja eigentlich keine Heimat und auch er weiß es nicht, was ihm bevorsteht.

Und Eugen wurde sentimental und dachte, man sollte an vieles nicht denken können, aber er dürfe es nicht vergessen, daß er nun schon zwei Monate so herumlungert und keine Aussicht auf Arbeit hat, man werde ja immer älter und er denke schon lange an keine Oase Bisra mehr, er würde auch in jedem Bauernwirtshaus servieren.

Afrika verschwand und da er nun schon mal sentimental geworden ist, dachte er auch gleich an seine erste Liebe, weil das damals eine große Enttäuschung gewesen war, da sie ihm nur ein einzigesmal eine Postkarte geschrieben hatte: »Beste Grüße Ihre Anna Sauter.« Und darunter: »Gestern habe ich drei Portionen Gefrorenes gegessen.« Das war seine erste Liebe.

Seine zweite Liebe war das Wirtshausmensch in seinem Heimatdorfe, fern in Niederösterreich, nahe der ungarischen Grenze. Sein Vater war Lehrer, er war das neunte Kind und damals fünfzehn Jahre alt und das Wirtshausmensch gab ihm das Ehrenwort, daß er es um acht Uhr Abend in den Maisfeldern treffen wird und, daß es nur zwei Kronen kostet. Aber als er hinkam, stand ein Husar bei ihr und wollte ihn ohrfeigen. Vieles ist damals in seiner Seele zusammengebrochen und erst später hat er erfahren, daß das seiner Seele nichts geschadet hat, denn das Wirtshausmensch war krank und trieb sich voll Geschwüren und zerfressen im Land herum und bettelte. Bis nach Kroatien kam sie und in Slavonien riet ihr eine alte Hexe, sie solle sich in den Düngerhaufen legen, das heilt. Sie ist aber in die Grube gefallen, weil sie schon fast blind war, und ersoffen.

Endlich konnte Agnes die Haustüre öffnen und Eugen dachte, wie dürfe man nur denken, daß diese Agnes da nicht hübsch ist! Er gab ihr einen Kuß und sie sagte, heute sei Dienstag und morgen sei Mittwoch.

Sie schwieg und sah die Schellingstraße entlang, hinab bis zur Ludwigskirche.

Dann gab sie ihm ihr Ehrenwort, am Mittwoch um sechs Uhr abends an der Ecke der Schleißheimer Straße zu

sein und er sagte, er wolle es ihr glauben und sie meinte
noch, sie freue sich schon auf den Spaziergang über das
Oberwiesenfeld.
»Also morgen« lächelte Agnes und überlegte sich: er hat
wirklich breite Schultern und der Frack steht ihm sicher
gut und sie liebte die weißen Hemden.
Sie sah ein großes Hotel in Afrika.
»Also morgen« wiederholte sie.

8.

Agnes stand im Treppenhaus und ihre Seele verließ die
afrikanische Küste. Sie schwebte über den finsteren Tannenwäldern, lieblichen Seen und unheimlichen Eisrie-
sen des Salzkammerguts und erblickte endlich das kleine
Hotel, das sich Eugen kaufen wollte, hätte es eben nur
jenen Weltkrieg nicht gegeben und hätte er in jenem
großen afrikanischen Hotel dem Vanderbildt seinem
Neffen serviert.
Und während sie die Stufen hinaufstieg, wurde auch jenes kleine Hotel immer größer und da sie den vierten
Stock betrat, war das Hotel auch vier Stock hoch gewachsen. Es hatte sogar einen Turm und aus jedem Fenster hing eine Fahne und vor dem Eingang stand ein
prächtiger Portier in Gold und Rot und ein Unterpor-
tier in Rot und Gold. Auch ein großer Garten war da,
eine Terrasse am See, ein Autobus und das Alpenglühen.
Das Publikum war elegant und plauderte. Man sah viele Pyjamas und auch die herrlichen hellbraunen Schuhe,
die es beim Schlesinger in der Kaufingerstraße zu kaufen
gibt.
Überhaupt diese Schuhe!
Sie ist mal zum Schlesinger hinein und hat bloß gefragt: »Bittschön, was kostn die hellbraunen Schuh in
der Auslag?« Aber die Verkäuferin hat sie nur spöttisch
angeschaut und eine zweite Verkäuferin hat gesagt:
»Nur sechsundvierzig Mark« und hat dazu so grausam
gelächelt, daß sie direkt verwirrt geworden ist und nie-
sen hat müssen.

»Nur sechsundvierzig Mark!« hörte sie jetzt im Treppenhaus wieder die Stimme der Verkäuferin, während sie
sich die Schuhe auszog, denn sonst würde die Tante auf-
wachen und fragen: »Was glaubst du, wo du schon enden wirst, Schlampn läufiger?«
Sie könnte nicht antworten. Sie wollte nichts glauben.
Sie wußte ja nicht, wo sie enden wird.

9.

Die Wohnung der Tante bestand aus zwei Zimmern,
Küche, kleinem Voraum und stockfinsterem Klosett.
Das eine Zimmer hatte die Tante an den Herrn Kastner
vermietet, das andere stand augenblicklich leer, denn es
war schon seit einem halben Jahre verwanzt. Die Wan-
zen hatte der Herr Kastner gebracht und hatte sich dann
bei der Tante beschwert und hatte ihr mitgeteilt, daß er
ihr die Miete schuldig bleibt, bis nicht die letzte Wanze
vertilgt wäre.
Das leere Zimmer bewohnte Agnes. Die Tante schlief in
der Küche, weil sie mit der Heizung sparen wollte. Der
Sommer 1928 war zwar ungewöhnlich heiß, aber die
Tante war das nun mal seit 1897 so gewöhnt und so
schnarchte sie nun in der Küche neben ihrem Kanari.
Als Agnes die Wohnung betrat, erwachte der Kanari
und sagte: »Piep.«
»Piep nur«, ärgerte sich Agnes, »wenn du die Tante auf-
piepst, dann laß ich dich aber fliegen, ich weiß, du
kannst nicht fliegen, so kriegt dich die Katz.«
Erschrocken verstummte der Kanari und horchte: droben auf dem Dache saß die Katz und unterhielt sich mit
dem Kater vom ersten Stock über den Kanari, während
sich Agnes in ihr Zimmer schlich.
»Man sollte alles der Tante erzählen«, dachte der Kanari. »Es tut mir tatsächlich leid, daß ich nur singen kann.
Ich wollt, ich könnt sprechen!«

10.

»So ein Kanari hats gut«, dachte Agnes. »Ich wollt, ich

könnt singen!« fuhr sie fort und setzte sich apathisch auf den einzigen Stuhl, der krächzte, aber sie meinte nur: »Zerbrich!« So müde war sie.

Der Stuhl ächzte jämmerlich, er war nämlich sehr zerbrechlich, denn der Kastner hatte ihn mal aus Wut über die Tante zerbrochen und die Tante hatte ihn vor vier Wochen bloß provisorisch zusammengeleimt.

Agnes zog sich aus, so langsam, als wöge jeder Strumpf zehn Pfund.

Ihr gegenüber an der Wand hing ein heiliges Bild: ein großer weißer Engel schwebte in einem Zimmer, das auch verwanzt sein konnte, und verkündete der knieenden Madonna: »Bei Gott ist kein Ding unmöglich!« Und Agnes dachte, Eugen habe wirklich schön achtgegeben und sei überhaupt ein lieber Mensch, aber leider kein solch weißer Engel, daß man unbefleckt empfangen könnte. Warum dürfe das nur Maria, warum sei gerade sie auserwählt unter den Weibern? Was habe sie denn schon so besonderes geleistet, daß sie so fürstlich belohnt worden ist? Nichts habe sie getan, sie sei doch nur Jungfrau gewesen und das hätten ja alle mal gehabt. Auch sie selbst hätte das mal gehabt.

Noch vor drei Jahren.

Sie hatte sich damals viel darüber geärgert und gekränkt, denn die Theres und überhaupt all ihre Altersgenossinnen, die mit ihr bei den verschiedenen Schneiderinnen nähen gelernt hatten, waren schon diese lästige Übergangsform los und zu richtiggehenden Menschen geworden. Nur sie hatte sich sehr geschämt und ihre Kolleginnen angelogen, daß sie bereits entjungfert worden ist. Die Therese hatte es ihr geglaubt, denn sie hatte sie einmal mit einem Konditorlehrling aus der Schellingstraße im Englischen Garten spazieren sehen und sie konnte es ja nicht gewußt haben, daß dieser junge Mann auf folgender Plattform gestanden ist: je größer die himmlische, um so kleiner die irdische Liebe. Er ist ein großer himmlischer Lügner und irdischer Feigling gewesen, nämlich er hatte sich selbst befriedigt.

Als Agnes einsah, daß diese bequeme Seele sie pflicht-
bewußt verkümmern ließ, hing sie sich an einen anderen Konditorlehrling aus der Schellingstraße. Der hätte
Friseur sein können, so genau kannte er jedes Rennpferd
und die Damenmode. Er schwärmte für Fußball, war
sehr belesen und überaus sinnlich. Als er aber erfuhr,
daß sie noch Jungfrau ist, da lief er davon. Er sagte, das
hätten sich die Südseeinsulaner schon sehr nachahmens-
wert eingerichtet, daß sie ihre Bräute durch Sklaven
entjungfern lassen. Er sei weder ein dummer Junge
noch ein Lebegreis, er sei ein Mann und wolle ein Weib,
aber keine Kaulquappe, und übrigens sei er kein Sklave,
sondern ein Südseeinsulaner.
Sie wurde dann endlich, nachdem sie schon ganz verzweifelt war, von einem Rechtsanwalt entjungfert. Das
begann auf dem Oktoberfest vor der Bude der Lionella.
Diese Lionella war ein Löwenmädchen mit vier Löwen-
beinen, Löwenfell, Löwenmähne und Löwenbart und
Agnes überlegte gerade, ob wohl diese Lionella auch
noch Jungfrau sei, da lernte sie ihren Rechtsanwalt
kennen. Der hatte bereits vier Maß getrunken, rülpste
infolgedessen und tat sehr lebenslustig. Sie wollte zuerst
noch einige andere Mißgeburten sehen und er kaufte die
Eintrittskarten, denn er hatte eine gute Kinderstube.
Dann fuhren sie zwei Mal mit der Achterbahn und zwei
Mal auf der Stufenbahn. Sie aßen zu zweit ein knuspri-
ges Huhn, er trank noch vier Maß und sie drei. So hatten beide ihren Bierrausch, er verehrte ihr sein Lebku-
chenherz, ließ sie noch im Hippodrom reiten und fuhr
sie dann mit einem Kleinauto in seine Kanzlei. Dort
warf er die Akten eines Abtreibungsprozesses vom Sofa
und endlich wurde Agnes entjungfert. Das Sofa roch
nach Zigaretten, Staub, Kummer und Betrug und Agnes
zitterte, trotz ihrer wilden Entschlossenheit ein Mensch
zu werden, vor dem unbekannten Gefühl. Sie spürte
aber nicht viel davon, so neugierig war sie und der
Rechtsanwalt merkte es gar nicht, daß sie noch Jungfrau war, so besoffen war er. Als sie ihm aber hernach

64

gestand, daß er ihr nun ihre Unschuld genommen hat, da wurde er plötzlich nüchtern, knöpfte sich überstürzt die Hosen zu und schmiß sie hinaus. »Also erpressen laß ich mich nicht!« sagte er höflich. »Ich bin Rechtsanwalt! Ich kenn das! Ich hab schon mal so eine wie dich verteidigt!«

Das geschah 1925.

Im Winter verliebte sich dann einer in sie und der hatte ein angenehmes Organ. Das war ein melancholischer Caféhausmusiker, ein schwermütiger Violinvirtuose mit häuslichen Sorgen. Er erzählte ihr, sein Vater wäre gar nicht sein Vater, seine Stiefmutter sei eine sadistische Säuferin, während seine ehemalige Braut eine bittere Enttäuschung gewesen wäre, denn sie sei eine unheilbare Lesbierin. Sein geliebtes einziges Schwesterlein sei schon vor seiner Geburt gestorben und er selbst sei ein großer Einsamer, ein verpatztes Genie, ein Kind der ewigen Nacht. Der Dezembertag war trüb und lau und Agnes gab sich ihm aus lauter Mitleid auf einer Bank, denn sonst hätt er sie noch vergewaltigt. Als sie aber erfuhr, daß sein Vater in russischer Kriegsgefangenschaft dem Typhus erlag, daß seine Stiefmutter seine echte Mutter ist, eine arme abgearbeitete Kaminkehrerswitwe, die von seinem einzigen Schwesterlein, der Stenotypistin Frieda, ernährt wird, während er selbst ein Säufer, Kartenspieler und Ehemann ist, da wollte sie ihn nicht wiedersehen und versetzte ihn am nächsten Montag. Er schrieb ihr dann einen Brief, nun werde er sich vergiften, denn ohne ihr Mitleid könne er nicht leben, da sie so angenehm gebaut wäre. Aber er vergiftete sich nicht, sondern lauerte ihr auf der Straße auf und hätte sie geohrfeigt, hätte sie nicht der Brunner Karl aus der Schellingstraße beschützt, indem, daß er dem Virtuosen das Cello in den Bauch rannte. Da begann ihre Liebe zu Brunner Karl, eine richtige Liebe mit fürchterlicher Angst vor einem etwaigen Kinde. Aber der Brunner sagte, das sei ganz unmöglich, denn das sei ihm noch nie passiert und er bezweifle es mächtig, ob er der einzige gewesen sei und überhaupt hätte er sie nur aus Mitleid genommen, denn sie sei ja gar nicht sein Typ.

Der Brunner hatte recht, es kam kein Kind, aber Agnes kniete auf dem Ölberg.

Sie kannte in der Schellingstraße ein Dienstmädchen, das brach plötzlich im Korridor zusammen und gebar ein Kind. Es dämmerte bereits, als man sie in irgendein Mutterheim einlieferte. Dort mußte sie für ihre unentgeltliche Unterkunft, Verpflegung und Behandlung die Fenster putzen, den Boden scheuern und Taschentücher waschen und sich alle paar Stunden auf paar Stunden in ein verdunkeltes Zimmer legen, um möglichst rasch einschlafen zu können, um wieder kräftige Milch zu produzieren, denn sie mußte neben ihrem eigenen Sohn noch zwei fremde Findelssäuglinge stillen.

Aber ein anderes Dienstmädchen ließ sich von einem Elektrotechniker einen strafbaren Eingriff machen und starb an Blutvergiftung. Der Elektrotechniker wurde verhaftet und nach drei Monaten bekam er im Untersuchungsgefängnis einen Tobsuchtsanfall und brüllte: »Ich bin Elektrotechniker! Meine liebe Familie hungert! Liebe Leutl, ich bin Elektrotechniker!« Aber man schien es ihm nicht zu glauben, denn die lieben Detektive prügelten ihn bloß und die lieben Richter verurteilten ihn ohne einen lieben Verteidiger.

Einmal flüchtete sich Agnes in die Frauenkirche, weil es schauerlich regnete. Dort predigte ein päpstlicher Hausprälat, daß eine jede werdende Mutter denken muß, sie werde einen Welterlöser gebären. Und Agnes überlegte nun in ihrem verwanzten Zimmer, diese Geschichte mit dem großen weißen Engel dort drüben auf jenem heiligen Bilde sei eine große Ungerechtigkeit. Überhaupt sei alles ungerecht, jeder Mensch, jedes Ding. Sicher sei auch der Stuhl ungerecht, der Schrank, der Tisch, das Fenster, der Hut, der Mantel, die Lampe.

Auch die Maria Muttergottes hätte eben Protektion gehabt genau wie die Henny Porten, Lia de Putty, Dolores del Rio und Carmen Cartellieri. »Wenn man keine

Protektion nicht hat, indem, daß man keinen Regisseur nicht kennt, da wirst halt nicht auserwählt«, konstatierte Agnes.

»Auserwählt« wiederholte sie langsam und sah auf ihrem Hemde noch die Spuren von Eugens linker und rechter Hand. Sie schloß die Augen und glaubte, das Bett wäre Gras. Unter der Ulme.

Seine Hand war nicht so eklig knochig, wie jene des Herrn stud. jur. Wolf Beckmann, der die ihre bei jeder Begrüßung fast zerdrückte. Nur wenn er in Couleur war, dann grüßte er sie nicht.

Sie war auch nicht so schwammig talgig, wie jene des greisen Meier Goldstein, der ihrer Tante ab und zu uralte Nummern des »La Vie Parisienne« zum Verkauf in Kommission übergab und der zu ihr jedes Mal sagte: »Was ich für Pech hab, daß Sie kein Junge sind, gnädiges Fräulein!«

Auch war seine Hand nicht so klebrig und kalt, wie jene ihres Nachbarn Kastner, der mal zu ihrer Tante sagte: »Ich höre, daß ihre liebe Nichte arbeitslos ist. Ich habe beste Beziehungen zum Film und es hängt also lediglich von ihrer lieben arbeitslosen Nichte ab.«

Und Agnes hörte, wie der Kastner im Zimmer nebenan auf und ab ging. Er sprach leise mit sich selbst, als würde er etwas auswendig lernen. Plötzlich ging er aufs Klosett.

»Piep«, sagte der Kanari in der Küche und der Kastner verließ das Klosett. Er hielt vor ihrer Türe.

Agnes und der Kanari lauschten.

Droben auf dem Dache hatte der Kater die Katz verlassen und die Katz schnurrte nun befriedigt vor sich hin: »Jetzt wird bald wieder geworfen werden!« Sie träumte von dem Katzenwelterlöser, während der Kastner zu Agnes kam, ohne anzuklopfen.

Der Kastner stellte sich vor Agnes hin, wie vor eine Auslage. Er hatte seine moderne Hose an, war in Hemdsärmeln und roch nach süßlicher Rasierseife.

Sie hatte sich im Bette emporgesetzt, bestürzt über die-

67

sen Besuch, denn sie hörte, wie der boshafte Kanari sich anstrengte, die Tante zu wecken und wenn die Tante den Kastner hier finden würde und wenn sich der Kastner vielleicht auf den geleimten Stuhl setzen würde und dieser Stuhl dann gar zusammenbricht und –

»Gnädiges Fräulein, zürne mir nicht!« entschuldigte sich der Besuch ihre Zwangsvorstellung unterbrechend und verbeugte sich ironisch. »Honny soit qui mal y pense.«

Der Kastner sprach sehr gewählt, denn eigentlich wollte er Journalist werden, jedoch damals war seine Mutter anderer Meinung. Sie hatte nämlich viel mit den Zähnen zu tun und konstatierte: »Die Zahntechniker sind die Wohltäter der Menschheit. Ich will, daß mein Sohn ein Wohltäter wird!« Er hing sehr an seiner Mutter und wurde also Zahntechniker, aber leider kein Wohltäter, denn er hatte bloß Phantasie statt Präzision. Seine Gebisse waren lauter gute Witze. Es war sein Glück, daß kurz nach seiner Praxiseröffnung der Krieg ausbrach. Er stellte sich freiwillig und wurde Militärzahntechniker. Nach dem Waffenstillstand fragte er sich: »Bin ich ein Wohltäter? Nein, ich bin kein Wohltäter. Ich bin die typische Bohèmenatur und so eine Natur gehört auf den leichtlebigen Montmartre und nicht in die Morgue.« Er wollte wieder Journalist werden, aber er landete beim Film, denn er hatte ein gutes konservatives Profil und kannte einen homosexuellen Hilfsregisseur. Er statierte und spielte sogar eine kleine Rolle in dem Film: »Der bethlehemitische Kindermord oder Ehre sei Gott in der Höhe«. Der Film lief nirgends, hingegen flog er aus dem Glashaus, weil er eine minderjährige Statistin, die ein bethlehemitisches Kind verkörperte, nackt fotografierte. Dies Kind war nämlich die Mätresse eines Aufsichtsrates. Der Kastner ließ die Fotografien durch einen pornographischen Klub vertreiben und dort erkannte eben dieser Aufsichtsrat, durch einen Rittmeister eingeführt, auf einer Serie »Pikante Akte« seine minderjährige Mätresse und meinte entrüstet: »Also das ist ärger als Zuhälterei! Das ist fotografische Zuhälterei!«

Und nun schritt dieser fotografische Zuhälter vor Agnes Bette auf und ab und bildete sich etwas ein auf seine Dialektik.

II.

»Agnes« deklamierte der Kastner, »du wirst dich wundern, daß ich noch mit dir rede, du darfst dich aber nicht wundern, daß ich mich auch wundere. Ich wollte ja eigentlich kein Sterbenswörtchen mehr an deine Adresse verschwenden und dich einfach übersehen, du undankbares Luder.«

»Hörst du den Kanari?« fragte das undankbare Luder.

»Ich höre das Tier. Es zwitschert. Deine liebe Tante hat einen außerordentlich gesunden Schlaf. Ein Kanari zwitschert keine Rolle. Und wenn schon!«

»Wenn sie dich hört, flieg ich raus!«

»Schreckloch, lächerloch!« verwunderte sich gereizt der sonderbare Fotograf. »Deine liebe Tante wird sich hüten, solange ich dich beschirme! Deine liebe Tante halt ich hier auf meiner flachen Hand, ich muß nur zudrücken. Deine liebe Tante verkauft nämlich die unretouschierten künstlerischen Akte, die ich fotografiere. Verstanden?«

Agnes schwieg und der Kastner lächelte zufrieden, denn es fiel ihm plötzlich auf, daß er auch Talent zum Tierbändiger hat. Und er fixierte sie, als wäre sie eine Löwin, eine Tigerin oder zumindest eine Seehündin. Er hätte sie zu gerne gezwungen, eine Kugel auf der Nase zu balancieren. Er hörte bereits den Applaus und überraschte sich entsetzt dabei, wie er sich verbeugen wollte.

»Was war denn das!« fuhr er sich an, floh aus dem Zirkus, der plötzlich brannte und knarrte los:

»Zur Sache! Es geht um dich! Es geht einfach nicht, was du in erotischer Hinsicht treibst! Ich verfolge mit zunehmender Besorgnis deinen diesbezüglichen Lebenswandel. Ich habe den positiven Beweis, daß du dich, seit du arbeitslos bist, vier Männern hingegeben hast. Und was für Männern! Ich weiß alles! Zwei waren verheiratet, der dritte ledig, der vierte geschieden. Und soeben verließ dich der fünfte. Leugne nicht! Ich habe es ja gesehen, wie er dich nach Hause gebracht hat!«

»Was geht das dich an?« fragte ihn Agnes ruhig und sachlich, denn es freute sie, daß er sich wiedermal über ihr Triebleben zu ärgern schien. Sie gähnte scheinbar gelangweilt und ihre Sachlichkeit erregte sie, ähnlich wie Eugens linke Hand und es tat ihr himmlisch wohl, seine Stiftzähne wiedermal als abscheulich, ekelhaft, widerlich, unverschämt, überheblich und dumm bewerten zu können.

»Mich persönlich geht das gar nichts an«, antwortete er traurig wie ein verprügelter Apostel. »Ich habe nur an deine Zukunft gedacht, Agnes!«

Zukunft! Da stand nun wieder dies Wort vor ihr, setzte sich auf den Bettrand und strickte Strümpfe. Es war ein altes verhutzeltes Weiblein und sah der Tante ähnlich, nur, daß es noch älter war, noch schmutziger, noch zahnloser, noch vergrämter, noch verschlagener –. »Ich stricke, ich stricke«, nickte die Zukunft, »ich stricke Strümpfe für Agnes.«

Und Agnes schrie: »So laß mich doch! Was willst du denn von mir?«

»Ich persönlich will nichts von dir«, antwortete der Kastner feierlich und die Zukunft sah sie lauernd an.

12.

»Du bist natürlich in einer sogenannten Sackgasse, wenn du dir etwa einbildest, daß mein Besuch zu dieser allerdings ungewöhnlichen Stunde eine Wiederannäherung bedeutet«, fuhr er nach einer Kunstpause fort und setzte ihr auseinander, daß, als er sie kennenlernte, er sofort erkannt hat, daß sie keine kalte Frau, sondern vielmehr feurig ist, ein tiefes stilles Wasser, eine Messalina, eine Lulu, eine Büchse der Pandora, eine Ausgeburt. Es gäbe überhaupt keine kalten Frauen, er habe sich nämlich mit diesen Fragen beschäftigt, er »spreche hier aus eigener, aus sexualer und sexualethischer Neugier gesammelter

Erfahrung«. Man solle sich doch nur die Damenmode ansehen! Was zöge sich solch eine »kalte Frau« an! Stökkelschuhe, damit Busen und Hintern mehr herausträten und sich erotisizierender präsentieren können, ein Dekolleté in Dreiecksform, deren Linien das Auge des männlichen Betrachters unfehlbar zum Nabel und darunter hinaus auf den Venusberg führen, sollte er auch gerade an der Lösung noch so vergeistigter Probleme herumgrübeln. Häufig entfache auch eine scheinbar sinnlose, jedoch unbewußt hinterlistig angebrachte Schleife am Popo vielgestaltige männliche Begierden und diese ganze Damenmode stamme aus dem raffinierten Rokoko, das sei die Erfindung der Pompadour und des Sonnenkönigs. Aber nun wolle er seinen kulturgeschichtlichen Vortrag beenden, er wisse ja, daß sie ein richtiges Temperament hat und er wolle ihr nur schlicht versichern, daß sie sich gewaltig täuscht, wenn sie meinen sollte, er sei nun hier wegen ihrem heißen Blut – Nie! Er stünde vor ihr ohne erotische Hintergedanken, lediglich deshalb, weil er ein weiches Herz habe und wisse, daß sie keinen Pfennig hat, sondern zerrissene Schuhe und nirgends eine Stellung findet. Er habe in letzter Zeit viel an sie gedacht, gestern und vorgestern, und endlich habe er ihr eine Arbeitsmöglichkeit verschafft. »Allerdings«, betonte er, »ist diese Arbeitsmöglichkeit keine bürgerliche, sondern eine künstlerische. Ich weiß nicht, ob du weißt, daß ich mit dem berühmten Kunstmaler Lothar Maria Achner sehr intim bekannt bin. Er ist ein durchaus künstlerisch veranlagter hochtalentierter Intellektueller, zart in der Farbe und dennoch stark, und sucht zur Zeit krampfhaft ein geeignetes Modell für seine neueste werdende Schöpfung, einen weiblichen blühenden Akt. Auf einem Sofa. Im Trancezustand. Er soll nämlich im Auftrag des hessischen Freistaates eine ›Hetäre im Opiumrausch‹ für das dortige Museum malen.«

Das war nun natürlich nicht wahr, denn als Auftraggeber dieser werdenden Schöpfung zeichnete nicht der hessische Freistaat, sondern ein kindischer Viehhändler aus Kempten im Allgäu, der einer kultivierten Hausbesitzerswitwe, auf deren Haus er scharf war, zeigen wollte, daß er sogar für die moderne Kunst etwas übrig hat, und daß er also nicht umsonst vier Jahre lang in der Kunststadt München mit Vieh gehandelt hatte.

»Ich dachte sogleich an dich«, fuhr er nach einer abermaligen Kunstpause fort, »und ich habe es erreicht, daß er dich als Modell engagieren wird. Du verdienst pro Stunde zwanzig Pfennig und er benötigt dich sicher fünfzig Stunden lang, er ist nämlich äußerst gewissenhaft. Das wären also zehn Mark, ein durchaus gefundenes Geld. Aber dieses Geld bedeutet nichts in Anbetracht deiner dortigen Entfaltungsmöglichkeiten. Im Atelier Lothar Maria Achners gibt sich nämlich die Spitze der Gesellschaft Rendezvous, darunter zahlreiche junge Herren im eigenen Auto. Das sind Möglichkeiten! Es tut mir nämlich als Mensch persönlich leid, wenn ich sehe, wie ein Mensch seine Naturgeschenke sinnlos verschleudert. Man muß auch seine Sinnlichkeit produktiv gestalten! Rationalisation! Rationalisation! Versteh mich recht: ich verlange zwar keineswegs, daß du dich prostituierst – Agnes, ich bin bloß ein weichherziger Mensch und ohne Hintergedanken. Es ist wohl töricht, daß ich mich für dich einsetze, denn daß du beispielsweise seinerzeit am Ammersee unpäßlich warst, das glaube ich dir nimmer!«

Natürlich war sie damals nicht unpäßlich gewesen, aber der Kastner hatte kein Recht sich zu beschweren, denn es war erstunken und erlogen, daß er ihr derart selbstlos die Stellung als Hetäre im Opiumrausch verschaffte. Er hatte vielmehr zu jenem Kunstmaler gesagt: »Also, wenn du mir zehn Mark leihst, dann bringe ich dir morgen ein tadelloses Mädchen für zwanzig Pfennig. Groß, schlank, braunblond und es versteht auch einen Spaß. Aber wenn du mir nur fünf Mark leihen kannst, so mußt du dafür sorgen, daß ich Gelegenheit bekomme, um sie mir zu nehmen. Also ich erscheine um achtzehn Uhr, Kognak bringe ich mit, Grammophon hast du.«

Er blieb vor ihr stehen, bemitleidete sich selbst und nickte ihr ergriffen zu: »Ich wollte du wärest nie geboren. Warum denn nur, frage ich mich und dich, warum denn nur gibst du dich mir nicht? Doch lassen wir dies! Passé!«

Und Agnes dachte: warum denn nur sage ich es ihm nicht, daß er vorn lauter Stiftzähne hat?

»Du kannst eben nicht lieben«, meinte er. »Du bist allerdings häufig bereit, dich mit irgend einem nächsten Besten ins Bett zu legen, aber wie du fühlst, du könntest dich in jenen nächsten besten ehrlich mit der Seele verlieben, kneifst du auf der Stelle. Du würdest ihn nimmer wiedersehen wollen, er wäre aus dir ausradiert.«

13.

Agnes sagte sich, wenn der Kastner noch nie recht gehabt hätte, so habe er eben diesmal recht. Sie müsse wirklich mehr an sich denken, sie denke zwar eigentlich immer an sich, aber wahrscheinlich zu langsam. Sie müsse sich das alles genau überlegen – was »alles«? Merkwürdig, wie weit nun plötzlich das ganze Oberwiesenfeld hinter ihr liegt, als wäre sie seit vier Wochen nicht mehr dort spaziert. Und es sei doch eigentümlich, daß dieser Eugen sie schon nach zwei Stunden genommen hat und, daß das alles so selbstverständlich gewesen ist, als hätte es so kommen müssen. Er sei ja sicher ein guter Mensch, aber er könnte ihr wirklich gefährlich werden, denn es stimme schon, daß er zu jenen Männern gehört, denen man sich naturnotwendig gleich ganz ausliefern muß – Nein! sie wolle ihn nie mehr sehen! Sie werde morgen einfach nicht da sein, dort an der Ecke der Schleißheimer Straße. Es hätte doch auch schon gar keinen Sinn, an das Salzkammergut zu denken und das blöde Afrika, all diese dummen Phantasien! Es sei halt nun mal Weltkrieg gewesen und den könne man sich nicht wegdenken, man dürfe es auch nicht. Der Kastner habe schon sehr recht, sie werde auch die Hetäre markieren, sich für fünfzig Stunden auf das Sofa legen und zehn Mark verdienen und vielleicht wirklich irgend ein eigenes Auto kennen lernen, aber man solle nichts verschreien.

14.

So näherte sich also Agnes einem einfachen Schluß, während sie ein ehemaliger Filmstatist, der ursprünglich Zahntechniker werden wollte, fixierte. Er hörte sich gerne selbst, fühlte sich in Form und legte los wie ein schlechtes Feuilleton.

»Diese Angst vor der wahren Liebe ist eine typische Jungmädchenerscheinung des zwanzigsten Jahrhunderts, aber natürlich keine Degenerationserscheinung, wenn man in deinen wirtschaftlichen Verhältnissen steckt. Es ist dies lediglich eine gesunde Reaktion auf alberne Vorstellungen, wie zum Beispiel, daß die fleischliche Vergattung etwas heiligeres ist, als eine organische Funktion. Wieviel Unheil richtete diese erhabene Dummheit unter uns armen Menschen an!«

Er hielt plötzlich inne in seinen Definitionen und biß sich auf die Zunge, so überrascht war er, daß er tatsächlich mal recht hatte. Er war ja ein pathologischer Lügner.

Doch rasch erholte er sich von der Wahrheit, setzte sich ergriffen über seine Selbstlosigkeit auf den zusammengeleimten Stuhl, vergrub zerknirscht über die menschliche Undankbarkeit den Kopf in den Händen und seufzte: »Ich bin zu gut! Ich bin zu gut!«

»Er ist also wirklich besser, als er aussieht«, dachte Agnes. »Das hängt halt nur von solchen Stiftzähnen ab, daß man meint, das ist ein Schuft. So täuscht man sich. Am End ist auch der Eugen gar nicht so anständig, wie er sich benommen hat. Es gibt wenige gute Leut und die werdn immer weniger.«

Und der Kastner tat ihr plötzlich leid und auch seine Stiftzähne taten ihr leid, die großen und die kleinen.

15.

Am nächsten Morgen erzählte die Tante im Antiquariat ihrer einzigen Freundin, einer ehemaligen Schreibwarengeschäftsinhaberin und Kleinrentnerin, daß Agnes nun endlich eine Stellung bekommen hat. Sie werde von einem hochtalentierten Kunstmaler gemalt und dafür bezahlt und das habe ihr überraschend schnell der Herr Kastner verschafft. Das sei doch ein lieber braver Mensch und sie habe sich also in ihm getäuscht, sie hätte ja schon immer gesagt, daß er geschäftlich höchst unreell ist. Er betrüge sie nämlich und es sei kein Verlaß auf ihn. So habe er ihr Aktfotografien geliefert und sie hätte ihm doch gesagt, sie könnte mit diesen neumodischen Figuren nichts anfangen, das seien ja nur Knochen und die Herren mögen ja nur die volleren Damen, unterwachsen und mollig, auch ohne Bubikopf. Auch wenn die Herren so täten als liefen sie jeder Dürren nach, so sei das doch unnatürlich, denn die Herren fühlten im Grunde ihrer Seele altmodisch, aber heute würden sich die Herren schon gleich schämen mit einer Dicken über die Straße zu gehen. Neulich habe ihr ein Herr von der Ortskrankenkasse erzählt, daß, wenn eine Üppige ein Restaurant betritt und da sitzen lauter Herren mit lauter mageren Damen, dann fingen alle Herren hinter der Üppigen her heimlich das Trenzen an.

Die Freundin meinte, es sei überhaupt Bruch mit dieser neuen Sinneslust, und sie schimpfte auf die neueingeführte Vierundzwanzigstundenzeit. Ihr Bruder sei Logenschließer im Nationaltheater und der sage auch immer, früher sei an so einer Julia noch was dran gewesen oder gar an der Desdemona, die hätte gleich einen Hintern gehabt wie ein Bräuroß, aber jetzt sähe die Desdemona direkt minderjährig aus und kein Theaterbesucher begreife den Othello, den Mohr von Venedig, daß er sich wegen so ein Krischperl so furchtbar aufregt. Es sei eine Sünde an den Klassikern. –

Diese ihre einzige Freundin hieß Afra Krumbier. Sie kannten sich schon von der Schule her, waren beide dreiundsechzig Jahr alt, und seit vier Jahren saß Afra den ganzen Tag in der Tante ihrem »Antiquariat«. Sie kramten gemeinsam die zerrissenen Bücher durch, lasen aufmerksam jede neuerschienene antiquarische Zeitschrift, machten sich gegenseitig auf originelle Zitate aufmerksam, durchdachten gar vielerlei, waren sehr neugierig und ziemlich abergläubig, verurteilten die Mädchen, die sich nackt fotografieren ließen, beschimpften und verfluchten die Polizei, die sich um etwas anderes kümmern sollte als um solche harmlose Aktaufnahmen, erinnerten sich der guten alten Militärmusik, verehrten den heiligen Antonius von Padua und interessierten sich für Fürstenstammbäume und alles Lebendige, besonders für Sexualprobleme, Darmtätigkeit und Kommunalpolitik. Afra Krumbier war das Echo der Tante.

Wie die Tante hatte auch sie in der Inflation ihr kleines Geld verloren und hungerte nun als sogenannte Kleinrentnerin. Ihr einziger Trost war die Tante und ihr einziger Stolz, daß sie was von Politik versteht. Wäre sie als die Tochter eines Aufsichtsrates geboren worden, hätte auch sie einen politischen Salon geführt, hätte Reichsminister protegiert, Leitartikel geschrieben über die Baden-Badener Polospiele und die kulturellen Entwicklungsmöglichkeiten des Proletariats und hätte natürlich zugegeben, daß Lenin ein Säkularmensch war und daß der Marxismus Schiffbruch erlitten hat. So aber besuchte sie nur eifrig Wahlversammlungen und meldete sich sogar manchmal zur Diskussion. Dann waren die Angehörigen jener Partei, für die sie eintreten wollte, bestürzt, die Opposition begeistert und die Nichtwähler belustigt.

Sie wählte 1919 unabhängig sozialdemokratisch, 1920 deutsch-national, 1924 völkisch, 1925 bayerisch volksparteilich und 1928 sozialdemokratisch. Wie alle Kleinbürger zog sie infolge Denkunfähigkeit auch politisch verschrobene Schlüsse, hielt Gemeinplätze für ihre persönlichen Erkenntnisse und diese wieder nicht nur nicht für »graue Theorie«, sondern sogar für »Praxis«. Aber so einfältig war sie nun dennoch nicht, wie es der Freiherr von Aretin wünschte, der nach den Maiwahlen 1928 in den »Münchener Neueste Nachrichten« behauptet hatte, daß das niederbayerische Bauernweiblein nur in dem Glauben, daß der Kommunismus mit der heiligen Kommunion zusammenhängt, kommunistisch wählt. Und sie glaubte auch nicht, was in der »Münchener Zeitung« stand, daß nämlich die Herrschaft des Sozialismus eine Orgie der sieben Todsünden bedeutet. Sie besaß doch immerhin den unchristlichen Instinkt, ihre Mitbürger in »Großkopfete« und »anständige Menschen« einzuteilen. Dieser Instinkt hatte sie auch mit ihrem einzigen Verwandten entzweit, dem Gatten ihrer verstorbenen Schwester, einem gewissen Studienrat Gustav Adolf Niemeyer aus der Schellingstraße.

Der hatte ihr seinerzeit, da sie von der unabhängigen Sozialdemokratie begeistert war, folgenden Brief gesandt:

An Afra Krumbier.
Weiber verstehen nichts von Politik. Das Maß ist voll.
Wir sind nicht mehr verwandt.
Gustav Adolf Niemeyer.

16.

Dieser Studienrat Niemeyer hatte einen hoch aufgeschossenen Sohn mit einem etwas krummen Rücken, riesigen Händen und einer Brille. Er hieß ebenfalls Gustav Adolf und als er 1914, da der liebe Gott sprach: »Es werde Weltkrieg!« (und es geschah also und Gott sah, daß er gut getan), einrücken mußte, wollte er gerade Chemie studieren und sagte: »Meiner Meinung nach hat die Chemie Zukunft.«

Die Horizonte waren rot von den Flammen der brennenden Dörfer und Wälder, rund zwölf Millionen Menschen wurden zerstückelt und über das Leben kroch das Gras. Es war Hausse in Prothesen und Baisse in Brot. Immer mehr glich die Erde dem Monde.

Der Studienrat sammelte Kriegspostkarten, Kriegsmedaillen, Kriegsbriefmarken, Kriegsscherzartikel und nachts kratzte er diebisch die Kriegsberichte von den Anschlagsäulen.

Weihnachten kam, das Fest der Liebe, und die deutschen Leitartikel huldigten dem deutschen Christkind, die französischen dem französischen Christkind, es gab auch eine österreichische Madonna, eine ungarische, englische, belgische, liechtensteinische, bayerische. Alle diese Madonnen waren sich feindlich gesinnt und gar zahlreiche Heilige übernahmen Ehrenprotektorate über schwere und leichte Artillerie, Flammenwerfer und Tanks.

1915 fiel Gustav Adolf junior in Flandern und Gustav Adolf senior verfaßte folgende Trauernotiz: »Es widerfuhr mir die große Freude, den einzigen Sohn auf dem Altar des Vaterlandes geopfert zu haben.« Und er lächelte: »Wenn das die Mutter noch erlebt hätte!«

Dem einzigen Sohn widerfuhr allerdings weniger Freude über sein Opfer. Von einem spanischen Reiter aufgespießt, brüllte er vier Stunden lang auf dem Altar des Vaterlandes. Dann wurde er heiser und starb.

Sein Feld der Ehre war ein Pfahl der Ehre, der ihm die Gedärme ehrenvoll heraustrieb.

Als eitler Rohling schritt der vaterländische Vater stolz und dumm durch die Schellingstraße und bildete sich ein, die Leute wichen ihm aus, man sehe es ihm direkt an, daß sein einziger Sohn in Flandern gefallen ist. Ja, er plante sogar, sich selbst freiwillig zu opfern, jedoch dies vereitelten Bismarcks Worte, die er abgöttisch liebte: »Den Krieg gewinnen die deutschen Schulmeister.«

Aber es kam bekanntlich anders. Am Ende ihrer Kraft brachen die Mittelmächte zusammen und fassungslos stammelte Gustav Adolf senior: »Aber die Pazifisten können doch nicht rechthaben, denn warum ist denn dann mein Sohn gefallen?« Erst anläßlich des Versailler Diktates atmete er auf. Nun konnte er es sich ja wieder beweisen, daß die Pazifisten nicht recht haben und, daß also sein Sohn nicht umsonst gefallen ist.

Als Liebknecht und Luxemburg ermordet wurden, wurde es ihm klar, daß das deutsche Volk seine Ehre verloren hat und, daß es selbe nur dann wiedererringen kann, wenn abermals zwei Millionen junger deutscher Männer fallen.

Als Kurt Eisner ermordet wurde, hing er die Fotografie seines Mörders neben jene seines Sohnes.

Als Gustav Landauer ermordet wurde, stellte er fest: »Die Ordnung steht rechts!«

Als Gareis ermordet wurde, macht er einen Ausflug in das Isartal und zwischen Grünwald und Großhesselohe sagte er dreimal: »Deutsche Erde!«

Als Erzberger ermordet wurde, betrat er seit langer Zeit wiedermal ein Biercabaret am Sendlinger-Tor-Platz. Dort sang ein allseits beliebter Komiker den Refrain: »Gott erhalte Rathenau, Erzberger hat er schon erhalten!« Es war sehr komisch.

Als Rathenau ermordet wurde, traf er einen allseits beliebten Universitätsprofessor, der meinte: »Gottlob, einer weniger!«

Als Haase ermordet wurde, ging er in die Oper und prophezeite in der Pause: »Das Volk steht auf, der Sturm bricht los!«

Und der Sturm brach los, das »Volk« stand auf und warf sich auf dem Münchener Odeonsplatz auf den Bauch. Da wurde es windstill in des Schulmeisters Seele.

Geistig gebrochen, doch körperlich aufrecht ließ er sich von der Republik pensionieren, witterte überall okkulte Mächte und haßte die Gewerkschaften.

Er wurde Spiritist. Als er aber entdeckte, daß es auch unter den Jüdinnen Spiritistinnen gibt, wandte er sich ab vom Spiritismus.

Er fürchtete weder Frankreich, noch die Tschechoslowakei, nur die Freimaurer. Genau so, wie einst seine Urgroßmutter die Preußen gefürchtet hatte. Die war an Verfolgungswahn erkrankt und hatte geglaubt, jeder Preuße hätte an seinem linken Fuße vierzehn Zehen.

Von Tag zu Tag sah er seiner Urgroßmutter ähnlicher.

Er vertiefte sich in seine abgekratzten Kriegsberichte und wollte es unbedingt ergründen, wieso wir den Krieg verloren haben, obwohl wir ihn nicht verloren haben. Und seine einzige Freude waren seine gesammelten Kriegsscherzartikel.

17.

Das war Afra Krumbiers Schwager. Sie hatte ihn nie recht gemocht, denn seit ihre verstorbene Schwester Frau Studienrat geworden war, hatte sie angefangen Afra von oben herab zu behandeln, weil Afra in ihrer Jugend nur mit einem Kanzleibeamten verlobt gewesen war, der sie obendrein auch noch sitzen gelassen hatte, weil er defraudiert hatte und durchgebrannt war.

Und seit nun Afra im Antiquariat der Tante sozusagen lebte, vergaß sie ihren Schwager fast ganz, so sehr konzentrierten sich die Tante und sie aufeinander. Diese Konzentration war sogar so stark, daß die beiden Alten es oft selbst nicht mehr zu wissen schienen, wessen Nichte Agnes ist.

So fragte auch heute wieder Afra die Tante, welcher Kunstmaler sich die Agnes als Modell gewählt hätte, ob er eine Berühmtheit sei oder eine Null, ob noch jung oder schon älter, ob verheiratet, verwitwet, geschieden oder ob er so im Konkubinat dahinlebe, wie das bei den Kunstmalern meistens der Fall sei.

Die Tante meinte, sie kenne den Kunstmaler nicht persönlich, er wohne zwar nicht weit von hier und sie höre nur Gutes über ihn; zwar habe sie nur gehört, daß er Achner heißt, aber auf die Kunstmaler sei kein Verlaß, und sie habe es der Agnes auch schon erklärt, daß sie sich ja nicht unterstehen soll bei künstlichem Lichte als Modell herumzustehen. Bei künstlichem Lichte könne nämlich kein Kunstmaler malen und dann noch Modell stehen; das sei eine Schweinerei. Sie kenne nämlich mehrere Modelle, die beim künstlichen Licht Kinder bekommen hätten, und so Künstler schwörten gerne ab, besonders Kunstmaler.

Und die Krumbier erwiderte, das sei schon sehr wahr,
aber es gebe auch korrekte Kunstmaler. So kenne sie
eine Konkubine, die dürfe heute sechzig Jahre alt sein
und lebe noch immer mit ihrem Kunstmaler zusammen.
Der sei zwar erst fünfunddreißig Jahre alt und habe
noch nie ein Bild verkauft, aber das könne ihm sau-
wurscht sein, denn jene Konkubine habe Geld.
Die Tante wollte gerade erklären, daß die Kunstmaler
solch ein Konkubinat »freie Liebe« nennen, weil es nicht
wie eine bürgerliche Ehe auf Geld aufgebaut sei – da
betrat ein Kunde das »Antiquariat«, der hochwürdige
Herr Religionslehrer Joseph Heinzmann.
Hochwürden waren sehr sittenstreng und hatte eine
schmutzige Phantasie. Nicht umsonst hatte das Christentum zweitausend Jahre lang die Gültigkeit des
Geschlechtstriebes bezweifelt.
Einmal verbot dieser fromme Religionslehrer einem
achtjährigen Mädchen, mit nackten Oberarmen in der
Schulbank zu sitzen, denn das sei verderblich. Aber am
nächsten Sonntag in der Sakristei setzte ihm deren
Vater, ein Feinmechaniker aus der Schellingstraße, auseinander, daß er doch nicht hinschauen soll, wenn er
eine solche Sau sei und daß er durch einen überaus glücklichen Zufall erfahren habe, daß Hochwürden gern gar
oft ein sauberes »Antiquariat« in der Schellingstraße besuche, um sich dort an den Fotografien nackter Weiber
zu ergötzen. Und der hochwürdige Herr erwiderte, das
sei eine gewaltige Verleumdung; wohl besuche er des
öfteren jenes »Antiquariat« in der Schellingstraße, aber
nur, um sich Heiligenbildchen zu kaufen, die dort sehr
preiswert wären und die er dann unter seine Lieblings-
schülerinnen verteile. Und er lächelte scheinheilig und
meinte noch, der Herr Feinmechaniker solle nur ja nicht
verleumden, denn das wäre keine läßliche Sünde. Aber
der Herr Feinmechaniker sagte, er scheiße auf alle läß-
lichen und unerläßlichen Sünden, und er wiederholte,
daß jenes »Antiquariat« Hochwürden allerdings leicht
verderblich werden könnte, maßen sich Hochwürden

nur noch einmal erfrechen sollte, sich über die nackten Oberarme seiner achtjährigen Tochter aufzuregen. »Nun, nun, nun« antwortete Hochwürden gekränkt, nämlich er begann jeden Satz mit dem Wörtchen »nun« und diesmal fiel ihm kein Satz ein, denn der Feinmechaniker hatte recht und Hochwürden ließ ihn entrüstet stehen. –

Seit dieser Unterredung besuchte dieser heilige Geselle nur ab und zu die Tante, denn er war nicht nur schlau, sondern auch feig. Die Tante hatte ihn bereits drei Wochen lang nicht gesehen und als er jetzt den Laden betrat, hub er gleich an zu lügen:

»Nun, ich habe es Euch doch schon des öfteren aufgetragen, gute Frau, daß Ihr in die Auslage nicht diese obszönen Nuditäten hängen sollt, wie dieses ›Vor dem Spiegel‹ oder jenes schamlose ›Weib auf dem Pantherfell‹. Welchen Samen streuen solche Schandbilder in die Seele unserer heranreifenden Jugend!«

»Das sind doch keine Schandbilder, das sind doch nur Fotografien!« ärgerte sich die Tante. »Das kauft sich keine heranreifende Jugend nicht, das kaufn sich nur die heranreifendn Kunstmaler, das habn die nämlich zur Kunst nötig.«

Hochwürden trat an den Bücherständer, durchstöberte den verstaubten Kram, und die Tante knurrte bloß: »Nun, ich kenn schon deine Irrlehren, alter Sünder, ganz ausgschamter!«

»Nun, gute Frau, die Kunst ist göttlichen Ursprungs, aber heute fotografiert der Satan. Nun, wollen wir mal sehen, ob Ihr etwas Neues bekommen habt, oder? Nun, habt Ihr noch das Büchlein über die gnostischen Irrlehren? Nun, Ihr wißt doch, wie sehr wir uns für Irrlehren interessieren.«

Sie haßte ihn nämlich, denn auch er gehörte zu jenen Kunden, die sich alle Wochen tausend Weiber »auf dem Pantherfell, vor dem Spiegel« betrachten und sich dann keine einzige kaufen, sondern sich nur höflich bedanken und sagen: »Ja, wissen Sie, das ist doch nicht das, was ich zu Kunst benötige. Ich benötige eine große schlanke Blondine, aber die hier sind schwarz, braun, rot, zu blond und entweder zu groß, zu klein, zu dick, zu dünn oder zu teuer. Die können wir armen heranreifenden Künstler uns nicht leisten.« –

Und während die Krumbier leise der Tante von den abscheulichen Verbrechen der Jesuiten in Mexiko, Bolivien und Peru erzählte, entzifferte Hochwürden Buchtitel:

»Aus dem Liebesleben der Sizilianerinnen. – Sind Brünette grausam? – Selbstbekenntnisse einer Dirne. – Selbstbekenntnisse zweier Dirnen. – Selbstbekenntnisse dreier Dirnen. – Fort mit den lästigen Sommersprossen! – Die unerbittliche Jungfrau. – Gibt es semitische Huren? – Sadismus, Masochismus und Hypnose. – Marianischer Kalender. – Unser österreich-ungarischer Bundesgenosse. – Abtreibung und Talmud. – Wie bist Du, Weib? – Quo vadis, Weib? – Sphinx Weib. – Wer bist Du, Weib? – Wer seid Ihr, Weiber?«

Und Hochwürden seufzte wie ein alter Hirsch und blätterte benommen in dem Werke »Tugend oder Laster?« und sein Blick blieb an der Stelle kleben: »Der Coitus interruptus ist auf dem Seewege von den Griechen zu den Juden gekommen.« Erschüttert über solch unzüchtige Erforschung des antiken Transportwesens, legte er behutsam das Buch auf eine Darstellung der Leda, schwitzte wie ein Bär und starrte sinnierend vor sich hin.

Vor ihm lagen zwei Weiber auf je einem Pantherfell.

»Apropos, wie geht es der lieben Nichte?« wandte er sich an die Tante. »Nun, das ist ein hübsches Kind, das sich hoffentlich niemals auf einem Pantherfell fotografieren lassen wird; die Welt ist unsittlich, gute Frau, und ich las jetzt soeben im Marianischen Kalender, daß der Agnestag am 21. Januar ist. Nun, die Geschichte der heiligen Agnes ist erbaulich, ihr Sinnbild ist das Lamm. Nun, die heilige Agnes war eine schöne römische Christin und

83

weil sie die Ehe mit einem vornehmen heidnischen Jüngling ausschlug, wurde sie in ein öffentliches Haus gebracht, blieb aber auch da mit einem Heiligenschein versehen, unversehrt auf ihrem Lotterbett. Nun, als endlich aber ihr Bräutigam ihr Gewalt antun wollte, erblindete er, wurde aber auf ihre Fürbitte hin wieder sehend. Nun, dennoch wurde sie zum Feuertod verurteilt, und weil sie die Flammen nicht verbrennen konnten, hat man sie enthauptet. Nun, das von dem Blindwerden fällt mir ein, wenn ich diese Schamlosigkeit auf den Pantherfellen hier erblicke. Nun, übrigens ich muß nun gehen. Nun, also behüt Euch Gott, liebe Frau, – die Welt ist verroht, aber Gottes Mühlen mahlen langsam.« Er ging.

Und die Tante sagte: »Nun, das ist ein ganz hintervotziger Hund. Jedsmal bevor er rausgeht, erzählt er irgend so ein Schmarrn, damits nicht so auffällt, daß er sich nie was kauft.«

Und die Krumbier meinte, auch ihre Schutzheilige, die heilige Afra, sei seinerzeit dem Venusdienst geweiht worden auf der Insel Zypern, aber eines Tages sei der heilige Bischof Narzissus in jenes Freudenhaus gekommen und hätte dort die heilige Afra und ihre Mutter samt deren Dienerinnen getauft und jetzt ruhe Afras heiliger Leib in der Kirche von St. Ulrich in Augsburg.

Die Tante brummte nur, es sei schon sehr merkwürdig, daß so viele Heilige aus Freudenhäusern stammen.

Aber die Krumbier meinte, man könne auch die Freudenmädchen nicht so ohne weiteres verdammen. So habe sie eine Bekannte gehabt, bei der hätten nur Huren gewohnt, doch die wären peinlich pünktlich mit der Miete gewesen und hätten die Möbel schon sehr geschont, sauber und akkurat. Sie hätten sich ihre Zimmer direkt mit Liebe eingerichtet und nie ein unfeines Wort gebraucht. –

18.

Als jener gesalbte Lüstling im Antiquariat über die hei-

lige Agnes sprach, betrat Agnes Pollinger den fünften
Stock des Hauses Schellingstraße 104 und stand nun vor
dem Atelier Arthur Maria Lachners. »Akademischer
Kunstmaler« las sie auf dem Schilde unter seinem
schönen Namen.
Und darunter hing ein Zettel mit der Überschrift:
»Raum für Mitteilungen, falls nicht zuhause« und da
stand: »Wir sind um zwo im Stefanie. Schachmatt. –
Sie kommt, ich erscheine um achtzehn Uhr. Kastner. –
War gestern Abend da, Blödian. Erwarte mich. Rem-
brandt. – Was macht mein Edgar Allan Poe III. Band?
Du weißt schon. – Kann Dir mitteilen, daß ich nicht
kann. Elly. – Bin Mittwoch fünf Uhr Nachmittag da.
Gruß Priegler.« Und diese Mitteilungen umgaben auf
dem Rande des Zettels lauter einzelne Worte, wie eine
Girlande. Es waren meist Schmähworte, wie: »Bruch,
Aff, Mist, Trottel, Arsch, Rindvieh, Gauner, Hund«
usw.
Neben dem Zettel erblickte Agnes eine kurze Schnur,
an deren Ende ursprünglich ein Bleistift befestigt worden war, aber dieser Bleistift ist wieder mal geklaut
worden, und nun hing die arme Schnur nur so irgendwie herunter, mürrisch, einsam und erniedrigt, ohne
Zweck und ohne Sinn. Sie hatte ihre Daseinsberechtigung
verloren und ihre einzige Hoffnung war ein neuer Bleistift. Sie wußte ja noch nicht, daß ihr Herr, der Lachner,
bereits beschlossen hatte, nie wieder einen Bleistift vor
seine Tür zu hängen.
Die Schnur kannte den Dieb, sie wußte, daß er Kastner
hieß, und es quasselte die Schnur, daß keine Behörde
ihre Anklagen zu Protokoll nahm. –
Agnes wollte läuten, aber neben der Klingel hing ebenfalls ein Zettel: »Glocke ruiniert, bitte stark gen die
Pforte zu pochen. AML.«
Und Agnes erriet, daß diese drei Buchstaben »Arthur
Maria Lachner« bedeuten und sie pochte sehr stark gegen die Pforte.
Sie hörte wie jemand rasch und elastisch einen langen

Korridor entlang schritt und sie war überzeugt, daß
dieser lange Korridor stockfinster ist, obwohl sie ihn
noch nie gesehen hatte.

Ein Herr in Pullover und Segelschuhen öffnete: »Ach,
Sie sind doch wahrscheinlich das Modell? Jenun, Sie
kommen gerade recht, ich bin A M L und Sie heißen
doch Pollinger, nicht? Alors, erlauben Sie, daß ich vor-
ausgehe, der Korridor ist nämlich leider stockfinster.
Bitte, nach mir!«

Und Agnes war befriedigt, daß sie es erraten, daß der
Korridor stockfinster ist. –

Das Atelier hingegen war hell und groß, die Sonne
brannte durch die hohe Glasscheibe und Agnes dachte,
hier muß es auch im strengsten Winter mollig warm
sein; wenn nur auch im Winter die Sonne so scheinen
würde wie im Sommer. Dann dürfte es ruhig schneien.

Links an der Wand lehnte ein kleiner eiserner Herd.
Auf ihm standen Bierflaschen, Teetassen, ein Teller, zwei
verbogene Löffel, ein ungereinigter Rasierapparat und
die Briefe Vincent van Goghs in Halbleinen. Hinter
einer spanischen Wand lag ein Grammophon in einem
unüberzogenen Bette und rechts im Hintergrund thron-
te ein Buddha auf einer Kiste, die mysteriös bemalt war.
An den Wänden hingen Reproduktionen von Greco und
Bayros und drei Originalporträts phantastischer indi-
scher Göttinnen von A M L. Die Staffelei wartete vor
einem kleinen Podium, auf dem sich ein altes durch-
drücktes Sofa zu schämen schien. Es roch nach Ölfarben,
Sauerkohl und englischen Zigaretten.

Und A M L sprach:

»Wie, Sie heißen Agnes? Ich war einst mit einer Agnes
befreundet, die schrieb die entzückendsten Märchen, so
irgendwie feine zarte in der Farbe. Sie war die Gattin
unseres Botschafters in der Tschechoslowakei. Sie haben
Sie gekannt? Nein? Sehr schade, da haben Sie wirklich
etwas versäumt! Ich bin auch mit dem Botschafter befreundet, ich habe ihn porträtiert und das Bild hängt
nun in der Nationalgalerie in Berlin. Kennen Sie Berlin?

Nein? Sehr schade, da haben Sie wirklich etwas versäumt! Als ich das letzte Mal in Berlin war, traf ich Unter den Linden meinen Freund, den Botschafter in der Tschechoslowakei. Sie kennen doch die Tschechoslowakei? Nein? Ich auch nicht. Sehr schade, da haben Sie wirklich etwas versäumt.«

Und dann sprach er über die alte Stadt Prag und erwähnte so nebenbei den Golem. Und er meinte, er sei nun auf die tschechoslowakischen Juden zu sprechen gekommen, weil seine Großmutter Argentinierin gewesen wäre, eine leidenschaftliche Portugiesin, die man einst in Bremen wegen ihrer schwarzen Glutaugen leider für eine Israelitin gehalten hätte – und er unterbrach sich selbst ungeduldig: er wolle nun tatsächlich nicht über die südamerikanischen Pampas plaudern, sondern über sich, seine Sendung und seine Arbeitsart. Der Kastner würde es ihr ja wahrscheinlich schon mitgeteilt haben, daß er sie im Auftrag eines Düsseldorfer Generaldirektors als Hetäre im Opiumrausch malen muß.

So benannte A M L einen Viehhändler aus Kempten zum Generaldirektor in Düsseldorf und Agnes wurde stutzig: der Kastner hätte ihr doch gesagt, daß sie im Auftrage des hessischen Freistaates als Hetäre im Opiumrausch gemalt werden würde. Doch A M L lächelte nur und log: der Kastner hätte sich versprochen, denn im Auftrage des hessischen Freistaates mußte er eine Madonna schaffen. Aber dazu benötigte er ein demievièrge Modell mit einem wissenden Zug um den unbefleckten Mund. Er sei sich ja bewußt, daß er nicht das richtige Verhältnis zur Muttergottes besitze, und er führte Agnes vor den Buddha auf der Kiste.

Das sei sein Hausaltar, erklärte er ihr. Sein Gott sei nicht gekreuzigt worden, sondern hätte nur ständig seinen Nabel betrachtet und dieser Erlöser nenne sich Buddha. Er selbst sei nämlich Buddhist. Auch er würde regelmäßig meditieren, zur vorgeschriebenen Zeit die vorschriftsmäßigen Gebete und Gebärden verrichten und wenn er seiner Eingebung folgen dürfte, würde er die

Madonna mit sechs Armen, zwölf Beinen, achtzehn Brüsten und drei Köpfen malen. Aber das Interessanteste an ihm sei, daß er trotz der buddhistischen Askese Sinn für Hetären im Opiumrausch habe, das sei eben sein Zwiespalt, er habe ja auch zwei verschiedene Gesichtshälften. Und er zeigte ihr sein Selbstporträt. Das sah aus, als hätte er links eine gewaltige Ohrfeige bekommen.

»Die ungemeine Ausprägung der linken Gesichtshälfte ist ein Merkmal der Invertiertheit«, konstatierte er. »Alle großen Männer waren invertiert. Auch Oscar Wilde.«

Neuerdings nämlich überraschte sich A M L bei Erregungen homosexueller Art. Als korrekter Hypochonder belauerte er auch seinen Trieb.

Und Agnes betrachtete Buddhas Nabel und dachte, das wäre bloß ein Schmeerbauch, und wenn der Buddhist noch nicht blöd sein sollte, so würde er bald verblöden, so intelligent sei er.

19.

Agnes trat hinter die spanische Wand. »Ziehen Sie sich nur ruhig aus«, vernahm sie des Buddhisten Stimme und hörte, wie er sich eine Zigarette anzündete. »Es ist bekannt, daß sich das erste Mal eine gewisse Scheu einstellt. Sie sind doch kein Berufsmodell. Jedoch nur keine falsche Scham! Wir alle opfern auf dem Altare der Kunst und ohne Schamlosigkeit geht das eben nicht, sagt Frank Wedekind.«

Agnes fand es höchst überflüssig, daß er sich verpflichtet fühlte, ihr das Entkleiden zu erleichtern, denn sie dachte sich ja nichts dabei, da es ihr bekannt war, daß sie gut gebaut ist.

Einmal wurde sie von der Tante erwischt, wie sie sich gerade Umfang und Länge ihres Oberschenkels maß, nämlich in der Sonntagsbeilage standen die genauen Maße der amerikanischen Schönheitskönigin Miss Virginia und die Redaktion der Sonntagsbeilage versprach derjenigen Münchnerin hundert Mark, deren Körperteile genau die selben Maße aufweisen konnten. Die Tante behauptete natürlich, das wären wahrscheinlich die Maße eines Menschenaffen und Agnes täte bedeutend klüger, wenn sie auf das Arbeitsamt in der Thalkirchner Straße ginge, statt sich von oben bis unten abzumessen, wie eine Badhur und sie fragte sich noch, ob sie sich denn überhaupt nicht mehr schäme. Agnes dachte sich nur, wenn sie der Tante ihre Maße hätte, dann würde sie sich allerdings schämen und freute sich, daß sie genau so gebaut ist wie Miss Virginia. Nur mit dem Busen, dem Unterarm und den Ohren klappte es nicht so ganz genau, aber sie beschwindelte sich selbst und war überzeugt, das könne bei der Verteilung der hundert Mark keinerlei Rolle spielen. Aber es spielte eine Rolle und die hundert Mark gewann ein gewisses Fräulein Koeck aus der Blumenstraße und in der nächsten Sonntagsbeilage protestierte dagegen ein Kaufmann aus der Thierschstraße, weil die Hüfte seiner Gattin nur um einen knappen Zentimeter breiter wäre, als die Hüfte der Schönheitskönigin und Fräulein Koeck hätte doch hingegen um einen ganzen halben Zentimeter dünnere Oberschenkel und um zwo Zentimeter längere Finger. Auch ein Turnlehrer aus der Theresienstraße protestierte und schrieb, man müsse überhaupt betreffs Hüften die Eigenart des altbayerischen Menschenschlages gebührender berücksichtigen, und es gäbe doch gottlob noch unterschiedliche Rassenmerkmale. Und Agnes dachte, es gibt halt keine Gerechtigkeit.

Damals schlug ihr dann der Kastner vor, ob er sie als künstlerischen Akt fotografieren dürfe, aber sie müsse sich vorher noch so ein Lächeln wie die Hollywooder Stars antrainieren. Sie ließ sich zwar nicht fotografieren, versuchte aber vor dem Spiegel das Hollywooder Lächeln zu erlernen, fing jedoch plötzlich an Grimassen zu schneiden und erschrak derart über ihr eigenes Gesicht, daß sie entsetzt davonlief.

Aber der Kastner ließ nicht locker und noch vor zehn

Tagen, als er mit ihr am Ammersee badete, versuchte er sie zu fotografieren. Er erzählte ihr, daß in Schweden alles ohne Trikot badet, denn das Trikot reize die Phantasie ohne sie zu befriedigen und das wäre ungesund. Hier mengte sich ein fremder Badegast in das Gespräch und sagte, er wäre Schwede und er fragte Agnes, ob sie nicht mit ihm Familienkunde treiben wolle, maßen sie einen Langschädel habe und blau und blond sei; jedoch der Kastner wurde sehr böse und log, er selbst sei ebenfalls Schwede, worauf jener Schwede sehr verlegen wurde und kleinlaut hinzufügte, er wäre allerdings nur ein geborener Schwede, aber Privatgelehrter. –

Dieser geborene schwedische Privatgelehrte fiel nun Agnes plötzlich ein, weil A M L sagte: »In Schweden badet alles ohne Trikot. Lassen Sie die Strümpfe an! Ein weiblicher Akt mit Strümpfen wirkt bekanntlich erotisierender. Meine Hetäre trägt Strümpfe! Ich will die Hetäre mit Strümpfen erschaffen, mit Pagenstrümpfen! Eine Hetäre ohne Pagenstrümpfe ist, wie –« Er stockte, denn es fiel ihm kein Vergleich ein, und er ärgerte sich darüber und fuhr rasch fort: »Ich las gestern eine pittoreske Novelle von –« Er stockte wieder, denn es fiel ihm kein Novellist ein und legte wütend los: »Vorgestern habe ich mich rasiert und da habe ich mich furchtbar geschnitten und heute habe ich mich wieder rasiert und habe mich nicht geschnitten! Kennen Sie die Psychoanalyse? Es ist alles Symbol, das stimmt. Wir denken symbolisch, wir können nur zweideutig denken. Zum Beispiel: das Bett. Wenn wir an ein Bett denken, so ist das ein Symbol für das Bett. Verstehen Sie mich? Ich freue mich nur, daß Sie kein Berufsmodell sind. Ich hasse das Schema, ich benötige Individualität! Ich bin nämlich krasser Individualist, hinter mir steht keine Masse, auch ich gehöre zu jener ›unsichtbaren Loge‹ wahrer Geister, die sich über ihre Zeit erhoben und über die gestern in den ›Neuesten‹ ein fabelhaftes Feuilleton stand!« Und während Agnes ihr Hemd auf den Grammophon legte, verdammte er den Kollektivismus.

20.

Manchmal schwätzte A M L als wäre er ein Schwätzer. Aber er schwätzte ja nur aus Angst vor einem gewissen Gedanken. – Sein Vater war Tischlermeister gewesen und A M L hatte zu Hause nie ein böses Wort gehört. Er erinnerte sich seiner Eltern als ehrlicher arbeitsamer Menschen und manchmal träumte er von seiner Mutter, einer rundlichen Frau mit guten großen Augen und fettigem Haar. Es war alles so schön zu Hause gewesen und zufrieden. Es ist gut gekocht und gern gegessen worden und heute schien es A M L, als hätten auch seine Eltern an das Christkind geglaubt und den Weihnachtsmann. Und manchmal mußte A M L denken, ob er nicht auch lieber Tischlermeister geworden wäre mit einem Kind und einer rundlichen Frau mit guten großen Augen und fettigem Haar.

Dieser Gedanke drohte ihn zu erschlagen.

Und um nicht erschlagen zu werden, verkroch er sich vor jedem seiner Gedanken. Wenn er allein im Atelier saß, sprach er laut mit sich selbst, nur um nichts denken zu müssen. Oder er ließ den Grammophon spielen, rezitierte Gedichte, pfiff Gassenhauer und manchmal schrieb er sogar sich selbst Nachrichten auf den Zettel mit der Überschrift: »Raum für Mitteilungen, falls nicht zu Hause.«

Er tat, wie die Chinesen tun, die überall hin Glöcklein hängen, um die bösen Geister zu verscheuchen. Denn die bösen Geister fürchten auch das feinste Geräusch und glotzen uns nur in der Stille an.

Er haßte die Stille.

Etwas in seinem Wesen erinnerte an seinen verstorbenen Onkel August Meinzinger in Graz. Der sammelte Spitzen, hatte lange schmale Ohren und saß oft stundenlang auf Kinderspielplätzen.

Er war ein alter Herr und in seinem Magen wuchs ein Geschwür. Er mußte auf seine Lieblingsknödel verzichten, wurde boshaft und bigott, bedauerte kein Mönch geworden zu sein, las Bücher über die Folterwerkzeuge der Hölle und nahm sich vor, rechtschaffene Taten zu vollbringen; denn er hatte solche Angst vor dem Tode, daß er sich beschiß, wenn er eine Sense sah. Die Hölle, das Magengeschwür und die entschwundenen Lieblingsknödel beunruhigten seine Phantasie.

Einst als A M L vier Jahre alt wurde, besuchte Onkel August München. Und da es dämmerte, schlich er an A M Ls Bettchen und kniff ihn heimlich blau und grün, weil er eingeschlafen war, ohne gebetet zu haben. Er schilderte ihm die Qualen der Hölle und zitterte dabei vor dem jüngsten Gericht wie ein verprügelter Rattler. Der kleine A M L hörte ihm mit runden Augen zu, fing plötzlich an zu weinen und betete. Er wußte zwar nichts, was er daherplapperte und hätte es auch gar nicht begriffen, daß er ein sündiger Mensch ist. Seine Sünden bestanden damals lediglich darin, daß er mit ungewaschenen Händchen in die Butter griff, was ihm wohltat, daß er verzweifelte, wenn der Kaminkehrer kam, in der Nase bohrte und daran lutschte, sich des öfteren bemachte, in den Milchreis rotzte und den Pintscher Pepperl auf den Hintern küßte.

Und als A M L in die Schule kam, verschied der Onkel August in Graz nach einem fürchterlichen Todeskampf. Er röchelte zehn Stunden lang, redete wirres Zeug daher und brüllte immer wieder los: »Lüge! Lüge! Ich kenn kein kleines Mizzilein, ich hab nie Bonbons bei mir, ich hab kein Mizzilein in den Kanal gestoßen, Mizzilein ist von selbst ertrunken, allein! Allein! Ich hab ja nur an den Wädelchen getätschelt, den Kniekehlchen! Meine Herren, ich hab nie Bonbons bei mir!« Und dann schlug er wild um sich und heulte: »Auf dem Divan sitzt der Satan! Auf dem Divan sitzt noch ein Satan!« Dann wimmerte er, eine Straßenbahn überfahre ihn mit Rädern wie Rasiermesser. Und seine letzten Worte lauteten: »Es ist strengstens verboten mit dem Wagenführer zu sprechen!«

Und des Onkels Seele schwebte himmelwärts aus der steiermärkischen Stadt Graz und mit seinem Gelde wur-

de der Altar einer geräderten heiligen Märtyrerin reno-
viert und ihr gekröntes Skelett neu vergoldet, denn August Meinzinger hatte tatsächlich sein ganzes Vermögen
aus rücksichtsloser Angst vor dem höllischen Schlund in
jenen der alleinseligmachenden Kirche geworfen.

Nur seinem Neffen A M L hatte er ein silbernes Kruzi-
fixlein hinterlassen, welches dieser fünfzehn Jahre später, 1913, im Versatzamt verfallen ließ, denn er benötigte das Geld für die Behandlung seines haushohen
Trippers.

Und kaum war er geheilt, brach der Weltkrieg aus. Er
wurde Pionier, bekam in Belgrad das eiserne Kreuz und
in Warschau seinen zweiten Tripper.

Und kaum war er geheilt, brach Deutschland zusammen. Und während die Menschen, die weitergehen wollten, erschossen wurden, bekam er seinen dritten Tripper.

Und kaum war er geheilt, trat in Weimar die National-
versammlung zusammen. Er wurde beherrscht und
schwor sich offiziell zu verloben, um seinen Geschlechts-
verkehr gefahrlos gestalten zu können. Er wollte die
Tochter eines Regierungsbaumeisters heiraten, es war
eine reine Liebe und sie brachte ihm seinen vierten Tripper.

Nun wurde er immer vergeistigter und bildete sich ein,
er sei verflucht. Hatte er mal Kopfschmerzen, Katarrh,
einen blauen Fleck, Mitesser, Husten, Fieber, Durchfall
oder harten Stuhl, immer witterte er igendeinen myste-
riösen Tripper. Er wagte sich kaum mehr einem Weib
zu nähern, haßte auch die Muttergottes und wurde
Buddhist.

Durch das Mikroskop erblickte er das Kleinod im Lotos.

21.

Agnes stand nun vor A M L.

Sie hatte nur ihre Strümpfe an und schämte sich, weil
der eine zerrissen war, während A M L meinte, es wäre
jammerschade, daß sie keine Pagenstrümpfe habe. Dann
forderte er sie auf, im Atelier herumzugehen. »Gelöst«,

sagte er. »Nur gelöst!« Und so gelöst solle sie sich auch setzen, legen, aufstehen, niederknien, kauern, aufstehen, wieder hinlegen, wieder aufstehen, sich beugen und wieder herumgehen – das hätten nämlich auch die Modelle von Rodin genauso machen müssen. Selbst Balzac hätte vor Rodin vierzehn Tage lang so gelöst herumgehen müssen, bis Rodin die richtige Pose gefunden hätte. Er habe es zwar nicht nötig, dabei Skizzen zu machen, wie jener, er behalte nämlich alle seine Skizzen im Kopf, denn er habe ein gutes Gedächtnis. Damit wolle er sich jedoch keineswegs mit Rodin vergleichen, das wäre ja vermessen, aber er sei halt nun mal so.

Agnes tat alles, was er wollte und wunderte sich über sein sonderbar sachliches Mienenspiel, denn eigentlich hatte sie erwartet, daß er sich ihr nähern werde. Und nun schämte sie sich noch mehr über ihren zerrissenen Strumpf.

Sie erinnerte sich des Fräulein Therese Seitz aus der Schellingstraße. Die war Berufsmodell und hatte ihr mal von einem Kunstmaler erzählt, der behauptet hätte, er könnte sie leider nicht malen, wenn sie sich ihm nicht hingeben wollte und er müßte sie leider hinausschmeißen, das würde er nämlich seiner Kunst schuldig sein. Endlich fand A M L die richtige Pose. Sie hatte sich auf das Sofa gesetzt und lag nun auf dem Bauche. »Halt!« rief er, raste hinter seine Staffelei und visierte: »Jetzt hab ich die Hetäre! Nur gelöst! Gelöst! – es ist in die Augen fallend, daß sich die Kluft zwischen dem heutigen Schönheitsideal und jenem der Antike immer breiter auftut. Ich denke an die Venus von Milo.«

Und während A M L an Paris dachte, dachte Agnes an sich und wurde traurig, denn: »Was tut man nicht alles für zwanzig Pfennige in der Stunde!«

Überhaupt diese Kunst!

Keine zwanzig Pfennige würde sie für diese Kunst ausgeben! Wie oft hatte sie sich schon über diese ganze Kunst geärgert! Wie gut haben es doch die Bilder in den Museen! Sie wohnen vornehm, frieren nicht, müssen weder essen noch arbeiten, hängen nur an der Wand und werden bestaunt, als hätten sie Gottweißwas geleistet. Aber am meisten ärgerte sich Agnes über die Glyptothek auf dem Königsplatze, in der die Leute alte Steintrümmer beglotzen, so andächtig, als stünden sie vor der Auslage eines Delikatessengeschäftes.

Einmal war sie in der Glyptothek, denn es hat sehr geregnet und sie ging gerade über den Königsplatz. Drinnen führte einer mit einer Dienstmütze eine Gruppe von Saal zu Saal und vor einer Figur sagte er, das sei die Göttin der Liebe. Die Göttin der Liebe hatte weder Arme noch Beine. Auch der Kopf fehlte und Agnes mußte direkt lächeln und einer aus der Gruppe lächelte auch und löste sich von der Gruppe und näherte sich Agnes vor einer Figur ohne Feigenblatt. Er sagte, die Kunst der alten Griechen sei unnachahmbar und vor dem Kriege hätten auf Befehl des Zentrums die Saaldiener aus Papier Feigenblätter schneiden und diese auf die unsterblichen Kunstwerke hängen müssen und das wäre wider die Kunst gewesen. Und er fragte Agnes, ob sie mit ihm am Nachmittag ins Kino gehen wolle und Agnes traf sich mit ihm auf dem Sendlinger-Tor-Platz. Er kaufte zwei Logenplätze, aber da es Sonntag war und naß und kalt, war keine Loge ganz leer und das verstimmte ihn und er sagte, hätte er das geahnt, so hätte er zweites Parkett gekauft, denn dort sehe man besser, er sei nämlich sehr kurzsichtig. Und er wurde ganz melancholisch und meinte, wer weiß, wann sie sich wiedersehen werden, er sei nämlich aus Augsburg und müsse gleich nach der Vorstellung wieder nach Augsburg fahren und eigentlich liebe er das Kino gar nicht und die Logenplätze wären verrückt teuer. Agnes begleitete ihn hernach an die Bahn, er besorgte ihr noch eine Bahnsteigkarte und weinte fast, da sie sich trennten und sagte: »Fräulein, ich bin verflucht. Ich hab mit zwanzig Jahren geheiratet, jetzt bin ich vierzig, meine drei Söhne zwanzig, neunzehn und achtzehn und meine Frau sechsundfünfzig. Ich war immer Idealist. Fräulein, Sie wer-

95

den noch an mich denken. Ich bin Kaufmann. Ich hab Talent zum Bildhauer.«

22.

Drei Stunden später schlug es dreiviertelfünf.

A M L beschäftigte sich bereits seit vier Uhr mit dem Hintergrunde seiner »Hetäre im Opiumrausch«. Der Hintergrund war nämlich seine schwächste Seite. Unter solch einem Hintergrund konnte er unsagbar leiden.

Auch jetzt juckte es ihn überall, es offenbarten sich ihm nur Hintergründe, die nicht in Frage kamen.

So schien ihm also der Dreiviertelfünfuhrschlag als wahre Erlösung, denn da sein Freund Harry Priegler um fünf Uhr erscheinen wollte, konnte er sagen: »Ziehen Sie sich an, Fräulein Pollinger! Für heut sind wir soweit. Dieser Hintergrund! Dieser Hintergrund! Dieser ewige Hintergrund!«

Und während Agnes sich vor einem Hintergrunde, der ebenfalls nicht in Frage kam, anzog, knurrte ihr Magen. Sie hatte nämlich an diesem Tage zwei Semmeln gegessen, sonst noch nichts. Ursprünglich hatte sie sich ja Suppe, Fleisch, gemischten Salat und Kompott bestellen wollen, so ein richtiges Menü für neunzig Pfennig, aber da sie erst um halb zwölf erwacht war und dann auch noch zehn Minuten lang gemeint hatte, es wäre erst acht oder höchstens neun, während sie doch um zwölf Uhr bereits als Hetäre im Atelier sein mußte, so war ihr eben für jenes Menü keine Zeit übrig geblieben. Abgesehen davon, daß sie ja nur mehr dreiundzwanzig Pfennig besaß.

Die zwei Semmeln kaufte sie sich bei jener Bäckersfrau in der Schellingstraße, die bekannt war ob ihrer Klumpfüße. Als Agnes den Laden betrat, las sie gerade die Hausbesitzerszeitung und meinte: »Der Mittelstand wird aufgerieben. Und was wird dann aus der Kultur? Überhaupts aus der Menschheit?«

»Was geht mich die Menschheit an?« dachte Agnes und ärgerte sich, daß die Semmeln immer kleiner werden.

23.

Agnes schlüpfte in ihren Schlüpfer.

»Es sind halt immer die gleichen Bewegungen«, überlegte sie. »Nur, daß ich jetzt seit einem Jahr keine Strumpfbänder trag, sondern einen Gürtel. Man kann zwar zum Gürtel auch Strumpfbänder tragen, aber oft haben die Männer schon gar keinen Sinn für Schmuck und werden bloß höhnisch und dann ist die ganze Stimmung zerrissen.«

Und sie erinnerte sich einer Fotografie in der »Illustrierten«. Auf der sah man eine lustige Amerikanerin aus New-York, die auf ihrem Strumpfband eine Uhr trug. Die »Strumpfbanduhr« stand darunter und dann war auch noch vermerkt, daß sie nicht nur einen Sekundenzeiger besitzt, sondern auch ein Läut- und Weckwerk und, daß sie nicht nur die Viertelstunden, sondern auch die Minuten schlägt und, daß sie sich sogar als Stoppuhr verwerten läßt, zum Beispiel bei leichtathletischen Wettbewerben. Sie registriere nämlich genau die Zehntelsekunden und in der Nachtleuchte ihr Zifferblatt und überhaupt könne man von ihr auch die jeweiligen Stellungen der Sonne und des Mondes erkennen – ein ganzes Stück Weltall – und die glückliche Besitzerin dieser Strumpfbanduhr sei Miss Flora, die Tochter eines Konfektionskönigs, des Enkelkindes braver Berliner aus Breslau.

24.

Harry Priegler war pünktlich. Er nahm die vier Treppen, als wären sie gar nicht da und betrat das Atelier ohne Atembeschwerden, denn er war ein durchtrainierter Sportsmann.

Als einziger Sohn eines reichen Schweinemetzgers und dank der Affenliebe seiner Mutter, einer klassenbewußten Beamtentochter, die es sich selbst bei der silbernen Hochzeit noch nicht völlig verziehen hatte, einen Schweinemetzger geheiratet zu haben, konnte er seine gesunden Muskeln, Nerven und Eingeweide derart rücksichtslos pflegen, daß er bereits mit sechzehn Jahren als eine Hoffnung des deutschen Eishockeysportes galt. Er hat die Hoffenden nicht enttäuscht. Allgemein beliebt wurde er gar bald der berühmteste linke Stürmer und seine wuchtigen Schüsse auf das Tor, besonders die elegant und unhaltbar placierten Fernschüsse aus dem Hinterhalt, errangen internationale Bedeutung. Und was er auch immer vertrat, seinen Verein oder seine Vaterstadt, Südbayern oder Großdeutschland, immer kämpfte er überaus fair. Nie kam es vor, daß er sich ein »Foul« zuschulden kommen ließ, denn infolge seiner raffinierten Technik der Stockbehandlung und seiner überragenden Geschwindigkeit hatte er es nicht nötig. Natürlich trieb er nichts als Sport. Das Eishockey war sein Beruf, trotzdem blieb er Amateur, denn seinen nicht gerade bescheidenen Lebensunterhalt bestritten die geschlachteten Schweine.

Harrys Arbeit hing in erschreckender Weise vom Wetter ab. Gab es kein Eis, hatte er nichts zu tun. Spätestens Mitte Februar wurde er arbeitslos und frühestens Mitte Dezember konnte er wieder eingestellt werden. Wenn ihm jemand während dieser Zeit auf der Straße begegnete, so teilte er dem mit einer gewissen müden Resignation mit, daß er entweder vom Schneider kommt oder zum Schneider geht. Er trug sich recht bunt, kaute Gummi und markierte mit Vorliebe den Nordamerikaner. Kurz: er war einer jener »Spitzen der Gesellschaft, die sich in ihren eigenen Autos bei A M L Rendezvous geben«, wie sich der Kastner Agnes gegenüber so plastisch ausgedrückt und über die er noch geäußert hat: »Das sind Möglichkeiten! Ich verlange zwar keineswegs, daß du dich prostituierst.«

Auch die übrigen Spieler seiner Mannschaft, vom Mittelstürmer bis zum Ersatzmann, waren in gleicher Weise berufstätig. Zwei waren zwar immatrikuliert an der philosophischen Fakultät, erste Sektion, jedoch dies geschah nur so nebenbei, denn alle waren Söhne irgendwelcher Schweinemetzger in Wien, Elberfeld oder

Kanada. Nur der rechte Verteidiger ließ sich von einer Dame, deren Mann für das Eishockey kein Gefühl hatte, aushalten.

Mit diesem rechten Verteidiger vertrug sich Harry ursprünglich recht gut, aber dann trübte eine Liebesgeschichte ihre Zuneigung und seit jener Zeit haßte ihn der rechte Verteidiger. Immerhin besaß er aber Charakter genug, um bei Wettkämpfen mit Harry präzis zusammenzuspielen, als wäre nichts geschehen.

Der rechte Verteidiger hatte sich nämlich mit Erfolg in die Geliebte des Tormannes verliebt und diese Geliebte hatte plötzlich angefangen, sich für Harry zu interessieren. Der Tormann, ein gutmütiger Riese, hat bloß traurig gesagt: »Frauen sind halt unsportlich« und der rechte Verteidiger hatte nichts dagegen einzuwenden, solange die Unsportliche auch ihn erhört hatte, denn er war ein großzügiger Mann. Aber Harry hatte jene Unsportliche nicht riechen können und darüber hatte sie sich so geärgert, daß sie plötzlich den rechten Verteidiger nicht mehr riechen konnte. »Also vom Wintersport hab ich jetzt genug«, hatte sie gesagt und ist nach San Remo gefahren und hat sich dort von einem faschistischen Parteisekretär Statuten beibringen lassen, ist dann zurückgekommen und hat vom Mussolini geschwärmt und konstatiert: »In Italien herrscht Ordnung!«

Harry lernte A M L im »Diana« kennen. Das »Diana« und der »Bunte Vogel« in der Adalbertstraße zu Schwabing waren während der Inflation sogenannte Künstlerkneipen mit Künstlerkonzert und es trafen sich dort allerhand arme Mädchen, Corpsstudenten, Schieber, verkommene Schauspieler, rachsüchtige Feuilletonisten und homosexuelle Hitlerianer. Hier entstand dies Lied:

Wir wollen uns mit Kognak berauschen
Wir wollen unsere Weiber vertauschen
Wir wollen uns mit Scheiße beschmieren
Wir wollen überhaupt ein freies Leben führen!

Harry hatte für Kunst nichts übrig, ihn interessierten eigentlich nur die Mädchen, die sich möglichst billig erstehen ließen. Denn trotz seines lebemännischen Aussehens konnte er ab und zu recht geizig werden, wenn es um das Ganze ging. Überhaupt bricht bei Kavalieren seiner Art durch die Kruste der Nonchalance gar häufig überraschend primitiv eine ungebändigte Sinnenlust, eine Urfreude am Leben.

So hat mal der Mittelstürmer seiner Liebe den Nachttopf an den Kopf werfen wollen und ein anderer Mittelstürmer hat es auch getan.

Als Harry und A M L sich kennen lernten, fanden sie sich sogleich sympathisch. Beide waren betrunken, Harry hatte natürlich Valuten, A M L natürlich nurmehr eine Billion, hingegen hatte er ein Mädchen, welches hinwiederum Harry nicht hatte. So bezahlte letzterer die Zeche und A M L improvisierte ein Atelierfest. Kurz nach zwei Uhr übergab sich Harry und bettelte um ein Stück Papier, jedoch A M L meinte: »Ehrensache! Das putz ich auf, das ist Hausherrnrecht! Ehrensache!« Und er putzte tatsächlich alles fein säuberlich auf und übergab sich dann selbst, während Harry ihm ob seiner Gastfreundschaft dankte. Dann näherte er sich einem Mädchen, das schon so müd war, daß sie ihn mit A M L verwechselte.

Aber A M L verzieh Harry und meinte nur, die schönste Musik sei die Musik der Südsee. Dann schmiß er die Müde raus und so entwickelte sich zwischen den beiden Männern eine wahre Freundschaft. Harry bezahlte die Zeche der Mädchen, die A M L einlud. Und so konnte es auch nicht ausbleiben, daß Harry sich anfing, für Kunst zu interessieren. Dumpf pochte in ihm die Pflicht, lebenden Künstlern unter die Arme zu greifen.

Er ließ sich sein Lexikon prunkvoll einbinden, denn das sei schöner als die schönste Tapete oder Waffen an der Wand. Er las gerne Titel und Kapitelüberschriften, aber am liebsten vertiefte er sich in Zitate auf Abreißkalendern.

Dort las er am hundertsten Todestage Ludwig van Beethovens: »Kunst ist eigentlich undefinierbar.«

Als Agnes Harry vorgestellt wurde, sagte er: »Angenehm!« und zu A M L: »Verzeih, wenn ich wieder mal störe!«

»Oh bitte! Du weißt doch, daß ich nicht gestört werden kann! Fräulein Pollinger ist nur mein neues Modell. Ich stehe wiedermal vor dem Hintergrund. Bist du mit dem Auto da?«

Hätte Agnes etwas Zerbrechliches in der Hand gehalten, dann hätte sie es bei dem Worte »Auto« wahrscheinlich fallen lassen, so unerwartet tauchte es vor ihr auf, als würde es sie überfahren – obwohl sie sich doch seit Kastners Besuch darüber im klaren war, daß sie oben drinnen sitzen will. Und sie überraschte sich dabei, wie gut ihr Harrys grauer Anzug gefiel und, daß sie den Knoten seiner Krawatte fabelhaft fand.

Die beiden Herren unterhielten sich leise. Nämlich A M L wäre es irgendwie peinlich gewesen, wenn seine Hetäre erfahren hätte, daß er Harry vierzig Mark schuldet und, daß er diese Schuld noch immer nicht begleichen kann und, daß er Harry lediglich fragen wollte, ob er ihm nicht noch zwanzig Mark pumpen könnte. – »Sie fährt sicher mit«, meinte er und betonte dies »sicher« so überzeugt, daß es Agnes hören mußte, obwohl sie nicht lauschte.

Nun wurde sie aber neugierig und horchte, denn sie liebte das Wort »vielleicht« und gebrauchte nie das Wort »sicher«. Und dies fiel ihr plötzlich auf und sie war mit sich sehr zufrieden. Scheinbar interessiert blätterte sie in den Briefen van Goghs und hörte, wie Harry von zwei Herren sprach, die ihm anläßlich seines fabelhaften Spieles in der Schweiz persönlich gratulieren wollten. Als sie ihm aber ihre Aufwartung machten, da stahlen sie ihm aus seiner Briefmarkensammlung den »schwarzen Einser« und den »sächsischen Dreier«. Einer von ihnen habe sich an eine Baronin attachiert und diese Baronin sei sehr lebensfreudig, nämlich sie habe sich gleich an drei Männer attachiert. Der Baron sei unerwartet nach Hause gekommen und habe nur gesagt: »Guten Abend, die Herren!« und dann sei er gleich wieder fort. Die Herren seien verdutzt gewesen und der Baron habe sich in der gleichen Nacht auf dem Grabe seiner Mutter erschossen. Harry sagte noch, er verstünde es nicht, wie man sich aus Liebe erschießen kann.

Auch Agnes verstand dies nicht. Sie dachte, was wäre das für eine Überspanntheit, wenn sie sich auf dem Grabe ihrer Mutter erschießen würde. Oder wenn sich zum Beispiel jetzt der Eugen auf dem Grabe seiner Mutter erschießen würde. Abgesehen davon, daß seine Mutter vielleicht noch lebt, würde ihr so etwas niemals einfallen, und auch dem Eugen wahrscheinlich vielleicht niemals. Zwar hätte es ganz so hergeschaut, als hätte er ein tieferes Gefühl für sie empfunden, denn er hätte schon ziemlich gestottert, wenn er ihr etwas Erfreuliches hätte sagen wollen. Auch Agnes stotterte einst.

Zur Zeit ihrer einzigen großen Liebe, damals, da sie mit dem Brunner aus der Schellingstraße ging, stieg ihr auch jedes Mal, wenn sie an ihn dachte, so ein tieferes Gefühl aus dem Magen herauf und blieb in der Gurgel stecken. Und wenn sie ihm gar mal unerwartet begegnete, wurde es ihr jedes Mal übel vor lauter Freude, so, daß sie sich am liebsten übergeben hätte. Der Brunner aber lachte jedes Mal, nur einmal wurde er plötzlich sehr ernst und streng und meinte, wenn man an nichts anderes zu denken hätte, so wäre ja so eine große Liebe recht abwechslungsreich. Darüber war sie dann recht empört, denn sie hatte ja alles andere, an das sie sogar sehr hätte denken müssen, vergessen. Sie las ja auch damals bloß solch blöde Bücher über eifersüchtige Männer und leidenschaftliche Weiber.

Und als sie dann der Brunner sitzen ließ, heulte sie auf ihrer verwanzten Matratze und es fiel ihr tatsächlich ein: was tät er sagen, wenn ich jetzt aus dem Fenster springen tät? Und vielleicht grad ihm auf den Kopf fallen tät?

Seinerzeit lief sie sogar in die Kirche und betete: »Lieber

Gott! Laß diesen Kelch an mir vorübergehen –« Sie sprach plötzlich hochdeutsch, nämlich sie fand diesen Satz so wahr und wunderschön. Sie glaubte daran, daß da drinnen eine tiefe Erkenntnis steckt.

Heute, wenn ihr dieser Satz einfällt, kriegt sie einen roten Kopf, so komisch kommt sie sich vor. Aus Liebe tun sich ja heut nur noch die Kinder was an!

So erhängte sich erst unlängst ein Realgymnasiast wegen einer Realgymnasiastin, weil die sich mit einem Motorradfahrer einließ. Zuerst fühlte sich die Realgymnasiastin geschmeichelt, aber dann fing sie plötzlich an, von lauter erhängten Jünglingen zu träumen und wurde wegen Zerstreutheit zu Ostern nicht versetzt. Sie wollte ursprünglich Kinderärztin werden, verlobte sich dann aber mit jenem Motorradfahrer. Der hieß Heinrich Lallinger.

Erst heute begreift Agnes ihren Brunner aus der Schellingstraße, der da sagte, daß wenn Zwei sich gefallen, so kommen die Zwei halt zusammen, aber das ganze Geschwätz von der Seele in der Liebe, das sei bloß eine Erfindung jener Herrschaften, die wo nichts zu tun hätten, als ihren nackten Nabel zu betrachten. Und in diesem Sinne wäre es auch lediglich eine Gefühlsroheit, wenn irgendeine Agnes außer seiner Liebe auch noch seine Seele verlangen täte, denn so eine tiefere Liebe endete bekanntlich immer mit Schmerzen und warum sollte er sich sein Leben noch mehr verschmerzen. Er wolle ja keine Familie gründen, dann allerdings müßte er schon ein besonderes Gefühl aufbringen, denn immer mit demselben Menschen zusammenzuleben, da gehöre schon was Besonderes dazu. Aber er wolle ja gar keine Kinder, es liefen schon eh zu viel herum, wo wir doch unsere Kolonien verloren hätten.

Heute würde Agnes antworten: »Was könnt schon aus meim Kind werden? Es hätt nicht mal eine Tante, bei der es dann später wohnen könnt! Wenn der Mensch im Leben erreicht, daß er in einem Auto fahren kann, da hat er schon sehr viel erreicht.«

26.

»Sicher!« hatte A M L gesagt. »Sicher fährt sie mit.«
Er war so sicher seiner Sache, er betrieb ja nicht nur psychologische Studien, sondern er empfand auch eine gewisse Schadenfreude anläßlich jeder geglückten Kuppelei, denn er durchschritt im Geiste dann immer wieder seinen Weg zu Buddha.
Agnes befürchtete bereits, von Harry nicht aufgefordert zu werden und so sagte sie fast zu früh »ja« und vergaß ihren knurrenden Magen vor Freude über die Fahrt an den Starnberger See.
Harry hatte sie nämlich gefragt: »Fräulein, Sie wollen doch mit mir kommen – nur an den Starnberger See?«
Unten stand das Auto. Es war schön und neu und als Agnes sich in es setzte, dachte sie einen Augenblick an Eugen, der in einer knappen Stunde an der Ecke der Schleißheimer Straße stehen wird. Sie erschrak darüber, daß sie ihn höhnisch betrachtete, wie er so dort warten wird, – ohne sich setzen zu können. – »Pfui!« sagte sie sich und fügte hinzu: »Lang wird er nicht warten!«
Dann ging das Auto los.

27.

Um sechs Uhr wartete aber außer Eugen noch ein anderer auf Agnes, nämlich der Kastner.
Er hatte doch erst vor vierundzwanzig Stunden zu A M L gesagt: »Also, wenn du mir zehn Mark leihst, dann bringe ich dir morgen ein tadelloses Modell für zwanzig Pfennig. Groß, schlank, braunblond und es versteht auch einen Spaß. Aber wenn du mir nur fünf Mark leihen kannst, so mußt du dafür sorgen, daß ich Gelegenheit bekomme, um sie mir nehmen zu können. Also ich erscheine um achtzehn Uhr, Kognak bringe ich mit, Grammophon hast du.«
A M L hatte dem Kastner zwar nur drei Mark geliehen, hingegen hatte er sich vom Harry Priegler außer den vierzig abermals zwanzig Mark leihen lassen, macht zusammen plus sechzig Mark neben minus drei Mark. Es

wäre also unverzeihbar töricht gewesen, wenn der dem Harry betreffs Agnes nicht entgegengekommen wäre, nur um dem Kastner sein Versprechen halten zu können.

Der Kastner war ein korrekter Kaufmann und übersah auch sofort die Situation. Alles sah er ein und meinte nur: »Du hast wieder mal dein Ehrenwort gebrochen.«

Aber dies sollte nur eine Feststellung sein, beileibe kein Vorwurf, denn der Kastner konnte großzügig werden, besonders an manchen Tagen.

An solchen Tagen wachte er meistens mit einem eigentümlichen Gefühl hinter der Stirne auf. Es tat nicht weh, ja es war gar nicht so häßlich, es war eigentlich nichts.

Das einzig Unangenehme dabei war ein gewisser Luftzug, als stünde ein Ventilator über ihm. Das waren die Flügel der Verblödung.

28.

Der Vater des Kastner war ursprünglich Offizier. Er hieß Alfons und jedes dritte Wort, das er sprach, schrieb oder dachte, war das Wort »eigentlich«. So hatte er »eigentlich« keine Lust zum Leutnant, aber er hatte sich seinerzeit »eigentlich« widerspruchslos dem elterlichen Zwange gebeugt und war in des Königs Rock geschlüpft, weil er »eigentlich« nicht wußte, was er »eigentlich« wollte. »Eigentlich« konnte er sauber zeichnen, aber er wäre kein guter Künstler geworden, denn er war sachlich voller Ausreden und persönlich voller Gewissensbisse, statt umgekehrt. Er war ein linkischer Leutnant, las Gedichte von Lenau, Romane von Tovote, kannte jede Operette und hatte Zwangsvorstellungen. In seinem Tagebuch stand: »Ich will nicht mehr! Ich kann nicht mehr! Oh, warum hat mich Gott eigentlich mit Händen erschaffen!«

Die Mutter des Kastner war ursprünglich Verkäuferin in einer Konditorei und so mußte der Vater naturgemäß seinen Abschied nehmen, denn als Offizier konnte er doch keine arbeitende Frau ehelichen, um den Offiziersstand nicht zu beschmutzen. Er wurde von seinem Vater, einem allseits geachteten Honorarkonsul, enterbt. »Mein Sohn hat eine Kellnerin geheiratet«, konstatierte der Honorarkonsul. »Mein Sohn hat eine Angestellte geheiratet. Mein Sohn hat eine Dirne geheiratet. Ich habe keinen Sohn mehr.«

So wurde der Leutnant Alfons Kastner ein Sklave des Kontors und war derart ehrlich, niemals dies Opfer zu erwähnen. Denn, wie gesagt, war ja dies Opfer nur ein scheinbares, da ihm weitaus bedeutsamer für seine Zukunft, als selbst der Feldmarschallrang, eine Frau dünkte, die ihn durch ihre Hilflosigkeit zwang, alles zu »opfern«, um sie beschützen zu können, zu bekleiden, beschuhn, ernähren – kurz: für die er verantwortlich sein mußte, um sich selbst beweisen zu können, daß er doch »eigentlich« ein regelrechter Mann sei. Er klammerte sich krampfhaft an das erste Zusammentreffen. Damals war sie so blaß, klein und zerbrechlich, entsetzt und hilfesuchend hinter all der Schlagsahne und Schokolade gestanden. Sie hatte sich nämlich mit einer Prinzregententorte überessen, aber da sie dies ihrem Alfons nie erzählt hatte, weil sie es selbst längst vergessen hatte, wurde er ihr hörig.

Sie war noch unberührt und wurde von ihrem Alfons erst in der Hochzeitsnacht entjungfert, allerdings erst nach einem Nervenzusammenbruche seinerseits mit Weinen und Selbstmordgedanken. Denn die Frau, die ihn »eigentlich« körperlich reizen konnte, mußte wie das Bild sein, das sie später zufällig in seiner Schublade fand: eine hohe dürre Frau mit männlichen Hüften und einem geschulterten Gewehr. Darunter stand: »Die fesche Jägerin. Wien 1894. Guido Kratochwill pinx.«

Und obwohl sie klein und rundlich war, blieb sie ihm doch ihr ganzes Leben über treu und unterdrückte jede Regung für einen fremden Mann, weil er ihr eben hündisch hörig war. So wurde sie die Gefangene ihres falschen Pflichtgefühles und bald verabscheute sie ihn auch,

verachtete ihn mit dem Urhaß der Kreatur, weil die
Treue, die ihr seine Hörigkeit aufzwang, sie hinderte,
sich auszuleben.
Sie fing an, alle Männer zu hassen, als würde sie keiner
befriedigen können und immer mehr glich sie einer
Ratte.
Es war keine glückliche Ehe.
Und sie wurde auch nicht glücklicher, selbst da sie ihm
zwei Kinder gebar. Das erste, ein Mädchen, starb nach
zehn Minuten, das zweite, ein Sohn, wollte mal später
»eigentlich« Journalist werden.

29.

»Ich hab extra Zigaretten mitgebracht«, sagte der Kastner. Er saß bereits sechs Minuten auf dem Bette neben
dem Grammophon und stierte auf einen Fettfleck an der
spanischen Wand.
Dieser Fettfleck erinnerte ihn an einen anderen Fettfleck.
Dieser andere Fettfleck ging eines Tages in der Schellingstraße spazieren und begegnete einem dritten Fettfleck,
den er lange, lange Zeit nicht gesehen hatte, so, daß
diese einst so innig befreundeten Fettflecke fremd aneinander vorbeigegangen wären, wenn nicht plötzlich ein
vierter Fettfleck erschienen wäre, der ein außerordent-
liches Personengedächtnis besaß. »Hallo!« rief der vierte
Fettfleck. »Ihr kennt euch doch, wir wollen jetzt einen
Kognak trinken, aber nicht hier, hier zieht es nämlich,
als stünde ein Ventilator über uns.«
»Ich hab extra einen Kognak mitgebracht«, sagte der
Kastner. »Es wäre sehr leicht gewesen mit deinem Grammophon und meinem Kognak, sie war ja ganz gerührt,
daß ich ihr hier das beschafft hab. Die Zigaretten kosten
fünf Pfennig, ich rauch sonst nur welche zu drei, aber
auf die war ich schon lang scharf sie hat eine schöne
Haut. Ich glaub, ich bin nicht wählerisch. Als Kind war
ich wählerisch, ich hab es mir auch leisten können, weil
ich einen schönen Gang gehabt haben soll. Heut hab ich
direkt wieder gehinkt.«

Heute sprach der Kastner gar nicht wählerisch. Heute hinkte sein Hochdeutsch und er war nicht stolz, weder auf seine Dialektik noch auf seine deutliche Aussprache. Er murmelte nur vor sich hin, als hätte er es vergessen, daß er »eigentlich« Journalist werden wollte.

Die Sonne sank schon immer tiefer und A M L konnte kein Wort herausbringen vor innerer Erregung. Denn plötzlich, wie er den Kastner so dasitzen sah, sah er einen Hintergrund. »Die Stirne dieses Kastners wäre ein prächtiger Hintergrund, frohlockte sein göttlicher Funke. Nämlich wenn es dämmerte, offenbarten sich A M L die Hintergründe und je dunkler es wurde, um so farbenprächtiger strahlte an ihn die Ewigkeit. Es war sein persönliches Pech, daß man in der Finsternis nicht malen kann.

»Es sind mazedonische Zigaretten«, sagte der Kastner. »Bulgarien ist ein fruchtbares Land. Ein Königreich. Ich war dort im Krieg und in Sofia gibt es eine große Kathedrale, die dann die Agrarkommunisten in die Luft gesprengt haben. Das hier ist nicht der echte Tabak, denn die Steuern sind zu hoch; wir haben eben den Feldzug verloren. Es war umsonst. Wir haben umsonst verloren.«

»Auch in der Kunst das gleiche Spiel«, meinte A M L. »Die Besten unserer Generation sind gefallen.«

»Stimmt«, philosophierte der Kastner. »Dir gehts gut, du bist talentiert.«

»Gut?!« schrie der Talentierte. »Gut?! Was weißt denn du von einem Hintergrund?!«

»Nichts«, nickte der Philosoph.

Und trank seinen Kognak und es dauerte nicht lange, so war er damit einverstanden, daß Agnes mit Harry an den Starnberger See fuhr. Eine fast fromme Ergebenheit erfüllte seine Seele und es fiel ihm weiter gar nicht auf, daß er zufrieden war.

Er kam sich vor wie ein gutes Gespenst, das sich über seine eigene Harmlosigkeit noch niemals geärgert hat. Selbst da der Kognak alle wurde, war er sich nicht böse.

30.

Als der Kastner an der spanischen Wand den Fettfleck entdeckte, erblickte Agnes aus Harrys Auto den Starnberger See.

DieStadt mit ihren grauen Häusern war verschwunden, als hätte sie nie in ihr gewohnt und Villen tauchten auf, rechts und links und überall, mit Rosen und großen Hunden.

Der Nachmittag war wunderbar und Agnes fuhr durch eine fremde Welt. Sie hatte die Füße hübsch artig nebeneinander und den Kopf etwas im Nacken, denn auch der Wind war wunderbar und sie schien kleiner geworden vor soviel Wunderbarem.

Harry war ein blendender Chauffeur.

Er überholte jedes Auto, jedes Pferd und jede Kuh. Er nahm die Kurven, wie sie kamen und fuhr durchschnittlich vierzig, streckenweise sogar hundert Kilometer. Jedoch, betonte er, seien diese hundert Kilometer keineswegs leichtsinnig, denn er fahre ungewöhnlich sicher, er wäre ja auch bereits vier Rennen gefahren und hätte bereits viermal wegen vier Pannen keinen Preis errungen. Er könne tatsächlich von Glück reden, daß er nur mit Hautabschürfungen davongekommen ist, trotzdem er sich viermal überschlagen hätte.

Ausnahmsweise sprach Harry nicht über das Eishockey, sondern beleuchtete Verkehrsprobleme. So erzählte er, daß für jedes Kraftfahrzeugunglück sicher irgend ein Fußgänger die Schuld trägt. So dürfe man es einem Herrenfahrer nicht verübeln, daß er, falls er solch einen Fußgänger überfahren hätte, einfach abblenden würde. So habe er einen Freund in Berlin und dieser Freund hätte mit seinem fabelhaften Lancia eine Fußgängerin überfahren, weil sie beim verbotenen Licht über die Straße gelaufen wäre. Aber trotz dieses verbotenen Lichtes sei eine Untersuchung eingeleitet worden, ja sogar zum Prozeß sei es gekommen, wahrscheinlich weil jene Fußgängerin Landgerichtsratswitwe gewesen sei, jedoch dem Staatsanwalt wäre es vorbeigelungen, daß sein Freund zur Zahlung einer Entschädigung verurteilt wird. »Es käme mir ja auf ein paar tausend Märker nicht an«, hätte der Freund gesagt, »aber ich will die Dinge prinzipiell geklärt wissen.« Sie hätten ihn freisprechen müssen, obwohl der Vorsitzende ihn noch gefragt hätte, ob ihm denn diese Fußgängerin nicht leid täte trotz des verbotenen Lichtes. »Nein«, hätte er gesagt, »prinzipiell nicht!« Er sei eben auf seinem Recht bestanden.

Jedes Mal, wenn Harry irgend einen Benzinmotor mit dem Staatsmotor zusammenstoßen sah, durchglühte ihn revolutionäre Erbitterung.

Dann haßte er diesen Staat, der die Fußgänger vor jedem Kotflügel mütterlich beschützt und die Kraftfahrer zu Staatsbürgern zweiter Klasse degradiert.

Überhaupt der deutsche Staat, meinte er, solle sich lieber kümmern, daß mehr gearbeitet wird, damit man endlich mal wieder hochkommen könne, anstatt, daß er für die Fußgänger sorgt! Fußgänger würden so und so überfahren und nun erst recht! Da hätten unsere ehemaligen Feinde schon sehr recht, wenn sie in diesen Punkten Deutschland verleumdeten! Er könne ihre Verleumdungen nur unterschreiben, denn die wären schon sehr wahr, obwohl er durchaus vaterländisch gesinnt sei.

Er kenne genau die Ansichten des Auslandes, da er mit seinem Auto jedes Frühjahr, jeden Sommer und jeden Herbst zwecks Erholung von der anstrengenden Eishockeysaison ein Stückchen Welt durchfahre.

So sei er erst unlängst durch Dalmatien gefahren und in Salzburg habe er sich das alte Stück von Jedermann angesehen. Der Reinhardt wäre ja ein berühmter Regisseur und die Religion sei schon etwas sehr mächtiges.

In Salzburg hätte er auch seinen Berliner Freund getroffen und dessen Frau, eine Ägypterin, eine enorme Schönheit mit Zuckerrohrplantagen. Sie wäre enorm reich und die Ägypter wären enorm genügsame Leute und falls ihnen etwas nicht genügen sollte, schon würden die Engländer schießen. Ohne Pardon. Die Engländer seien eben enorme Kaufleute.

Im Frühjahr habe er in Baden-Baden zwei Engländerinnen getroffen und deren Meinung sei gewesen, es wäre ein Skandal, wie der Staat die Automobilistinnen belästige. Der Staat solle doch lieber gegen den drohenden Bolschewismus energisch vorgehen, als gegen Luxusreisende. Und im Sommer habe er sich auf dem Fernpaß zwei Französinnen genähert, die hätten genau dieselben Worte gebraucht und im Herbst habe er in Ischl zwei Wienerinnen gesprochen und die hätten auch genau dieselben Worte gebraucht, obwohl es Jüdinnen gewesen seien.

Und Harry fuhr fort, der Bolschewismus sei ein Verbrechen und jeder Bolschewist ein Verbrecher. Er kenne zwar eine Ausnahme, den Sohn eines Justizrates und der wäre ein weltfremder Idealist, aber trotzdem sehr sinnlich und deshalb interessierten sich alle eleganten Damen für diesen Salonkommunist. Dieser Idealist sehe immer enorm ausgemergelt aus und er habe ihm mal erklärt, daß, wenn eine Dame nicht elegant wäre, könne er keinen Kontakt zu ihr kriegen, und dies sei sein Konflikt. Und er habe noch hinzugefügt: »Wenn das so weitergeht, gehe ich noch an meinem Konflikt zugrunde.«

Und Harry erklärte Agnes, dieser Salonkommunist sei nämlich enorm sinnlich.

31.

Sie fuhren durch Possenhofen.

Hier wurde eine Kaiserin von Österreich geboren, und drüben am anderen Ufer ertrank ein König von Bayern im See. Die beiden Majestäten waren miteinander verwandt und als junge Menschen trafen sie sich romantisch und unglücklich auf der Roseninsel zwischen Possenhofen und Schloß Berg. Es war eine vornehme Gegend.

Vor Feldafing spielten zwei vollschlanke Jüdinnen Golf. Eine vollschlanke Majorin fing erst vor kurzem an.

»Essen tun wir in Feldafing«, entschied Harry. »In Feldafing ist ein annehmbares Publikum, seit der Golfplatz draußen ist. Ich fahr oft heraus, in der Stadt kann man ja kaum mehr essen, überall sitzt so ein Bowel.«

Und er meinte noch, früher sei er auch oft nach Tutzing gefahren, das liege sechs Kilometer südlich, aber jetzt könne kein anständiger Mensch mehr hin, nämlich dort stünde jetzt eine Fabrik und überall treffe man Arbeiter.

32.

In Feldafing sitzt man wunderbar am See.

Besonders an einem Sommerabend ohne Wind. Dann ist der See still und du siehst die Alpen von Kufstein bis zur Zugspitze und kannst es oft kaum unterscheiden, ob das noch Felsen sind oder schon Wolken. Nur die Benediktenwand beherrscht deutlich den Horizont und wirkt beruhigend.

Agnes kannte keinen einzigen Berg und Harry erklärte ihr, wie die Gipfel und Grate heißen und ob sie gefährlich zu bezwingen wären, langwierig, leicht oder überhaupt nicht. Denn Harry war auch Hochtourist, aber schon seit geraumer Zeit wollte er von der Hochtouristik nichts mehr wissen, da er es nicht mitansehen konnte, wie grauenhaft unsportlich sich neunundneunzig Prozent der Hochtouristen benehmen. Er verübelte es ihnen, daß sie sich statt einer sportlich einwandfreien Ausrüstung nur Lodenmäntel kaufen können und er verzieh es ihnen nicht, daß sie untrainiert waren, weil sie im Jahre nur vierzehn Tage Urlaub bekommen.

Diese neunundneunzig Prozent verekelten ihm Gottes herrliche Bergwelt und nun besaß er nur drei Interessensphären: das Eishockeyspielen, das Autofahren und die Liebe. Manchmal verwechselte er diese Begriffe. Dann liebte er das Eihockey, spielte mit dem Auto und fuhr mit den Frauen.

Seine Einstellung Schlittschuhen und Autozubehörteilen gegenüber kann ruhig als pedantisch bezeichnet werden.

Hingegen Frauen gegenüber besaß er ein bedeutend nachsichtigeres Herz: er zog nur eine ungefähre Grenze zwischen zwanzig und vierzig Jahren und selbst innerhalb dieser Grenze war er nicht besonders wählerisch, bloß ordinär.

33.

Im Seerestaurant zu Feldafing saßen außer Harry und Agnes noch elf Damen und elf Herren. Die Herren sahen Harry ähnlich, obwohl sich jeder die größte Mühe gab, anders auszusehen.

Die Damen waren durchaus gepflegt und sahen daher sehr neu aus, bewegten sich fein und sprachen dummes Zeug. Wenn eine aufs Klosett mußte, schien sie verstimmt zu sein, während ihr jeweiliger Herr aufatmend rasch mal in der Nase bohrte.

Die Speisekarte war lang und groß, aber Agnes konnte sie nicht entziffern, obwohl die Speisen keine französischen Namen hatten, sondern hochdeutsch, jedoch eben ungewöhnlich vornehme.

»Königinsuppe?« hörte sie des Kellners Stimme und ihr Magen knurrte. Der Kellner hörte ihn knurren und betrachtete voll Verachtung ihren billigen Hut, denn das Knurren kränkte ihn, da er einen schlechten Charakter hatte.

Harry bestellte zwei Wiener Schnitzel mit Gurkensalat. Bei »Wiener« fiel Agnes Eugen ein – es war sieben Uhr und sie dachte, jetzt stehe jener Österreicher wahrscheinlich nicht mehr an der Ecke der Schleißheimer Straße. Jetzt spreche jener Österreicher vielleicht gerade eine andere Münchnerin an und gehe dann mit der auf das Oberwiesenfeld und setze sich unter eine Ulme. Und Agnes freute sich auf den Gurkensalat, nämlich sie liebte jeden Salat und sagte sich: »So sind halt die Männer!«

Seit Juni 1927 hatte Agnes keinen Gurkensalat gegessen. Damals hatte sie ein Mediziner zum Abendessen im »Chinesischen Turm« eingeladen und hernach ist sie mit ihm durch den Englischen Garten gegangen. Dieser Mediziner hatte sehr gerne Vorträge gehalten und hatte ihr auseinandergesetzt, daß das Verzehren eines Gurkensalates auch nur eine organische Funktion ist, genau wie das Sitzen unter einer Ulme. Und dann hatte er ihr von einem bedauernswerten Genie erzählt, das den Unterschied zwischen der Mutter- und Dirnennatur entdeckt hatte. Aber schon kurz nach dieser Entdeckung hatte jenes bedauernswerte Genie diesen Unterschied plötzlich nicht mehr so genau erkennen können und hat sich erschossen, wahrscheinlich weil er sich mit dem Begriff Weib hatte versöhnen wollen.

Und dann hatte der Mediziner auch noch gemeint, daß er noch nicht wüßte, ob Agnes eine Mutter- oder Dirnennatur sei.

34.

Die Wiener Schnitzel waren wunderbar, aber Harry ließ das seine stehen, weil es ihm zu dick war und bestellte sich russische Eier und sagte »Prost!«

Auch der Wein war wunderbar und plötzlich fragte Harry: »Wie gefall ich Ihnen?«

»Wunderbar«, lächelte Agnes und verschluckte sich, nicht weil sie immerhin übertrieben hatte, sondern weil sie eben mit einem richtigen Hunger ihren Teil verzehrte. Es schmeckte ihr derart, daß der Direktor des Seerestaurants anfing, sie mißtrauisch zu beobachten, als hielte er es für wahrscheinlich, daß sie bald einen Löffel verschwinden läßt.

Denn die wirklich vornehmen Leute essen bekanntlich, als hätten sie es nicht nötig zu essen, als wären sie der Materie entwachsen. Als wären sie vergeistigt und sie sind doch nur satt.

»Wissen Sie«, sagte Harry plötzlich, »daß ich etwas nicht ganz verstehe: wieso kommt es, daß ich bei Frauen soviel Glück habe? Ich hab nämlich sehr viel Glück. Können Sie sich vorstellen, wieviel Frauen ich haben kann! Ich kann jede Frau haben, aber das ist nicht das richtige.«

Er blickte verträumt nach der Benediktenwand und dachte: »Wie mach ich es nur, daß ich auf sie naufkomm? Das beste ist, ich warte, bis es finster ist, dann fahr ich zurück und ich bieg in einen Seitenweg ein. Nach Starnberg und wenn sie nicht will, dann fliegt sie raus.«

»Es ist nicht das richtige«, fuhr er laut fort. »Die Frauen sagen: ich kann hypnotisieren. Aber ob ich die Liebe finde? Ob ich überhaupt eine Liebe finde? Ob es überhaupt eine wahre Liebe gibt? Wissen Sie, was ich unter ›Liebe‹ verstehe?«

Er verfinsterte sich noch mehr, denn plötzlich mußte er gegen eine Blähung ankämpfen. Er kniff die Lippen zusammen und sah recht unglücklich aus, während Agnes dachte: »Jetzt hat der so ein wunderbares Auto und ist nicht glücklich. Was möcht der erst sagen, wenn er zu Fuß gehen müßt?«

35.

Als Agnes mit ihrem Gurkensalat und Harry mit seinen russischen Eiern fertig war, beschimpfte er den Kellner mit dem schlechten Charakter, der untertänigst davonhuschte, um das Dessert zu holen.

Es war noch immer nicht finster geworden, es dämmerte nur und also mußte Harry noch ein Viertelstündchen mit Agnes Konversation treiben.

»Sehen Sie jene Dame dort am dritten Tisch links?« fragte er. »Jene Dame hab ich auch schon mal gehabt. Sie heißt Frau Schneider und wohnt in der Mauerkircher Straße acht. Der, mit dem sie dort sitzt, ist ihr ständiger Freund, ihr Mann ist nämlich viel in Berlin, weil er dort eine Freundin hat, der er eine Siebenzimmerwohnung eingerichtet hat. Aber als er die Wohnung auf ihren Namen überschrieben hat, entdeckte er erst, daß sie verheiratet ist und, daß ihr Mann sein Geschäftsfreund ist. Diese Freundin hab ich auch schon mal gehabt, weil ich im Berliner Sportpalast Eishockey gespielt hab. Sie heißt Lotte Böhmer und wohnt in der Meinickestraße vierzehn. Und dort rechts die Dame mit dem Barsoi, das ist die Schwester einer Frau, deren Mutter sich in mich verliebt hat. Eine fürchterliche Kuh ist die Alte, sie heißt Weber und wohnt in der Franz-Joseph-Straße, die Nummer hab ich vergessen. Die hat immer zu mir gesagt: ›Harry, Sie sind kein Frauenkenner, Sie sind halt noch zu jung, sonst würden Sie sich ganz anders benehmen, Sie stoßen mich ja direkt von sich, ich hab schon mit meinem Mann soviel durchzumachen gehabt, Sie sind eben kein Psychologe.‹ Aber ich bin ein Psychologe, weil ich sie ja gerade von mir stoßen wollte. Und hinter Ihnen – schauen Sie sich nicht um! – sitzt eine große Blondine, eine auffallende Erscheinung, die hab ich auch mal von mir gestoßen, weil sie mich im Training gehindert hat. Sie heißt Else Hartmann und wohnt in der Fürstenstraße zwölf. Ihr Mann ist ein ehemaliger Artilleriehauptmann. Mit einem anderen ehemaligen Artilleriehauptmann bin ich sehr befreundet und der ist mal zu mir gekommen und hat gesagt: ›Hand aufs Herz, lieber Harry! Ist es wahr, daß du mich mit meiner Frau betrügst?‹ Ich hab gesagt: ›Hand aufs Herz! Es ist wahr!‹ Ich hab schon gedacht, er will sich mit mir duellieren, aber er hat nur gesagt: ›Ich danke dir, lieber Harry!‹ Und dann hat er mir auseinandergesetzt, daß ich ja nichts dafür kann, denn er weiß, daß der Mann nur der scheinbar aktive, aber eigentlich passive, während die Frau der scheinbar passive, aber eigentlich aktive Teil ist. Das war schon immer so, hat er gesagt, zu allen Zeiten und bei allen Völkern. Er ist ein großer Psychologe und schreibt jetzt einen Roman, denn er kann auch schriftstellerisch was. Er heißt Albert von Reisinger und wohnt in der Amalienstraße bei der Gabelsbergerstraße.«

»Zahlen!« rief Harry, denn nun wurde es finster und die Sterne standen droben und ditto der Mond.

Auch die Nacht war wunderbar und dann ging das Auto los.

36.

Nach Starnberg, im Forstenriederpark, bog Harry in einen Seitenweg, hielt plötzlich und starrte regungslos vor sich hin, als würde er einen großen Gedanken suchen, den er verloren hat.

Agnes wußte, was nun kommen wird, trotzdem fragte sie ihn, was nun kommen würde?

Er rührte sich nicht.

Sie fragte, ob etwas los wäre?

Er antwortete nicht.

Sie fragte, ob das Auto kaputt sei?

Er starrte noch immer vor sich hin.

Sie fragte, ob vielleicht sonst etwas kaputt sei?

Er wandte sich langsam ihr zu und sagte, es wäre gar nichts kaputt, doch hätte sie schöne Beine.

Sie sagte, das sei ihr bereits bekannt.

Er sagte, das sei ihm auch bereits bekannt und das Gras wäre sehr trocken, weil es seit Wochen nicht mehr geregnet hat. Dann schwieg er wieder und auch sie sagte nichts mehr, denn sie dachte an das gestrige Gras.

Plötzlich warf er sich auf sie, drückte sie nieder, griff ihr zwischen die Schenkel und streckte seine Zunge zwischen ihre Zähne. Weil er aber einen Katarrh hatte, zog er sie wieder zurück, um sich schneuzen zu können.

Sie sagte, sie müsse spätestens um neun Uhr in der Schellingstraße sein.

Er warf sich wieder auf sie, denn er hatte sich nun ausgeschneuzt. Sie biß ihm in die Zunge und er sagte: »Au!« Und dann fragte er, ob sie denn nicht fühle, daß er sie liebt.

»Nein«, sagte sie.

»Das ist aber traurig«, sagte er und warf sich wieder auf sie.

37.

Sie wehrte sich nicht.

So nahm er sie, denn sonst hätte er sich übervorteilt gefühlt, obwohl er bereits in Feldafing bemerkt hatte, daß sie ihn niemals besonders aufregen könnte, da sie ein Typ war, den er bereits durch und durch kannte, aber er fühlte sich verpflichtet, sich ihr zu nähern, weil sie nun mal in seinem Auto gefahren ist und weil er ihr ein Wiener Schnitzel mit Gurkensalat bestellt hatte, ganz abgesehen von seiner kostbaren Zeit zwischen fünf und neuneinhalb Uhr, die er ihr gewidmet hatte.

Sie wehrte sich nicht und es war ihr klar, daß sie so tat, weil sie nun mal in seinem Auto gefahren ist und weil er ihr ein Wiener Schnitzel mit Gurkensalat bestellt hatte. Nur seine Zeit fand sie nicht so kostbar, wie er.

Er hätte sich verdoppeln dürfen und sie hätte sich nicht gewehrt, als hätte sie nie darüber nachgedacht, daß man das nicht darf. Sie hätte wohl darüber nachgedacht, doch hatte sie es einsehen müssen, daß die Welt, wenn man auch noch soviel nachdenkt, doch nur nach kaufmännischen Gesetzen regiert wird und diese Gesetze sind allgemein anerkannt, trotz ihrer Ungerechtigkeit. Durch das Nachdenken werden sie nicht anders, das Nachdenken tut nur weh.

Sie ließ sich nehmen, ohne sich zu geben und ihre Gefühllosigkeit tat ihr wohl. Was sonst in ihrer Seele vorging, war nicht von Belang, es war nämlich nichts.

Sie sah den Harry über sich, vom Kinn bis zum Bauch, und drei Meter entfernt das Schlußlicht seines Autos und dessen Nummer: IIA 16747. Und über das alles wölbte sich der Himmel, aus dem der große weiße Engel kam und verkündete: »Vor Gott ist kein Ding unmöglich!«

Mit unendlichem Gleichmut vernahm sie die Verkündigung und genau so, wie ihr das alles bisher wunderbar schien, erschien ihr nun plötzlich alles komisch. Der Himmel, der Engel, das Auto, der Harry und besonders das karierte Muster seiner fabelhaften Krawatte, deren Ende ihr immer wieder in den Mund hing.

Es war sehr komisch und plötzlich gab ihr Harry eine gewaltige Ohrfeige, riß sich aus ihr und brüllte: »Eine Gemeinheit! Ich streng mich an und du machst nichts!

Eine Gemeinheit! Ich bin da und du bist nicht da! Jetzt
fahr zu Fuß, faules Luder!«
Es war sehr komisch.
Entrüstet sprang er in sein Auto und dann ging das
Auto los. Sie sah noch die Nummer: IIA 16747.
Dann war das Auto verschwunden.
Es war sehr komisch.

38.

Agnes ging durch den Forstenriederpark.
Dem entschwundenen Schlußlicht nach.
Sie wußte weder wo sie war, noch wie weit sie sich von
ihrer Schellingstraße befand. Sie kannte nur die ungefähre Richtung und wußte, daß sie nun nach Hause
gehen muß, statt in einem wunderbaren Auto zu sitzen.
Erst allmählich wurde es ihr klar, daß sie nun fünf,
sechs oder sieben Stunden lang laufen muß, um ihre
Schellingstraße zu erreichen.
Die Nacht war still und hinter den alten Bäumen rechts
und links lag groß und schwarz der Wald.
In diesem Wald jagte einst der königlich-bayerische Hof
und veranstaltete auch große Hoftreibjagden. Nämlich
in diesem Walde wohnte viel Wild und all diese Hirsche, Rehe, Hühner und Schweine wurden königlich
gehegt, bevor man die Schweine durch eine königliche
Meute zerreißen oder die Hirsche durch Hunderte
königliche Treiber in den Starnberger See treiben ließ,
um sie dort vom Kahn aus königlich erschlagen zu können.
Heut ist dies alles staatlich und man treibt die Jagd
humaner, weil die Treibjagden zu teuer sind.
Erst nach zehn Minuten gewöhnte sich Agnes daran,
nichts mehr komisch zu finden, sondern gemein. Es war
doch alles leider zu wahr und sie überzeugte sich, daß
ihre Schuhe nun bald ganz zerreißen werden und dann
fürchtete sie sich auch, denn im deutschen Reich wird
viel gemordet und geraubt.
Zwar sei das Rauben nicht das schlimmste, überlegte

sie. Es sei doch bedeutend schlimmer, daß sie nun allein
durch den Wald gehen muß, denn wie leicht könnte sie
ermordet werden, zum Beispiel aus Lust, aber der
Harry würde nie bestraft werden, sondern nur der
Mörder.
Überhaupt seien die Richter oft eigentümlich veranlagt.
So habe ihr erst vor vier Wochen das Berufsmodell
Fräulein Therese Seitz aus der Schellingstraße erzählt,
daß sie 1927 der Motorradfahrer Heinrich Lallinger
vom Undosawellenbad in die Schellingstraße fahren
wollte, aber plötzlich sei er in einen Seitenweg einge-
bogen, um sich dann weiter drinnen im Wald auf sie
werfen zu können. Sie habe gesagt, er solle sofort halten, da sie sonst abspringen würde, er habe aber nur
gelächelt und die Geschwindigkeit verdoppelt, aber
trotz der sechzig Kilometer sei sie abgesprungen und
hätte sich den Knöchel gebrochen. Sie habe dann den
Lallinger angezeigt wegen fahrlässiger Körperverletzung und Freiheitsberaubung, aber der Oberstaats-
anwalt habe ihr dann später mitgeteilt, daß er das Verfahren gegen Herrn Heinrich Lallinger eingestellt habe,
weil ihm kein Verschulden nachzuweisen wäre, da es ja
bekannt sei, daß sich junge Mädchen, die sich abends
mit einem Motorrad nach Hause fahren ließen, es als
selbstverständlich erachteten, daß erst zu gewissen
Zwecken ein Umweg gemacht werden würde. Freiheitsberaubung liege also nicht vor und sie sei selbst daran
schuld gewesen, daß sie sich den Knöchel gebrochen
habe.

39.

Agnes hörte Schritte.
Das waren müde schleppende Schritte und bald konnte
sie einen kleinen Mann erkennen, der vor ihr herging.
Sie hätte ihn fast überholt und übersehen, so dunkel
war es geworden.
Auch der Mann hörte Schritte, blieb stehen und lauschte.

Auch Agnes blieb stehen.

Der Mann drehte sich langsam um und legte den Kopf bald her bald hin, als wäre er kurzsichtig.

»Guten Abend«, sagte der Mann.

»Guten Abend«, sagte Agnes.

»Habens nur keine Angst, Fräulein«, sagte der Mann. »Ich tu niemand nix. Ich wohn in München und geh nachhaus.«

»Habn wir noch weit bis München?« fragte Agnes.

»Ich komm von Kochel« sagte der Mann. »Den größten Teil hab ich hinter mir.«

»Ich komm grad von da«, sagte Agnes.

»So«, sagte der Mann und schien gar nicht darüber nachzudenken, was dies »von da« bedeuten könnte.

Sie gingen wieder weiter.

Es sah aus, als würde er hinken, aber er hinkte nicht, es sah eben nur so aus.

»Was klappert denn da?« fragte Agnes.

»Das bin ich«, sagte der Mann und sprach plötzlich hochdeutsch. »Ich hab nämlich eine sogenannte künstliche Ferse und einen hölzernen Absatz seit dem Krieg.«

40.

Agnes hat es nie erfahren, daß der Mann Sebastian Krattler hieß und in der Nähe des Sendlingerberges wohnte. Er hat sich ihr weder vorgestellt, noch hat er es ihr erzählt, daß er von Beruf Schuster war, daß er aber nirgends Arbeit fand und also, obwohl er bereits seit fast dreißig Jahren eingeschriebenes Mitglied der Sozialdemokratischen Partei war, auf die Walze gehen mußte, nachdem er noch vorher im Weltkrieg mit einer künstlichen Ferse ausgezeichnet worden ist.

Auch hat er es ihr verschwiegen, daß er einen Neffen im Wallgau bei Mittenwald hatte, einen großen Bauern, bei dem er irgendeine Arbeit zu finden hoffte. Aber dieser Neffe hatte für ihn wegen seiner Kriegsauszeichnung keine Arbeit, denn die Bauern sind recht verschmitzte Leute.

Aber in Tirol würden die Pfaffen eine Kirche nach der anderen bauen und die höchstgelegenste Kirche stünde am Rande der Gletscher.

Das seien lauter gottgefällige Werke, denn die Tiroler seien halt genau wie die Nichttiroler recht religiös. Oder vielleicht nur schlecht. Oder blöd.

»Daß anders wird, erleb ich nimmer«, sagte der Mann.

»Was?« fragte Agnes.

»Sie werdns vielleicht noch erlebn«, sagte der Mann und meinte noch, wenn es jetzt Tag wäre, dann könnte man schon von hier aus die Frauentürme sehen.

41.

Um Mitternacht erblickte Agnes eine Bank und sagte, sie wolle sich etwas setzen, weil sie kaum mehr weiter könne und ihre Schuhe wären nun auch schon ganz zerrissen. Der Mann sagte, dann setze er sich auch, die Nächte seien ja noch warm.

Sie setzten sich und auf der Banklehne stand: »Nur für Erwachsene«.

Der Mann wollte ihr gerade sagen, es wäre polizeilich verboten, daß sich Kinder auf solch eine Bank setzen oder, daß man auf solch einer Bank schläft, da schlief Agnes ein.

Der Mann schlief nicht. Nicht weil es polizeilich verboten war, sondern weil er an etwas ganz anderes dachte. Er dachte einen einfachen Gedanken. »Wenn nur ein anderer einen selbst umbringen könnt«, dachte der Mann.

Und Agnes träumte einen einfachen Traum:

Sie fuhr in einem wunderschönen Auto durch eine wunderbare Welt. Auf dieser Welt wuchs alles von allein und ständig. Sie mußte nichts bezahlen und alles hatte einen unaussprechlichen Namen, so einen richtig fremdländischen, es war alles anders als hier. »Hier ist es nämlich wirklich nicht schön«, meinte ein Herr. Dieser Herr hatte einen weißen Hut, einen weißen Frack und weiße Hosen, weiße Schuhe und weiße Augen. »Ich bin der

122

Papst der Kellner«, sagte der Herr, »und ich hab in meiner Jugend im Forstenrieder Park die königlichsten Agnesse erlegt. Wir trieben sie in den Starnberger See hinein und gaben ihnen vom Kahn aus gewaltige Ohrfeigen. Eigentlich heiß ich gar nicht Harry, sondern Eugen.« Und Agnes ging durch einen Wald, es war ein Ulmenwald und unter jeder Ulme saß ein Eugen. Es waren da viele hunderte Ulmen und Eugene und sie hatten alle die gleichen Bewegungen. »Agnes«, sprachen die Eugene, »wir haben auf dich gewartet an der Ecke der Schleißheimer Straße, aber wir hatten dort keinen Platz, wir sind nämlich zuviel. Übrigens: war der Gurkensalat wirklich so wunderbar?« Da schwebte der große weiße Engel daher und hielt eine Gurke in der Hand. »Vor Gott ist keine Gurke unmöglich«, sagte der Engel. Der Morgenwind ging an der Bank vorbei und der Mann sagte: »Das ist der Morgenwind«.

42.

Bevor die Sonne kommt, geht ein Schauer durch die Menschen. Nicht weil sie vielleicht Kinder der Nacht sind, sondern weil das Quecksilber vor Sonnenaufgang um einige Grade sinkt.
Das hat seine atmosphärischen Ursachen und physikalischen Gesetze, aber Sebastian Krattler wollte nur festgestellt wissen, daß der Morgenwind, der immer vor der Sonne einherläuft, kühl ist.
Er lief über die träumende Agnes quer durch Europa und München und natürlich auch durch die Schleißheimer Straße, an deren Ecke Eugen auf Agnes gewartet hat.

43.

Eugen stand bereits um zehn Minuten vor sechs an jener Ecke und wartete bis dreiviertelsieben.
Bis sechs Uhr ging er ihr immer wieder etwas entgegen, ihre Schellingstraße hinab, aber ab Punkt sechs hielt er sich peinlich an die verabredete Ecke, denn er dachte,

Agnes könne ja auch unerwartet aus irgendeiner anderen Richtung kommen und dann fände sie eine Ecke
ohne Eugen.
Sie kam jedoch aus keiner Richtung und zehn Minuten
nach sechs sagte er sich, Frauen seien halt unpünktlich.
Er war den ganzen Tag über wieder herumgelaufen und
hatte trotzdem keine Arbeit gefunden. Er hatte bereits
seinen Frack versetzen müssen und nahm sich vor, daß
er sich heute auf dem Oberwiesenfeld anders benehmen
wird, als gestern. Heute wolle er die Agnes nicht körperlich begehren, sondern in Ruhe lassen und bloß mit
ihr sprechen. Über irgend etwas sprechen.
Er besaß noch ganze vier Mark zwanzig und es war
ihm auch bekannt, daß er als österreichischer Staatsbürger auf eine reichsdeutsche Arbeitslosenunterstützung
keinen rechtlichen Anspruch habe und er erinnerte sich,
daß er 1915 in Wolhynien einen Kalmüken sterben sah,
der genauso starb, wie ein österreichischer Staatsbürger
oder ein Reichsdeutscher.
Agnes kam noch immer nicht und um den Kalmüken
zu verscheuchen, rechnete er sich aus, wieviel Schillinge,
Franken, Lire und Lei vier Mark zwanzig sind. Er hatte
lange nichts mehr addiert und stellte nun resigniert fest,
daß er betreffs Kopfrechnen außer Übung ist.
Früher, während der Inflation, da hatte keiner so kopfrechnen können wie er. Überhaupt ging es ihm vorzüg-
lich während der Geldentwertung, er hatte ja kein Geld
und war der beliebteste Kellner in der Bar und auch die
Bardame war in ihn verliebt. Sie hieß Kitty Lechleitner
und man hätte es ihr gar nicht angesehen, daß sie
Paralyse hatte, wenn sie nicht plötzlich angefangen
hätte alles was sie von sich gab wieder aufzuessen. Sie
hatte einen grandiosen Appetit und starb in Steinhof
bei Wien und war doch immer herzig und freundlich,
nur pünktlich konnte sie nicht sein.

44.

Als Agnes den Starnberger See erblickte, befürchtete

Eugen daß ihr etwas zugestoßen ist. Nämlich er hatte einst ein Rendezvous mit einer Kassierin und während er sie erwartete, wurde sie von einem Radfahrer angefahren und zog sich eine Gehirnerschütterung zu. Er wartete ewig lange und schrieb ihr dann einen beleidigenden Brief, und erst drei Wochen hernach erfuhr er, daß die Kassierin fünf Tage lang bewußtlos war und, daß sie sehr weinte, als sie seinen beleidigenden Brief las und, daß sie den Radfahrer verfluchte.

»Nur nicht ungerecht sein«, dachte Eugen und zählte bis zwanzig. Nämlich wenn Agnes bis zwanzig nicht kommen sollte, dann würde er gehen. Er zählte sechs mal bis zwanzig und sie kam nicht.

Er ging aber nicht, sondern sagte sich, daß alle Weiber unzuverlässig sind und verlogen. So verlogen, daß sie gar nicht wissen könnten, wann sie lügen. Sie würden auch lügen, nur um einem etwas Angenehmes sagen zu können. So hätte doch diese Agnes gestern ausdrücklich gesagt, daß sie sich auf das Oberwiesenfeld freut. Auch Agnes sei halt eine Sklavennatur, aber dafür könnten ja die Weiber nichts, denn daran wären nur die Männer schuld, weil sie jahrtausendelang alles für die Weiber bezahlt hätten.

Daß ihn Agnes versetzt hatte, dies fiel ihm bereits um Punkt sechs ein, doch glaubte er es erst um dreiviertelsieben. »Wenn ich ein Auto hätt«, meinte er, »dann tät mich keine versetzen, vorausgesetzt, daß sie kein Auto hätt, dann müßt ich nämlich ein Flugzeug haben.«

Aber trotzdem er sich dies sagte, wußte er gar nicht, wie recht er hatte.

45.

Während Harry in Feldafing den Gurkensalat bestellte, ging Eugen langsam die Schellingstraße entlang und hielt einen Augenblick vor der Auslage des Antiquariats. Er sah das »Weib vor dem Spiegel« und dachte, gestern nacht sei er noch dagestanden und jetzt gehe er daran vorbei.

Es fiel ihm nicht auf, daß das »Weib auf dem Pantherfell« aus der Auslage verschwunden ist. Nämlich am
Nachmittag war ein Kriminaler zu der Tante gekommen und hat ihr mitgeteilt, daß sich ein Feinmechaniker
aus der Schellingstraße über das »Weib auf dem
Pantherfell« sittlich entrüstet hat, weil er wegen seiner
achtjährigen Tochter auf einen gewissen hochwürdigen
Herrn schlecht zu sprechen wäre. Und der Kriminaler
hat der Tante auseinandergesetzt, daß solche Panther-
fellbilder schon gar nichts mit Kunst zu tun hätten und,
daß er eine Antiquariatsdurchsuchung machen müßte.
Und dann hat der Kriminaler einen ganzen Koffer voller »Weiber auf dem Pantherfell« beschlagnahmt und hat
dabei fürchterlich getrenzt und sich ganz genau nach
dem Kastner erkundigt. Er hat nämlich den Kastner
verhaften wollen wegen gewerbsmäßiger Verbreitung
unzüchtiger Darstellungen und einem fahrlässigen
Falscheid.
Dann ist der Kriminaler gegangen. Hierauf hat die
Krumbier, damit sich die Tante beruhige, eine Geschichte von einem sadistischen Kriminaler erzählt, der sich
ihr genähert hatte, als sie sechzehn Jahr alt gewesen
ist. Er hatte ihr imponieren wollen und hatte ihr lauter
Lustmordfotografien gezeigt. »So Kriminaler werden
leicht pervers«, hat die Krumbier gesagt.
Aber die Tante hat sich nicht beruhigen lassen und hat
gesagt, wie die Agnes nach Hause kommt, haut sie ihr
eine herunter.

46.

Eugen ging auch an dem Hause vorbei, in dessen Atelier
der Buddhist A M L als Untermieter malte. Das Atelier
hatte er nämlich von einem anderen Untermieter gemietet, der sich aber weigerte, des Buddhisten Untermiete
dem Mieter auszuzahlen, weil er sich benachteiligt fühlte, da der Mieter bei der Abfassung des Untermiete-
kontraktes die offizielle Miete um das Doppelte
gefälscht hatte.

Der Kastner beschäftigte sich gerade wieder mit einigen Fettflecken und ahnte noch nichts von jenem Kriminaler. Heute hätte ihn jener Kriminaler auch nicht besonders erregt, denn er wußte ja nicht mehr, war er noch besoffen oder schon blöd.

An der Türkenstraße hielt Eugen vor dem Fenster eines rechtschaffenen Fotografen. Da hing ein Familienbild. Das waren acht rechtschaffene Personen, sie hatten ihre Sonntagskleider an, blickten ihn hinterlistig und borniert an und alle acht waren außerordentlich häßlich.

Trotzdem dachte Eugen, es wäre doch manchmal schön, wenn man solch eine Familie sein eigen nennen könnte. Er würde auch so in der Mitte sitzen und hätte einen Bart und Kinder. So ohne Kinder sterbe man eben aus und das Aussterben sei doch etwas traurig, selbst wenn man als österreichischer Staatsbürger keinen rechtlichen Anspruch auf die reichsdeutsche Arbeitslosenunterstützung habe.

Und während Agnes ihren Gurkensalat aß, dachte er an sie. »Also sie hat mich versetzt, das Mistvieh«, dachte er. Aber er war dem Mistvieh nicht böse, denn dazu fühlte er sich zu einsam. Er ging nur langsam weiter, bis dorthin, wo die Schellingstraße anfängt und plötzlich wurde er einen absonderlichen Einfall nicht los und er konnte es sich gar nicht vorstellen, wieso ihm der eingefallen sei.

Es fiel ihm nämlich ein, daß ein Blinder sagt: »Sie müssen mich ansehen, wenn ich mit Ihnen spreche. Es stört mich, wenn Sie anderswohin sehen, mein Herr!«

47.

Es wurde Nacht und Eugen wollte nicht nach Hause, denn er hätte nicht einschlafen können, obwohl er müde war. Er wäre am liebsten trotz seiner letzten vier Mark zwanzig in das Schelling-Kino gegangen, wenn dort der Tom Mix aufgetreten wäre, jener Wildwestmann, dem alles gelingt.

Als er den das letzte Mal sah, überholte er gerade zu

Pferd einen Expreßzug, sprang aus dem Sattel auf die Lokomotive, befreite seine Braut aus dem Schlafwagen, wo sie gerade ein heuchlerischer Brigant vergewaltigen wollte, erlegte zehn weitere Briganten, schlug zwanzig Briganten in die Flucht und wurde an der nächsten Station von seinem treuen Pferde und einem Priester erwartet, der die Trauung sofort vollzog.

Eugen liebte nämlich alle Vieher, besonders die Pferde. Wegen dieser Pferdeliebe wäre er im Krieg sogar fast vor das Kriegsgericht gekommen, weil er einem kleinen Pferdchen, dem ein Splitter zwei Hufe zerrissen hatte, den Gnadenschuß gab und durch diesen Gnadenschuß seine ganze Kompanie in ein fürchterliches Kreuzfeuer brachte. Damals fiel sogar ein Generalstabsoffizier.

Im Schelling-Kino gab man keinen Tom Mix, sondern ein Gesellschaftsdrama, die Tragödie einer jungen schönen Frau. Das war eine Millionärin, die Tochter eines Millionärs und die Gattin des Millionärs. Beide Millionäre erfüllten ihr jeden Wunsch, jedoch trotzdem war die Millionärin sehr unglücklich. Man sah wie sie sich unglücklich stundenlang anzog, maniküren und pediküren ließ, wie sie unglücklich erster Klasse nach Indien fuhr, an der Riviera promenierte, in Baden-Baden lunchte, in Kalifornien einschlief und in Paris erwachte, wie sie unglücklich in der Opernloge saß, im Karneval tanzte und den Sekt verschmähte. Und sie wurde immer noch unglücklicher, weil sie sich einem eleganten jungen Millionärssohn, der sie dezent-sinnlich verehrte, nicht geben wollte. Es blieb ihr also nichts anderes übrig, als ins Wasser zu gehen, was sie denn auch im Ligurischen Meere tat. Man barg ihren unglücklichen Leichnam in Genua und all ihre Zofen, Lakaien und Chauffeure waren sehr unglücklich.

Es war ein sehr tragischer Film und er hatte nur eine lustige Episode: die Millionärin hatte nämlich eine Hilfszofe und diese Hilfszofe zog sich mal heimlich ein großes Abendkleid ihrer Herrin an und ging mit einem der Chauffeure groß aus. Aber der Chauffeur wußte nicht genau, wie die vornehme Welt Messer und Gabel hält und die beiden wurden als Bedienstete entlarvt und aus dem vornehmen Lokal gewiesen. Der Chauffeur bekam von einem der vornehmen Gäste noch eine tüchtige Ohrfeige und die Hilfszofe wurde von der unglücklichen Millionärin fristlos entlassen. Die Hilfszofe hat sehr geweint und der Chauffeur hat auch nicht gerade ein intelligentes Gesicht geschnitten. Es war sehr lustig.

48.

Es wurde immer später.

Eugen ging über den Lenbachplatz und vor den großen Hotels standen wunderbare Autos. In den Hotelgärten saßen lauter vornehme Menschen und ahnten nicht, daß sie aufreizend lächerlich wirken, sowie man mehrere ihrer Art beisammen sieht.

Auch die Kellner waren sehr vornehm und es war nicht das erste Mal, daß Eugen seinen Beruf haßte.

Er ging nun bereits seit dreiviertelsieben ununterbrochen hin und her und war voll Staub, draußen und drinnen. Er sagte sich: »Also wenn die Welt zusammenstürzt, dreißig Pfennig geb ich jetzt aus und trink ein Bier, weil ich mich auch schon gern setzen möcht.«

Die Welt stürzte nicht zusammen und Eugen betrat ein kleines Café in der Nähe des Sendlingertorplatzes. »Heute Künstlerkonzert« stand an der Türe und als Eugen sich setzte, fing ein Pianist an zu spielen, denn Eugen war der einzige Gast. Es saß zwar noch eine Dame vor ihrer Limonade, aber die schien zum Café zu gehören und verschlang ein Magazin.

Der Pianist spielte ein rheinisches Potpourri und Eugen las in der »Sonntagspost«, daß es den Arbeitslosen zu gut geht, sie könnten sich ja sogar ein Glas Bier leisten. Und in der Witzecke sah er eine arbeitslose Familie, die in einem riesigen Fasse am Isarstrand wohnte, sich sonnte, badete – und ihrem Radio lauschte.

Die Dame mit der Limonade hatte es gar nicht gehört, daß Eugen eintrat, so sehr war sie in ihr Magazin vertieft. Sie hätte sonst aufgehorcht, weil sie eine Prostituierte war, jedoch das Magazin war zu schön. Sie las und las:

Eine mehrwöchige Kreuzfahrt auf komfortabler Luxusjacht unter südlichem Himmel – wer hätte nicht davon geträumt? Wochen des absoluten Nichtstuns liegen vor Dir, sonnige Tage und helle Nächte, es gibt kein Telefon, keine Verabredung, keine gesellschaftlichen Verpflichtungen. Die Begriffe »Zeit«, »Arbeit«, »Geld« entschwinden am Horizont wie verdunstende Wölkchen. Einladende Liegestühle stehen unter dem Sonnendeck, kühle Klubsessel erwarten Dich im Rauchzimmer, Radio und Bibliothek sind zur Hand, über Deine Sicherheit beruhigen sich dreißig tüchtige Matrosen, für Dein leibliches Wohl sorgt ein erstklassiger Barmixer. Nach dem Essen wird das Grammophon aufgezogen, oder eine der Damen spielt Klavier. Du tanzt mit Phyllis oder Dorthy, oder Du spielst ein bißchen Whist, um Dich bei den älteren Damen beliebt zu machen, im Spielzimmer hast Du Gelegenheit beim Poker oder Bakkarat zu verlieren. Oder aber Du lehnst mit einem blonden »Flapper« an der Reeling und führst Mondscheingespräche, während der Papa in einem wunderbar komfortablen Deckstuhl liegt und den Rauch seiner Henry Clay zu den Sternen hinaufbläst, gedankenvoll die nächste Transaktion überlegend. – Nichts in der Welt gibt in diesem Maße das Gefühl dem Alltag entrückt zu sein.

49.

Eugen trank apathisch sein Bier und blätterte apathisch in der Zeitung. »Der Redner sprach formvollendet«, stand in der Zeitung. »Man war froh, wieder mal den Materialismus überwunden zu haben« – da fühlte Eugen, daß ihn ein Mensch anstarrt.

Der Mensch war die Prostituierte.

Sie hatte ihr Magazin ausgelesen und Eugen entdeckt.

»Guten Abend, Herr Reithofer!« sagte die Prostituierte.
»Haben Sie mich denn vergessen? Ich bin doch – na Sie
wissen doch, wer ich bin, Herr Reithofer!«
Er wußte es nicht, aber da sie ihn kannte, mußte er sie
ja auch kennen. Sie setzte sich an seinen Tisch und sagte,
das sei Zufall, daß sie sich hier getroffen haben, und über
so einen Zufall könnte man einen ganzen Roman schreiben. Einen Roman mit lauter Fortsetzungen.
Sie las nämlich leidenschaftlich gern.
Sie hieß Margarethe Swoboda und war ein außereheliches Kind. Als sie geboren wurde, wäre sie fast gleich
wieder gestorben.
Erdreistet man sich Gottes Tun nach den Gesetzen der
Logik begreifen zu wollen, so wird man sich überzeugen
müssen, daß damals Gott der Allgütige den Säugling
Margarethe Swoboda ganz besonders geliebt haben
mußte, denn er wollte ihn ja zu sich nehmen. Aber die
geschickte Hebamme Frau Wohlmut aus Wiener-Neu-
stadt schlug scharf über die göttlichen Finger, die Mar-
garethchen erwürgen wollten. »Au!« zischte der liebe
Gott und zog seine Krallen hurtig zurück, während die
gottlose Hebamme meinte: »So Gott will, kommt das
Wurm durch!«
Und Gott der Gerechte wurde ganz sentimental und
seufzte: »Mein Gott, sind die Leut dumm! Als ob man
es in einem bürgerlichen Zeitalter als außereheliches
Kind gar so angenehm hätt! Na servus!«

50.

Ursprünglich war Margarethe Swoboda, genau wie des
Kastners Mutter, Verkäuferin in einer Konditorei.
In jener Konditorei verkehrten Gymnasiasten, Real-
schüler, Realgymnasiasten und höhere Töchter aus be-
schränkten Bürgerfamilien und böse alte Weiber, die
Margarethe Swoboda gehässig hin und her hetzten, schi-
kanierten und beschimpften, weil sie noch jung war.
Ein Gymnasiast, der Sohn eines sparsamen Regierungs-
rates, verliebte sich in sie und kaufte sich jeden Nach-

mittag um vier Uhr für fünf Pfennig Schokolade, nur um ihren Bewegungen schüchtern folgen zu können. Dann schrieb er mal während der Geographiestunde auf dem Rande der Karte des malayischen Archipels, was er alles mit ihr tun würde, falls er den Mut fände, seine Liebe zu erklären. Hierbei wurde er von einem Studienrat ertappt, der Atlas wurde beschlagnahmt und nach genauer Prüfung durch ein Kollegium von Steißpaukern unter dem Vorsitz eines klerikalen Narren für unsittlich erklärt. Er flog aus der Schule und ist auf Befehl seines Vaters, eines bürokratischen Haustyrannen, in einer Besserungsanstalt verkommen.

Einmal ging er dort durch, knapp vor Weihnachten, aber der Polizeihund Cäsar von der Schmittenhöhe stellte ihn auf einem verschneiten Kartoffelacker und dann mußte er beichten und kommunizieren und dann verbleuten ihn drei Aufseher mit Lederriemen und ein blonder Katechet mit Stiftenkopf und frauenhaften Händen riß ihm fast die Ohren aus.

Margarethe Swoboda hörte davon und obzwar sie doch nichts dafür konnte, da sie ja seine Leidenschaft nie erkannt hatte, weil sie erst siebzehn Jahre alt und überhaupt geschlechtlich unterentwickelt war, fühlte sie sich dennoch schuldbewußt, als hätte sie zumindest jenen Cäsar von der Schmittenhöhe dressiert. Sie wollte fort. Raus aus der Konditorei.

Sie sagte sich: »Ach, gäbs nur keine Schokolade, gäbs nur keine Gymnasiasten, es gibt halt keine Gerechtigkeit!« Und sie kaufte sich das Buch »Stenographie durch Selbstunterricht«. Nachts, nach ihrer täglichen vierzehnstündigen Arbeitszeit, erlernte sie heimlich Gabelsbergers System. Dann bot sie sich in der meistgelesensten Zeitung Österreichs als Privatsekretärin an. Nach drei Tagen kam folgender Brief:

Wertes Fräulein!

Teilen Sie mir Näheres über Ihren Busen und über Ihre sonstigen Formen mit. Wenn Sie einen schönen und vor allem festen Busen haben, kann ich Ihnen sofort höchst angenehme Stellen zu durchweg distinguierten Herren vermitteln. Auch möchte ich wissen, ob Sie einen Scherz verstehen und entsprechend zu erwidern im Stande sind.

Hochachtungsvoll!

Die Unterschrift war unleserlich und darunter stand:

Vermittlerin mit prima Referenzen. Briefe wolle man unter Chiffre 8472 adressieren. Diskretion Ehrensache.

Dieses »Diskretion Ehrensache« ist ein Sinnspruch im Wappen der Prostitution.

Seit es Götter und Menschen, Kaiser und Knechte, Herren und Hörige, Beichtväter und Beichtkinder, Adelige und Bürger, Aufsichtsräte und Arbeiter, Abteilungschefs und Verkäuferinnen, Familienväter und Dienstmädchen, Generaldirektoren und Privatsekretärinnen – kurz: Herrscher und Beherrschte gibt, seit der Zeit gilt der Satz: »Im Anfang war die Prostitution!«

Und seit jener Zeit, da die Herrschenden erkannt hatten, daß es sich maskiert mit dem Idealismus eines gewissen Gekreuzigten, bedeutend erhebender, edler und belustigender rauben, morden und betrügen ließ – seit also jener Gekreuzigte gepredigt hatte, daß auch das Weib eine dem Manne ebenbürtige Seele habe, seit dieser Zeit wird allgemein herumgetuschelt: »Diskretion Ehrensache!«

Wer wagt es also die heute herrschende Bourgeoisie anzuklagen, daß sie nicht nur die Arbeit, sondern auch das Verhältnis zwischen Mann und Weib der bemäntelnden Lügen und des erhabenen Selbstbetruges entblößt, indem sie schlicht die Frage stellt: »Na was kostet schon die Liebe?«

Kann man ihr einen Vorwurf machen, weil sie dies im Bewußtsein ihrer wirtschaftlichen Macht der billigeren Buchführung wegen tut? Nein, das kann man nicht.

Die Bourgeoisie ist nämlich überaus ehrlich.

Sie spricht ihre Erkenntnis offen aus, daß die wahre Liebe zwischen Ausbeutern und Ausgebeuteten Prostitution ist. Daß die Ausgebeuteten unter sich auch ohne Prostitution lieben könnten, das bezweifelt die Bourgeoisie nicht, denn sie hält die Ausgebeuteten für noch dümmer, da sie sich ja sonst nicht ausbeuten ließen.

Die Bourgeoisie ist nämlich überaus intelligent.

Sie hat auch erkannt, daß es selbst unter Ausbeutern nur Ausbeutung gibt. Nämlich, daß die ganze Liebe nur eine Frage der kaufmännischen Intelligenz ist.

Kann man also die Bourgeoisie anklagen, weil sie alles auf den Besitzstandpunkt zurückführt?

Nein, das kann man nicht.

Und so bildete auch die Chiffre 8472 nur ein winziges Steinchen des Kolossalmosaiks in der Kuppel des kapitalistischen Venustempels.

Auch Margarethe Swoboda vernahm in jener Konditorei die Stimme: »Du wirst ihnen nicht entrinnen!«

»Wieso?« fragte Margarethe Swoboda, ließ den Brief fallen und lallte geistesabwesend vor sich hin: »Nein, das gibt es doch nicht, nein, das kann es doch nicht geben –« und die Stimme schloß schadenfroh: »Vielleicht, wenn du Glück hast! Wenn du Glück hast!«

51.

Margarethe Swoboda hatte kein Glück. Zwar stand in ihrem Horoskop, daß sie eine glückliche Hand hat, nämlich was sie auch in die Hand nähme, würde gewissermaßen zu Gold. Nur vor dem April müsse sie sich hüten, das wäre ihr Unglücksmonat und was sie im April auch beginnen möge, das gelänge alles vorbei.

»Da dürft ich halt überhaupt nicht leben«, meinte Margarethe Swoboda, denn sie hatte im April Geburtstag.

Dies Horoskop stellte ihr die Klosettfrau des Lokals und behauptete, daß sie das Weltall genau kennt bis jenseits der Fixsterne. So hätte sie auch ihrem armen Pintscher Pepperl das Horoskop gestellt und in diesem Horoskop wäre gestanden, daß der arme Pepperl eines fürchterlichen Todes sterben wird. Und das traf ein, denn der arme Pepperl wurde von einem Bahnwärter aufgefressen, nachdem er von einem D-Zug überfahren worden war.

Die Klosettfrau hieß Regina Warzmeier und war bei allen Gästen sehr beliebt. Sie wußte immer Rat und Hilfe und alle nannten die liebe Frau »Großmama«.

Die Großmama muß mal sehr hübsch gewesen sein, denn es war allen Gästen bekannt, daß sich, als sie noch ein junges Ding war, ein polnischer Graf mit ihr eingelassen hatte. Dies ist ein österreichisch-ungarischer Gesandtschaftsattaché gewesen, ein routinierter Erotomane und zynisches Faultier, der sich mal zufällig auf der Reise nach seinen galizischen Gütern in München aufgehalten hatte.

52.

Damals war Bayern noch Königreich und damals gab es auch noch ein Österreich-Ungarn.

Das war um 1880 herum, da hat er fast nur mit ihr getanzt, auf so einer richtigen Redoute mit Korsett und Dekolleté und der Attaché ist mit der Großmama am nächsten Mittag in einer hohen standesgemäßen Kutsche in das Isartal gefahren, dort sind sie dann zu zweien am lauschigen Ufer entlang promeniert. Sie haben von den blauen Bergen gesprochen und von dem, was dahinterliegt. Er hat vom sonnigen Süden erzählt, vom Vesuv und von Sizilien, von römischen Ruinen und den Wellen der Adria. Er hat ihr einen Ring aus Venedig geschenkt, ein Schlänglein mit falschen Rubinaugen und der Inschrift »Memento!« Und dann hat sie sich ihm gegeben auf einer Lichtung bei Höllriegelskreuth und er hat sie sich genommen.

Es war natürlich Nacht, so eine richtig kleinbürgerlich-romantische Nacht und Vormärz. Über die nahen Alpen wehte der Frühlingswind und abends hing der Mond über schwarzen Teichen und dem Wald.

Nach zwei Wochen blieb bei der Großmama das aus, das sie mit dreizehn Jahren derart erschreckt hatte, daß sie wimmernd zu ihrer älteren Freundin Helene gerannt war, denn sie hatte gefürchtet, nun werde sie verbluten müssen. Aber Helene hatte sie umarmt, geküßt und gesagt: »Im Gegenteil, nun bist du ein Fräulein.«

Nun aber wußte sie, daß sie bald Mutter sein wird. Sie dachte, wenn sie nur wahnsinnig werden könnte, und wollte aus dem Fenster springen. Sie biß sich alle Fingernägel ab und schrieb drei Abschiedsbriefe, einen an ihren Vater und zwei an den polnischen Geliebten.

Ihr Vater war ein langsamer melancholischer Färbermeister, der unter dem Pantoffel seiner lauten herrschsüchtigen Gattin stand und alle maschinellen Neuerungen haßte, weil er weder Kapital noch Schlagfertigkeit besaß, immerhin aber genug Beobachtungsgabe, um erkennen zu können, wie er von Monat zu Monat konkurrenzunfähiger wird.

Diesem schrieb die Großmama: »Mein Vater! Verzeih Deiner unsagbar gefallenen Tochter Regina.« Und dem Attaché schrieb sie: »Warum läßt Du mich nach einem Worte von Dir verschmachten? Bist Du denn ein Schuft?« Diesen Brief zerriß sie und begann den zweiten: »Nimmer wirst Du mich sehen, bete für meine sündige Seele. Bald blühen Blümlein auf einem frischen armen Grabe und die verlassene Nachtigall aus dem Isartal singt von einem zerbrochenen Glück –«

Und sie beschrieb ihr eigenes Begräbnis. Sie erlebte ihre eigene Himmelfahrt. Sie sah sich selbst im Schattenreich und tat sich selbst herzlich leid. Ein heroischer Engel beugte sich über sie und sprach: »Weißt du, was das ist ein österreichisch-ungarischer Attaché? Nein, das weißt du nicht, was das ist ein österreichisch-ungarischer Attaché. Ein österreichisch-ungarischer Attaché verläßt keine werdende Mutter nicht, überhaupt als polnischer Graf, du kleingläubiges Geschöpf! Schließ das Fenster, es zieht!«

Sie schloß es und glaubte wieder an das verlogene Märchen vom Prinzen und dem spießbürgerlichen Bettelkind. Dabei wurde sie immer bleicher, hatte selten Appetit und erbrach sich oft heimlich.

An den lieben Gott hatte sie nie so recht geglaubt, nämlich sie konnte ihn sich nicht so recht vorstellen hingegen um so inniger an den heiligen Antonius von Padua. Und sie betete zu dem himmlischen Jüngling mit der weißen Lilie um einen baldigen Brief von ihrem irdischen Grafen.

Natürlich kam keiner, denn freilich war auch auf jener Redoute nicht alles so, wie es die Großmama gerne sah. Sie ist keineswegs vor allen anderen Holden dem österreich-ungarischen Halunken aufgefallen, sondern dieser hat sich zuerst an eine Bacchantin gerieben, aber nachdem deren Kavalier etwas von Watschen sprach, war seine Begeisterung merklich abgekühlt. Aus der ersten Verlegenheit heraus tanzte er mit der Großmama, die als Mexikanerin maskiert war, und besoff sich aus Wut über den gemeinen Mann, der leider riesige Pratzen hatte. In seinem Rausche fand er die Großmama ganz poussierlich und versprach ihr den Ausflug in das Isartal. Am nächsten Tage fand er sie allerdings vernichtend langweilig, und nur um nicht umsonst in das Isartal gefahren zu sein, nahm er sie. Hierbei mußte er an eine langbeinige Kokette denken, um den physischen Kontakt mit der kurzbeinigen Großmama herstellen zu können.

Als dann im Spätherbst die Großmama an einem Sonntagvormittag auf der Treppe zusammenbrach und eine Tochter gebar, da verstießen sie ihre Eltern natürlich nach Sitte und Recht. Die Mutter gab ihr noch zwei Ohrfeigen und der Vater schluchzte, er verstehe das ganze Schicksal überhaupt nicht, was er denn wohl nur verbrochen habe, daß gerade seine Tochter unverheiratet geschwängert worden ist.

Selbst die Stammgäste hatten es nie erfahren, was aus Großmamas Töchterlein geworden ist. Die Großmama schwieg und man munkelte allerlei.

Sie hätte einen rechtschaffenen Hausbesitzer geheiratet oder sie sei eine Liliputanerin vom Oktoberfest, munkelten die einen und die anderen munkelten, sie sei von ihren Pflegeeltern als dreijähriges Kind so geprügelt worden, daß sie erblindet ist und die Pflegemutter ein Jahr Gefängnis bekommen hat, während der Pflegevater freigesprochen worden sei, weil er ja nur zugeschaut hätte. Und wieder andere munkelten, sie wäre bloß eine einfache Prostituierte in Hamburg, genau wie die Margarethe Swoboda in München.

»Sie erlauben doch, daß ich mich zu Ihnen setz«, sagte Margarethe Swoboda zu Eugen. »Das freut mich aber sehr, daß ich Sie wieder mal seh, Herr Reithofer! Seit wann sind Sie denn in München? Ich bin schon seit Mai da, aber ich fahr bald fort, ich hab nämlich gehört, in Köln soll es für mich besser sein. Dort ist doch heuer die Pressa, das ist eine große Journalistenausstellung, hier diese Heim- und Technikausstellung war für mich nichts besonderes.«

Eugen wußte noch immer nicht, daß sie Margarethe Swoboda heißt und er konnte sich nicht erinnern, woher sie ihn kennen könnte. Sie schien ihn nämlich genau zu kennen und Eugen wollte sie nicht fragen, woher er sie kenne, denn sie freute sich sehr ihn wiederzusehen und erinnerte sich gerne an ihn.

»Nicht jede Ausstellung ist gut für mich«, meinte Margarethe Swoboda. »So hab ich bei der Gesoleiausstellung in Düsseldorf gleich vier Tag lang nichts für mich gehabt. Ich war schon ganz daneben und hab in meinem Ärger einen Ausstellungsaufseher angesprochen, einen sehr höflichen Mann aus Krefeld und hab ihm gesagt, es geht mir schon recht schlecht bei eurer Gesoleiausstellung und der Krefelder hat gesagt, das glaubt er gern, daß ich kein Geschäft mach, wenn ich vor seinem Pavillon die Kavaliere anspreche. Da hab ich erst gemerkt, daß ich vier Tag lang in der Gesundheitsabteilung gestanden bin, direkt vor dem Geschlechtskrankheiten-pavillon und da hab ichs freilich verstanden, daß ich vier Tag lang nichts verdient hab, denn wie ich aus dem Pavillon herausgekommen bin, hat es mich vor mir selbst gegraust. Ich hätt am liebsten geheult, solche Aus-

138

stellungen haben doch gar keinen Sinn! Für mich sind Gemäldeausstellungen gut, überhaupt künstlerische Veranstaltungen, Automobilausstellungen sind auch nicht schlecht, aber am besten sind für mich die landwirtschaftlichen Ausstellungen.«

Und dann sprach sie noch über die gelungene Grundsteinlegung zum Deutschen Museum in Anwesenheit des Reichspräsidenten von Hindenburg, über eine große vaterländische Heimatkundgebung in Nürnberg und über den Katholikentag in Breslau und Eugen dachte: »Vielleicht verwechselt sie mich, es heißen ja auch andere Leut Reithofer und vielleicht sieht mir so ein anderer Reithofer zum verwechseln ähnlich.«

So wurde es immer später und plötzlich bemerkte Eugen, daß Margarethe Swoboda schielt. Zwar nur etwas, aber es fiel ihm trotzdem ein Kollege ein, mit dem er vor dem Krieg in Preßburg im Restaurant Klein gearbeitet hatte. Das ist ein freundlicher Mensch gewesen, ein großes Kind. Knapp vor dem Weltkrieg hatte dieser Kollege geheiratet und zu Eugen gesagt: »Glaub es mir, lieber Reithofer, meine Frau schielt, zwar nur etwas, aber sie hat ein gutes Herz.« Dann ist er in Montenegro gefallen. Er hieß Karl Swoboda.

»Als mein Mann in Montenegro fiel«, sagte Margarethe Swoboda, »da hab ich viel an Sie gedacht, Herr Reithofer. Ich hab mir gedacht, ist er jetzt vielleicht auch gefallen, der arme Reithofer? Ich freu mich nur, daß Sie nicht gefallen sind. Erinnern Sie sich noch an meine Krapfen, Herr Reithofer?«

Jetzt erinnerte sich Eugen auch an ihre Krapfen. Nämlich er hatte mal den Karl Swoboda zum Pferderennen abgeholt und da hatte ihm jener seine Frau vorgestellt und er hatte ihre selbstgebackenen Krapfen gelobt. Er sah es noch jetzt, daß die beiden Betten nicht zueinander paßten, denn das eine war weiß und das andere braun – und nach dem Pferderennen ist der Karl Swoboda sehr melancholisch gewesen, weil er für fünf Gulden verspielt hatte, und hatte traurig zu Eugen gesagt:

»Glaub es mir, lieber Reithofer, wenn ich sie nicht geheiratet hätte, wär sie noch ganz verkommen, auf Ehr und Seligkeit!«

»Sie haben meine Krapfen sehr gelobt, Herr Reithofer«, sagte Karl Swobodas Witwe.

54.

Als Eugen an die beiden Betten in Preßburg dachte, die nicht zueinander paßten, näherte sich ihm die Großmama.

Wenn die Großmama nichts zu tun hatte, stand sie am Buffet und beobachtete die Menschen. So hatte sie auch bemerkt, daß das »Gretchen« mit Eugen sympathisierte, weil sie sich gar nicht so benahm, wie sie sich Herren gegenüber benehmen mußte. Sie sprach je mit Eugen, wie mit ihrem großen Bruder und solch große Brüder schätzte die Großmama und setzte sich also an Eugens Tisch.

Das Gretchen erzählte gerade, daß im Weltkrieg viele junge Männer gefallen sind und, daß nach dem Weltkrieg sie selbst jeden Halt verloren hat, worauf die Großmama meinte, für Offiziere sei es schon sehr arg, wenn ein Krieg verloren geht. So hätten sich nach dem Krieg viele Offiziere total versoffen, besonders in Augsburg. Dort hätte sie mal in einer großen Herrentoilette gedient und da hätte ein Kolonialoffizier verkehrt, der alle seine exotischen Geweihe für ein Faß Bier verkauft hätte. Und ein Fliegeroffizier hätte gleich einen ganzen Propeller für ein halbes Dutzend Eierkognaks eingetauscht und dieser Fliegeroffizier sei so versoffen gewesen, daß er statt mit »Guten Tag!« mit »Prost!« gegrüßt hat.

Eugen meinte, der Weltkrieg habe freilich keine guten Früchte getragen und für Offiziere wäre es freilich besser wenn ein Krieg gewonnen würde, aber obwohl er kein Offizier sei, wäre es für ihn auch schon sehr arg, wenn ein Krieg verloren würde, obwohl er natürlich überzeugt sei, daß wenn wir den Weltkrieg gewonnen hätten, daß er auch dann unter derselben allgemeinen wirtschaftlichen Depression zu leiden hätte. So sei er jetzt schon wieder mal seit zwei Monaten arbeitslos und es bestünde schon nicht die geringste Aussicht, daß es besser werden wird.

Hier mischte sich der Pianist ins Gespräch, der sich auch an den Tisch gesetzt hatte, weil er sehr neugierig war. Er meinte, wenn Eugen kein Mann, sondern eine Frau und kein Kellner, sondern eine Schneiderin wäre, so hätte er für diese Schneiderin sofort eine Stelle. Er kenne nämlich einen großen Schneidergeschäftsinhaber in Ulm an der Donau und das wäre ein Vorkriegskommerzienrat, aber Eugen dürfte halt auch keine Österreicherin sein, denn der Kommerzienrat sei selbst Österreicher und deshalb engagierte er nur sehr ungern Österreicher. Aber ihm zu Liebe würde dieser Kommerzienrat vielleicht auch eine Österreicherin engagieren, denn er habe nämlich eine gewisse Macht über den Kommerzienrat, da seine Tochter auch Schneiderin gewesen wäre, jedoch hätte sie vor fünf Jahren ein Kind von jenem Kommerzienrat bekommen und von diesem Kind dürfe die Frau Kommerzienrat natürlich nichts wissen. Die Tochter wohne sehr nett in Neu-Ulm um sich ganz der Erziehung ihres Kindes widmen zu können, da der Kommerzienrat ein selten anständiger Österreicher sei. Er spreche perfekt deutsch, englisch, französisch, italienisch und rumänisch. Auch etwas slowakisch, tschechisch, serbisch, kroatisch und verstehe ungarisch und türkisch. Aber türkisch könne jener Kommerzienrat weder lesen noch schreiben.

Der Pianist war sehr geschwätzig und wiederholte sich gerne. So debattierte er jeden Tag mit der Großmama und kannte keine Grenzen. Er erzählte ihr, daß seinerzeit jener Höhlenmensch, der als erster den ersten Ochsen an die Höhlenwand gezeichnet hatte, von allen anderen Menschen als großer Zauberer angebetet worden ist und so müßte auch heute noch jeder Künstler angebetet werden, auch die Pianisten. Dann stritt er sich

mit der Großmama, ob die Fünfpfennigmarke Schiller
oder Goethe heißt, worauf die Großmama jeden Tag erwiderte, auf alle Fälle sei die Vierzigpfennigmarke jener große Philosoph, der die Vernunft schlecht kritisiert
hätte und die Fünfzigpfennigmarke sei ein Genie, das
die Menschheit erhabenen Zielen zuführen wollte und
sie könne es sich schon gar nicht vorstellen, wie so etwas
angefangen würde, worauf der Pianist meinte, aller Anfang sei schwer und er fügte noch hinzu, daß die Drei-
ßigpfennigmarke das Zeitalter des Individualbewußt-
seins eingeführt hätte. Dann schwieg die Großmama
und dachte, der Pianist sollte doch lieber einen schönen
alten Walzer spielen.

55.

Als der Pianist sagte, daß er für Eugen sofort eine Stelle
hätte, wenn – da dachte Eugen an Agnes. Er sagte sich,
das wäre ja eine Stelle für das Mistvieh, das er gestern
in der Thalkirchner Straße angesprochen und das ihn
heute in der Schleißheimer Straße versetzt habe. Gestern hätte sie ihm ja erzählt, daß sie Schneiderin wäre
und bereits seit fünf Monaten keine Stelle finden könnte. Heute könnte er ihr ja sofort eine Stelle verschaffen,
es würde ihm vielleicht nur ein Wort kosten, als wäre
er der Kaiser von China, den es zwar auch bereits nicht
mehr geben würde. Gestern auf dem Oberwiesenfeld hätte er es nicht geglaubt, daß er heute versetzt wird. »Sie
ist halt ein Mistvieh«, sagte er sich und fügte hinzu:
»Wahrscheinlich ist auch der Pianist ein Mistvieh!«
Und Eugen warf mit den Mistviehern nur so um sich,
alles und jedes wurde zum Mistvieh, die Swoboda, die
Großmama, der Tisch, der Hut, das Bier und das Bier-
glas – wie das eben so manchmal geschieht.
»Aber es ist doch schön von dem Pianistenmistvieh, daß
er mir helfen möcht«, fiel es ihm plötzlich auf. »Er weiß
doch gar nicht, ob ich am End nicht auch ein Mistvieh
bin. Ich bin doch auch eins, ich hab ja auch schon Mistvieher versetzt.«

»Überhaupt sollten sich die Mistvieher mehr helfen«, dachte er weiter. »Wenn sich alle Mistvieher helfen täten, ging es jedem Mistvieh besser. Es ist doch direkt unanständig, wenn man einem Mistvieh nicht helfen tät, obwohl man könnt, bloß weil es ein Mistvieh ist.«

Und dann fiel es ihm auch noch auf, daß es sozusagen ein angenehmes Gefühl ist, wenn man sich gewissermaßen selbst bestätigen kann, daß man einem Mistvieh geholfen hat. Ungefähr so:

Zeugnis.

Ich bestätige gerne, daß das Mistvieh Eugen Reithofer ein hilfsbereites Mistvieh ist. Es ist ein liebes gutes braves Mistvieh.

Eugen Reithofer
Mistvieh.

56.

»Sagen Sie, Herr Pianist«, wandte sich Eugen an das hilfsbereite Mistvieh, »ich kann ja jetzt leider nicht weiblich werden, aber ich weiß ein Mädel für Ihren Kommerzienrat in Ulm. Sie ist eine vorzügliche Schneiderin und Sie täten mir persönlich einen sehr großen Gefallen, Herr Pianist«, betonte er und das war natürlich gelogen.

Der Pianist sagte, das wäre gar nicht der Rede wert, denn das kostete ihm nur einen Telefonanruf, da sich jener Kommerzienrat zufällig seit gestern in München befände und er könne ihn sofort im Hotel Deutscher Kaiser anrufen – und schon eilte der hilfsbereite Pianist ans Telefon.

»Also das ist ein rührendes Mistvieh«, dachte Eugen und Margarethe Swoboda sagte: »Das ist ein seltener Mensch und ein noch seltener Künstler.« Und die Großmama sagte: »Er lügt.«

Aber ausnahmsweise täuschte sich die Großmama, denn nach wenigen Minuten erschien der Pianist, als hätte er den Weltkrieg gewonnen.

Der Kommerzienrat war keine Lüge und seine wunder-

baren Beziehungen waren nur insofern übertrieben, daß
es nicht stimmte, daß sich seine Tochter in Neu-Ulm lediglich der Erziehung ihres kommerzienrätlichen Kindes
widmen kann, sondern sie mußte als Schneiderin weiter-
arbeiten und erhielt nur ein kleines kommerzienrätliches
Taschengeld.
Der Pianist konnte sich vor lauter Siegesrausch nicht
sofort wieder setzen, er ging also um den Tisch herum
und setzte Eugen auseinander, Agnes könne die Stelle
sofort antreten, jedoch müßte sie morgen früh punkt sieben Uhr dreißig im Hotel Deutscher Kaiser sein. Dort
solle sie nur nach dem Herrn Kommerzienrat aus Ulm
fragen und der nimmt sie dann gleich mit, er fährt nämlich um acht Uhr wieder nach Ulm.
Eugen fragte ihn, wie er ihm danken sollte, aber der
Pianist lächelte nur: vielleicht würde mal Eugen ihm
eine Stelle verschaffen, wenn er kein Pianist wäre, sondern eine Schneiderin. Eugen wollte wenigstens das Te-
lefongespräch bezahlen, aber selbst dies ließ er nicht zu.
»Man telefoniert doch gern mal für einen Menschen«,
sagte er.
Selbst die Großmama war gerührt, aber am meisten war
es der brave Pianist.

57.

So kam es, daß am nächsten Morgen Eugen bereits um
sechs Uhr durch die Schellingstraße ging, damit er sich
mit seiner Hilfe nicht verspätet, auf daß er sich ein gutes Zeugnis ausstellen kann.
Er wollte gerade bei der Tante im vierten Stock läuten,
da sah er Agnes über die Schellingstraße gehen. Sie kam
von ihrer Bank für Erwachsene und war zerknüllt und
elend und Eugen dachte: »Schau, schau, bis heut morgen
hat mich das Mistvieh versetzt!«
Die Sonne schien in der Schellingstraße und der Morgenwind überschritt bereits den Ural, als Agnes über
Eugen erschrak. Doch er fragte sie nicht, woher sie komme, was sie getan und warum sie ihr Wort gebrochen

144

und ihn versetzt hätte, sondern er teilte ihr lediglich mit, daß er für sie eine Stelle fand, daß sie schon heute früh zu einem richtigen Kommerzienrat gehen muß, der sie dann noch heute früh nach Ulm an der Donau mitnehmen würde.

Sie starrte ihn an und sagte, er solle sich doch eine andere Agnes aussuchen für seine blöden Witze und sie bitte sich diese Frozzelei aus und überhaupt diesen ganzen Hohn – aber er lächelte nur, denn das Mistvieh tat ihm plötzlich leid, weil es ihm den Kommerzienrat nicht glauben konnte.

Das Mistvieh murmelte noch etwas von Roheit und dann weinte es. Er solle es doch in Ruhe und Frieden lassen, weinte das Mistvieh, es sei ja ganz kaputt und auch die Schuhe seien nun ganz kaputt.

Eugen schwieg und plötzlich sagte das Mistvieh, das könne es ja gar nicht geben, daß ihr ein Mensch eine Stelle verschafft, nachdem sie den Menschen versetzt hatte.

Dann schwieg auch das Mistvieh.

Und dann sagte es: »Ich hätt wirklich nicht gedacht, daß Sie extra wegen mir herkommen, Herr Reithofer.«

»Wissens, Fräulein Pollinger«, meinte der Herr Reithofer, »es gibt nämlich etwas auch ohne das Verliebtsein, aber man hat es noch nicht ganz heraus, was das eigentlich ist. Ich hab halt von einer Stelle gehört und bin jetzt da. Es ist nur gut, wenn man weiß, wo ein Mensch wohnt.«

58.

Und jetzt ist die ganze Geschichte aus.

Geschichten aus dem Wiener Wald
Volksstück in sieben Bildern

Personen:

Zauberkönig – Marianne – Oskar – Mathilde – Alfred –
Der Rittmeister – Erich – Havlitschek – Eine gnädige
Frau – Erste Tante – Zweite Tante – Ida – Ein Kretin –
Beichtvater – Emma – Der Mister – Der Conférencier –
Die Großmutter – Die Mutter – Die Tochter – Erwach-
sene und Kinder.

*Das Stück spielt in unseren Tagen, und zwar in Wien
und im Wiener Wald.*

Motto:
Nichts gibt so sehr das Gefühl der Unendlichkeit
als wie die Dummheit

Erstes Bild

Stille Straße im achten Bezirk.
Von links nach rechts: Oskars gediegene Fleischhauerei
mit halben Rindern und Kälbern, Würsten, Schinken
und Schweinsköpfen in der Auslage. Daneben eine Pup-
penklinik mit Firmenschild »Zum Zauberkönig« – mit
Scherzartikeln, Totenköpfen, Puppen, Spielwaren, Ra-
keten, Zinnsoldaten und einem Skelett im Fenster. End-
lich: eine kleine Tabak-Trafik mit Zeitungen, Zeit-
schriften und Ansichtspostkarten vor der Türe. Über
der Puppenklinik befindet sich ein Balkon mit Blumen,
der zur Privatwohnung des Zauberkönigs gehört.

Oskar   mit weißer Schürze; er steht in der Türe seiner
Fleischhauerei und manikürt sich mit seinem Taschen-
messer; ab und zu lauscht er, denn im zweiten Stock
spielt jemand auf einem ausgeleierten Klavier die
»Geschichten aus dem Wiener Wald« von Johann
Strauß.
Ida ein elfjähriges herziges mageres Mäderl, verläßt
mit ihrer Markttasche die Fleischhauerei und will
nach rechts ab, hält aber vor der Puppenklinik und
betrachtet die Auslage.
HAVLITSCHEK *der Gehilfe Oskars, ein Riese mit blu-*
tigen Händen und ebensolcher Schürze, erscheint in
der Türe der Fleischhauerei; er frißt eine kleine
Wurst und ist wütend: Dummes Luder, dummes –
OSKAR Wer?
HAVLITSCHEK *deutet mit seinem langen Messer auf Ida:*
Das dort! Sagt das dumme Luder nicht, daß meine
Blutwurst nachgelassen hat – meiner Seel, am liebsten
tät ich sowas abstechen, und wenn es dann auch mit
dem Messer in der Gurgel herumrennen müßt, wie die
gestrige Sau, dann tät mich das nur freuen!
OSKAR *lächelt:* Wirklich?

Ida fühlt Oskars Blick, es wird ihr unheimlich; plötzlich rennt sie nach rechts ab.
Havlitschek lacht.
Rittmeister kommt von links; er ist bereits seit dem Zusammenbruch pensioniert und daher in Zivil; jetzt grüßt er Oskar.
Oskar und Havlitschek verbeugen sich – und der Walzer ist aus.

RITTMEISTER Also das muß ich schon sagen: die gestrige Blutwurst – Kompliment! First class!

OSKAR Zart, nicht?

RITTMEISTER Ein Gedicht!

OSKAR Hast du gehört, Havlitschek?

RITTMEISTER Ist er derjenige welcher?

HAVLITSCHEK Melde gehorsamst ja, Herr Rittmeister!

RITTMEISTER Alle Achtung!

HAVLITSCHEK Herr Rittmeister sind halt ein Kenner. Ein Weltmann.

RITTMEISTER *zu Oskar:* Ich bin seinerzeit viel in unserer alten Monarchie herumtransferiert worden, aber ich muß schon sagen: Niveau. Niveau!

OSKAR Ist alles nur Tradition, Herr Rittmeister!

RITTMEISTER Wenn Ihr armes Mutterl selig noch unter uns weilen würde, die hätt eine Freude an ihrem Sohn.

OSKAR *lächelt geschmeichelt:* Es hat halt nicht sollen sein, Herr Rittmeister.

RITTMEISTER Wir müssen alle mal fort.

OSKAR Heut vor einem Jahr ist sie fort.

RITTMEISTER Wer?

OSKAR Meine Mama, Herr Rittmeister. Nach dem Essen um halbdrei – da hatte sie unser Herrgott erlöst.
Stille.

RITTMEISTER Ist denn das schon ein Jahr her?
Stille.

OSKAR Entschuldigens mich bitte, Herr Rittmeister, aber ich muß mich jetzt noch in Gala werfen – für die Totenmess. *Ab.*

Rittmeister reagiert nicht; ist anderswo.
Stille.

RITTMEISTER Wieder ein Jahr – Bis zwanzig gehts im Schritt, bis vierzig im Trab, und nach vierzig im Galopp –
Stille.

HAVLITSCHEK *frißt nun wieder:* Das ist ein schönes Erdbegräbnis gewesen von der alten gnädigen Frau.

RITTMEISTER Ja, es war sehr gelungen – *Er läßt ihn stehen und nähert sich der Tabak-Trafik; hält einen Augenblick vor dem Skelett der Puppenklinik; jetzt spielt wieder jemand im zweiten Stock, und zwar den Walzer »Über den Wellen«.*
Havlitschek sieht dem Rittmeister nach, spuckt die Wursthaut aus und zieht sich zurück in die Fleischhauerei. Mathilde, eine hergerichtete Fünfzigerin, erscheint in der Türe ihrer Tabak-Trafik. Rittmeister grüßt. Mathilde dankt.

RITTMEISTER Dürft ich mal die Ziehungsliste?
Mathilde reicht sie ihm aus dem Ständer vor der Tür.
Küßdiehand! *Er vertieft sich in die Ziehungsliste; plötzlich bricht der Walzer ab, mitten im Takt.*

MATHILDE *schadenfroh:* Was haben wir denn gewonnen, Herr Rittmeister? Das große Los?

RITTMEISTER *reicht ihr die Ziehungsliste wieder zurück:* Ich hab überhaupt noch nie was gewonnen, liebe Frau Mathild. Weiß der Teufel, warum ich spiel! Höchstens, daß ich meinen Einsatz herausbekommen hab.

MATHILDE Das ist das Glück in der Liebe.

RITTMEISTER Gewesen, gewesen!

MATHILDE Aber Herr Rittmeister! Mit dem Profil!

RITTMEISTER Das hat nicht viel zu sagen – wenn man nämlich ein wählerischer Mensch ist. Und eine solche Veranlagung ist eine kostspielige Charaktereigenschaft. Wenn der Krieg nur vierzehn Tag länger gedauert hätt, dann hätt ich heut meine Majorspension.

MATHILDE Wenn der Krieg vierzehn Tag länger gedauert hätt, dann hätten wir gesiegt.

RITTMEISTER Menschlichem Ermessen nach –

MATHILDE Sicher. *Ab in ihre Tabak-Trafik.*

Marianne begleitet eine gnädige Frau aus der Puppenklinik – jedesmal, wenn diese Ladentüre geöffnet wird, ertönt statt eines Klingelzeichens ein Glockenspiel.

Rittmeister blättert nun in einer Zeitung und horcht.

DIE GNÄDIGE FRAU Also ich kann mich auf Sie verlassen?

MARIANNE Ganz und gar, gnädige Frau! Wir haben doch hier das erste und älteste Spezialgeschäft im ganzen Bezirk – gnädige Frau bekommen die gewünschten Zinnsoldaten, garantiert und pünktlich!

DIE GNÄDIGE FRAU Also nochmals, nur damit keine Verwechslungen entstehen: drei Schachteln Schwerverwundete und zwei Schachteln Fallende – auch Kavallerie bitte, nicht nur Infanterie – und daß ich sie nur übermorgen früh im Haus hab, sonst weint der Bubi. Er hat nämlich am Freitag Geburtstag und er möcht doch schon so lang Sanitäter spielen –

MARIANNE Garantiert und pünktlich, gnädige Frau! Vielen Dank, gnädige Frau!

DIE GNÄDIGE FRAU Also Adieu! *Ab nach links.*

DER ZAUBERKÖNIG *erscheint auf seinem Balkon; in Schlafrock und mit Schnurrbartbinde:* Marianne! Bist du da?

MARIANNE Papa?

ZAUBERKÖNIG Wo stecken denn meine Sockenhalter?

MARIANNE Die rosa oder die beige?

ZAUBERKÖNIG Ich hab doch nurmehr die rosa!

MARIANNE Im Schrank links oben rechts hinten.

ZAUBERKÖNIG Links oben rechts hinten. Difficile est, satiram non scribere. *Ab.*

RITTMEISTER *zu Marianne:* Immer fleißig, Fräulein Marianne! Immer fleißig!

MARIANNE Arbeit schändet nicht, Herr Rittmeister.

RITTMEISTER Im Gegenteil. Apropos: wann darf man denn gratulieren?

MARIANNE Zu was denn?

RITTMEISTER Na zur Verlobung.

ZAUBERKÖNIG *erscheint wieder auf dem Balkon:* Marianne!

RITTMEISTER Habe die Ehre, Herr Zauberkönig!

ZAUBERKÖNIG Habe die Ehre, Herr Rittmeister! Marianne. Zum letzten Mal: wo stecken meine Sockenhalter?

MARIANNE Wo sie immer stecken.

ZAUBERKÖNIG Was ist das für eine Antwort, bitt ich mir aus! Einen Ton hat dieses Ding an sich! Herzig! Zum leiblichen Vater! Wo meine Sockenhalter immer stecken, dort stecken sie nicht.

MARIANNE Dann stecken sie in der Kommod.

ZAUBERKÖNIG Nein.

MARIANNE Dann im Nachtkastl.

ZAUBERKÖNIG Nein!

MARIANNE Dann bei deinen Unterhosen.

ZAUBERKÖNIG Nein!

MARIANNE Dann weiß ich es nicht.

ZAUBERKÖNIG Jetzt frag ich aber zum allerletzten Mal: wo stecken meine Sockenhalter!

MARIANNE Ich kann doch nicht zaubern!

ZAUBERKÖNIG *brüllt sie an:* Und ich kann doch nicht mit rutschende Strümpf in die Totenmess! Weil du meine Garderob verschlampst! Jetzt komm aber nur rauf und such du! Aber avanti, avanti!

Marianne ab in die Puppenklinik – und jetzt wird der Walzer »Über den Wellen« wieder weiter gespielt.

Zauberkönig lauscht.

RITTMEISTER Wer spielt denn da?

ZAUBERKÖNIG Das ist eine Realschülerin im zweiten Stock – ein talentiertes Kind ist das.

RITTMEISTER Ein musikalisches.

ZAUBERKÖNIG Ein frühentwickeltes –

Er summt mit, riecht an den Blumen und genießt ihren Duft.

RITTMEISTER Es wird Frühling, Herr Zauberkönig.

ZAUBERKÖNIG Endlich! Selbst das Wetter ist verrückt geworden!

RITTMEISTER Das sind wir alle.

ZAUBERKÖNIG Ich nicht.

Pause.

Elend sind wir dran, Herr Rittmeister, elend. Nicht einmal einen Dienstbot kann man sich halten. Wenn ich meine Tochter nicht hätt –

Oskar kommt aus seiner Fleischhauerei; in Schwarz und mit Zylinder; er zieht sich soeben schwarze Glacéhandschuhe an.

Ich bin gleich fertig, Oskar! Die liebe Mariann hat nur wiedermal meine Sockenhalter verhext!

RITTMEISTER Herr Zauberkönig! Dürft ich mir erlauben, Ihnen meine Sockenhalter anzubieten? Ich trag nämlich auch Strumpfbänder, neuerdings –

ZAUBERKÖNIG Zu gütig! Küßdiehand! Aber Ordnung muß sein! Die liebe Mariann wird sie schon wieder herhexen!

RITTMEISTER Der Herr Bräutigam in spe können sich gratulieren.

Oskar lüftet den Zylinder und verbeugt sich leicht.

ZAUBERKÖNIG Wenns Gott mir vergönnt, ja.

RITTMEISTER Mein Kompliment, die Herren! *Ab – und nun ist der Walzer aus.*

MARIANNE *erscheint auf dem Balkon mit den rosa Sockenhaltern:* Hier hab ich jetzt deine Sockenhalter.

ZAUBERKÖNIG Na also!

MARIANNE Du hast sie aus Versehen in die Schmutzwäsch geworfen – und ich hab jetzt das ganze schmutzige Zeug durchwühlen müssen.

ZAUBERKÖNIG Na sowas! *Er lächelt väterlich und kneift sie in die Wange.* Brav, brav. Unten steht der Oskar. *Ab.*

OSKAR Marianne! Marianne!

MARIANNE Ja?

OSKAR Willst du denn nicht herunterkommen?

MARIANNE Das muß ich sowieso. *Ab.*

HAVLITSCHEK *erscheint in der Tür der Fleischhauerei; wieder fressend:* Herr Oskar. Was ich noch hab sagen wollen – geh bittschön betens auch in meinem Namen ein Vaterunser für die arme gnädige Frau Mutter selig.

OSKAR Gern, Havlitschek.

HAVLITSCHEK Ich sage dankschön, Herr Oskar. *Ab. Marianne tritt aus der Puppenklinik.*

OSKAR Ich bin so glücklich, Mariann. Bald ist das Jahr der Trauer ganz vorbei und morgen leg ich meinen Flor ab. Und am Sonntag ist offizielle Verlobung und Weihnachten Hochzeit – Ein Bussi, Mariann, ein Vormittagsbussi –

MARIANNE *gibt ihm einen Kuß, fährt aber plötzlich zurück:* Au! Du sollst nicht immer beißen!

OSKAR Hab ich denn jetzt?

MARIANNE Weißt du denn das nicht?

OSKAR Also ich hätt jetzt geschworen –

MARIANNE Daß du mir immer weh tun mußt.
Stille.

OSKAR Böse?
Stille.
Na?

MARIANNE Manchmal glaub ich schon, daß du es dir herbeisehnst, daß ich ein böser Mensch sein soll –

OSKAR Marianne! Du weißt, daß ich ein religiöser Mensch bin und daß ich es ernst nehme mit den christlichen Grundsätzen!

MARIANNE Glaubst du vielleicht, ich glaub nicht an Gott?
Ph!

OSKAR Ich wollte dich nicht beleidigen. Ich weiß, daß du mich verachtest.

MARIANNE Was fällt dir ein, du Idiot!
Stille.

OSKAR Du liebst mich also nicht?

MARIANNE Was ist Liebe?
Stille.

OSKAR Was denkst du jetzt?

MARIANNE Oskar. Wenn uns etwas auseinanderbringen kann, dann bist es du. Du sollst nicht immer so herumbohren in mir, bitte –

OSKAR Jetzt möcht ich in deinen Kopf hineinsehen können, ich möcht dir mal die Hirnschale herunter und nachkontrollieren, was du da drinnen denkst –

MARIANNE Aber das kannst du nicht.

OSKAR Man ist und bleibt allein.

Stille.

Holt aus seiner Tasche eine Bonbonnière hervor.
Darf ich dir diese Bonbons, ich hab sie jetzt ganz vergessen, die im Goldpapier sind mit Likör –
Marianne steckt sich mechanisch ein großes Bonbon in den Mund.

ZAUBERKÖNIG *tritt rasch aus der Puppenklinik; auch in Schwarz und mit Zylinder:* Also da sind wir. Was hast du da? Schon wieder Bonbons? Aufmerksam, sehr aufmerksam! *Er kostet.* Ananas! Prima! Na was sagst du zu deinem Bräutigam? Zufrieden?
Marianne rasch ab in die Puppenklinik.
Verdutzt. Was hat sie denn?

OSKAR Launen.

ZAUBERKÖNIG Übermut! Es geht ihr zu gut!

OSKAR Komm, wir haben keine Zeit, Papa – die Messe –

ZAUBERKÖNIG Aber eine solche Benehmität! Ich glaub gar, daß du sie mir verwöhnst – also nur das nicht, lieber Oskar! Das rächt sich bitter! Was glaubst du, was ich auszustehen gehabt hab in meiner Ehe? Und warum? Nicht weil meine Gemahlin ein bissiges Mistvieh war, sondern weil ich zu vornehm war, Gott hab sie selig! Nur niemals die Autorität verlieren! Abstand wahren! Patriarchat, kein Matriarchat! Kopf hoch! Daumen runter! Ave cassar, morituri te salutant!
Ab mit Oskar.
Jetzt spielt die Realschülerin im zweiten Stock den Walzer »In lauschiger Nacht« von Ziehrer.

Marianne erscheint nun in der Auslage und arran-
giert – sie bemüht sich besonders um das Skelett.
Alfred kommt von links, erblickt Marianne von hin-
ten, hält und betrachtet sie.
Marianne dreht sich um – erblickt Alfred und ist
fast fasziniert.
Alfred lächelt.
Marianne lächelt auch.
Alfred grüßt charmant.
Marianne dankt.
Alfred nähert sich der Auslage.
Mathilde steht nun in der Tür ihrer Tabak-Trafik
und beobachtet Alfred.
Alfred trommelt an die Fensterscheibe.
Marianne sieht ihn plötzlich erschrocken an; läßt
rasch den Sonnenvorhang hinter der Fensterscheibe
herab – und der Walzer bricht wieder ab, mitten im
Takt.
Alfred erblickt Mathilde.
Stille.

MATHILDE Wohin?

ALFRED Zu dir, Liebling.

MATHILDE Was hat man denn in der Puppenklinik verloren?

ALFRED Ich wollte dir ein Pupperl kaufen.

MATHILDE Und an sowas hängt man sein Leben.

ALFRED Pardon!

Stille.
Krault Mathilde am Kinn.
Mathilde schlägt ihm auf die Hand.
Stille.

Wer ist denn das Fräulein da drinnen?

MATHILDE Das geht dich einen Dreck an.

ALFRED Das ist sogar ein sehr hübsches Fräulein.

MATHILDE Haha.

ALFRED Ein schöngewachsenes Fräulein. Daß ich dieses
Fräulein noch nie gesehen habe – das ist halt die
Tücke des Objekts.

MATHILDE Na und?

ALFRED Also ein für allemal: lang halt ich jetzt aber deine hysterischen Eifersüchteleien nicht mehr aus! Ich laß mich nicht tyrannisieren! Das hab ich doch schon gar nicht nötig!

MATHILDE Wirklich?

ALFRED Glaub nur ja nicht, daß ich auf dein Geld angewiesen bin!

Stille.

MATHILDE Ja, das wird wohl das Beste sein –

ALFRED Was?

MATHILDE Das wird das Beste sein für uns beide, daß wir uns trennen.

ALFRED Aber dann endlich! Und im Guten! Und dann mußt du auch konsequent bleiben – – Da. Das bin ich dir noch schuldig. Zähl nach, bitte!

Mathilde zählt mechanisch das Geld.

Wir haben in Saint-Cloud nichts verloren und in le Tremblay gewonnen. Außenseiter. Der Hirlinger Ferdinand hat mir gesagt, also das ist schon genial, was ich da treib, und ich bin eine Rennplatzkapazität.

Stille.

Siehst du, jeder Mensch hat Licht- und Schattenseiten, das ist normal. Und ich kann dir nur flüstern: eine rein menschliche Beziehung wird erst dann echt, wenn man was voneinander hat. Alles andere ist larifari. Und in diesem Sinne bin ich auch dafür, daß wir jetzt unsere freundschaftlich-geschäftlichen Beziehungen nicht deshalb abbrechen, weil die anderen für uns ungesund sind – Was schaust mich denn so intelligent an? *Er brüllt sie an.* Einen anderen Kopf, bitte!

Stille.

Was mach ich denn aus deinem Ruhegehalt, Frau Kanzleiobersekretärswitwe? Das Gehalt eines aktiven Ministerialdirigenten erster Klasse. Was ist denn schon wieder los?

MATHILDE Ich hab jetzt nur an das Grab gedacht.

ALFRED An was für ein Grab?

MATHILDE An sein Grab. Immer wenn ich das hör: Frau Kanzleiobersekretär – dann muß ich an sein Grab denken.

Stille.

Ich kümmer mich zu wenig um das Grab. Meiner Seel, ich glaub, es ist ganz verwildert –

ALFRED Mathild. Wenn ich morgen in Maisons-Laffitte gewinn, dann lassen wir sein Grab mal gründlich herrichten. Halb und halb.

Mathilde küßt plötzlich seine Hand.

Nein, nicht so – *Er nimmt ihr wieder das Geld ab.* Was? Du weinst?

MATHILDE *weinerlich:* Aber keine Idee – *Sie betrachtet sich in ihrem Taschenspiegel.* Gott, bin ich wieder derangiert – höchste Zeit, daß ich mich wiedermal rasier – *Sie schminkt sich mit dem Lippenstift und summt dazu den Trauermarsch von Chopin.*

Zweites Bild

Am nächsten Sonntag im Wiener Wald.
Auf einer Lichtung am Ufer der schönen blauen Donau.
Der Zauberkönig und Marianne, Oskar, Mathilde, Alfred, einige entfernte Verwandte, unter ihnen Erich aus Kassel in Preußen, und kleine weißgekleidete häßliche Kinder machen einen gemeinsamen Ausflug.
Jetzt bilden sie gerade eine malerische Gruppe, denn sie wollen von Oskar fotografiert werden, der sich noch mit seinem Stativ beschäftigt – dann stellt er sich selbst in Positur neben Marianne, maßen er ja mit einem Selbstauslöser arbeitet. Und nachdem dieser tadellos funktionierte, gerät die Gruppe in Bewegung.

ZAUBERKÖNIG Halt! Da capo! Ich glaub, ich hab gewackelt!

OSKAR Aber Papa!

ZAUBERKÖNIG Sicher ist sicher!

ERSTE TANTE Ach ja!

ZWEITE TANTE Das wär doch ewig schad!

ZAUBERKÖNIG Also da capo, da capo!

OSKAR Also gut! *Er beschäftigt sich wieder mit seinem Apparat – und wieder funktioniert der Selbstauslöser tadellos.*

ZAUBERKÖNIG Ich danke!
Die Gruppe löst sich allmählich auf.

ERSTE TANTE Lieber Herr Oskar, ich hätt ein großes Verlangen – geh möchtens nichtmal die Kinderl allein abfotografieren, die sind doch heut so herzig –

OSKAR Aber mit Vergnügen! *Er gruppiert die Kinder und küßt die Kleinste.*

ZWEITE TANTE *zu Marianne:* Nein mit welcher Liebe er das arrangiert – Na wenn das kein braver Familienvater wird! Ein Kindernarr, ein Kindernarr! Unberufen! *Sie umarmt Marianne und gibt ihr einen Kuß.*

MATHILDE *zu Alfred:* Also das ist der Chimborasso.

ALFRED Was für ein Chimborasso?

MATHILDE Daß du dich nämlich diesen Herrschaften hier anschließt, wo du doch weißt, daß ich dabei bin – nach all dem, was zwischen uns passiert ist.

ALFRED Was ist denn passiert? Wir sind auseinander. Und noch dazu als gute Kameraden.

MATHILDE Nein, du bist halt keine Frau – sonst würdest du meine Gefühle anders respektieren.

ALFRED Was für Gefühle? Noch immer?

MATHILDE Als Frau vergißt man nicht so leicht. Es bleibt immer etwas in einem drinnen, wenn du auch ein großer Gauner bist.

ALFRED Ich bitte dich, werde vernünftig.

MATHILDE *plötzlich gehässig:* Das würde dir so passen! *Stille.*

ALFRED Darf sich der Gauner jetzt empfehlen?

MATHILDE Wer hat ihn denn hier eingeladen?

ALFRED Sag ich nicht.

MATHILDE Man kann sichs ja lebhaft vorstellen, nicht? *Alfred zündet sich eine Zigarette an.* Wo hat man dich denn kennen gelernt? In der Puppenklinik?

ALFRED Halts Maul.

ZAUBERKÖNIG *nähert sich Alfred mit Erich:* Was höre ich? Die Herrschaften kennen sich noch nicht? Also darf ich bekannt machen: das ist mein Neffe Erich, der Sohn meines Schwippschwagers aus zweiter Ehe – und das ist Herr Zentner. Stimmts?

ALFRED Gewiß.

ZAUBERKÖNIG Herr von Zentner!

ERICH *mit Brotbeutel und Feldflasche am Gürtel:* Sehr erfreut!

ZAUBERKÖNIG Erich ist ein Student. Aus Dessau.

ERICH Aus Kassel, Onkel.

ZAUBERKÖNIG Kassel oder Dessau – das verwechsle ich immer! *Er zieht sich zurück.*

ALFRED *zu Mathilde:* Ihr kennt euch schon?

MATHILDE Oh schon seit Ewigkeiten!

ERICH Ich hatte erst unlängst das Vergnügen. Wir hatten uns über das Burgtheater unterhalten und über den vermeintlichen Siegeszug des Tonfilms.

ALFRED Interessant! *Er verbeugt sich korrekt und zieht sich zurück; jetzt läßt eine Tante ihren Reisegrammophon singen: »Wie eiskalt ist dies Händchen«.*

ERICH *lauscht:* Bohème. Göttlicher Puccini!

MARIANNE *nun neben Alfred; sie lauscht:* Wie eiskalt ist dies Händchen –

ALFRED Das ist Bohème.

MARIANNE Puccini.

MATHILDE *zu Erich:* Was kennen Sie denn für Operetten?

ERICH Aber das hat doch mit Kunst nichts zu tun!

MATHILDE Geh, wie könnens denn nur sowas sagen!

ERICH Kennen Sie die Brüder Karamasow?

MATHILDE Nein.

ERICH Das ist Kunst.

MARIANNE *zu Alfred:* Ich wollte mal rhythmische Gymnastik studieren und dann hab ich von einem eigenen Institut geträumt, aber meine Verwandtschaft hat keinen Sinn für sowas. Papa sagt immer, die finanzielle Unabhängigkeit der Frau vom Mann ist der letzte Schritt zum Bolschewismus.

ALFRED Ich bin kein Politiker, aber glauben Sie mir: auch die finanzielle Abhängigkeit des Mannes von der Frau führt zu nichts Gutem. Das sind halt so Naturgesetze.

MARIANNE Das glaub ich nicht.

Oskar fotografiert nun den Zauberkönig allein, und zwar in verschiedenen Posen; das Reisegrammophon hat ausgesungen.

ALFRED Fotografiert er gern, der Herr Bräutigam?

MARIANNE Das tut er leidenschaftlich. Wir kennen uns schon seit acht Jahren.

ALFRED Wie alt waren Sie denn damals? Pardon, das war jetzt nur eine automatische Reaktion!

MARIANNE Ich war damals vierzehn!

ALFRED Pardon!

MARIANNE Er ist nämlich ein Jugendfreund von mir. Weil wir Nachbarskinder sind.

ALFRED Und wenn Sie jetzt keine Nachbarskinder gewesen wären?

MARIANNE Wie meinen Sie das?

ALFRED Ich meine, daß das halt alles Naturgesetze sind. Und Schicksal.

Stille.

MARIANNE Schicksal, ja. Eigentlich ist das nämlich gar nicht das, was man halt so Liebe nennt, vielleicht von seiner Seite aus, aber ansonsten – *Sie starrt Alfred plötzlich an.* Nein, was sag ich da, jetzt kenn ich Sie ja noch kaum – mein Gott, wie Sie das alles aus einem herausziehen –

ALFRED Ich will gar nichts aus Ihnen herausziehen. Im Gegenteil.

Stille.

MARIANNE Können Sie hypnotisieren?

OSKAR *zu Alfred:* Pardon! *Zu Marianne:* Darf ich bitten? *Er reicht ihr den Arm und geleitet sie unter eine schöne alte Baumgruppe, wo sich die ganze Gesellschaft bereits zum Picknick gelagert hat.*

Alfred folgt Oskar und Marianne und läßt sich ebenfalls nieder.

ZAUBERKÖNIG Über was haben wir denn gerade geplauscht?

ERSTE TANTE Über die Seelenwanderung.

ZWEITE TANTE Was ist denn das für eine Geschicht mit der Seelenwanderung?

ERICH Das ist buddhistische Religionsphilosophie. Die Buddhisten behaupten, daß die Seele eines verstorbenen Menschen in ein Tier hineinfährt – zum Beispiel in einen Elefanten.

ZAUBERKÖNIG Verrückt!

ERICH Oder in eine Schlange.

ERSTE TANTE Pfui!

ERICH Wieso pfui? Das sind doch nur unsere kleinlichen menschlichen Vorurteile! So laßt uns doch mal die geheime Schönheit der Spinnen, Käfer und Tausendfüßler –

ZWEITE TANTE *unterbricht ihn:* Also nur nicht unappetitlich, bittschön!

ERSTE TANTE Mir ist schon übel –

ZAUBERKÖNIG Mir kann heut nichts den Appetit verderben! Solche Würmer gibts gar nicht!

MATHILDE Jetzt aber Schluß!

ZAUBERKÖNIG *erhebt sich und klopft mit dem Messer an sein Glas:* Meine lieben Freunde! Zuguterletzt war es ja schon ein öffentliches Geheimnis, daß meine liebe Tochter Mariann einen Blick auf meinen lieben Oskar geworfen hat –

MATHILDE Bravo!

ZAUBERKÖNIG Silentium, gleich bin ich fertig, und nun haben wir uns hier versammelt, das heißt: ich hab Euch alle eingeladen, um einen wichtigen Abschnitt im Leben zweier blühender Menschenkinder einfach, aber würdig in einem kleinen, aber auserwählten Kreise zu feiern. Es tut mir nur heut in der Seele weh, daß Gott der Allmächtige es meiner unvergeßlichen Gemahlin, der Mariann ihrer lieben Mutterl selig, nicht vergönnt hat, diesen Freudentag ihres einzigen Kindes mitzuerleben. Ich weiß es aber ganz genau, sie steht jetzt sicher hinter einem Stern droben in der Ewigkeit und schaut hier auf uns herab. Und erhebt ihr Glas – *er erhebt sein Glas* – um ein aus dem Herzen kommendes Hoch auf das glückliche nunmehr und hiermit offiziell verlobte Paar – das junge Paar, Oskar und Marianne, es lebe hoch! Hoch! Hoch!

ALLE Hoch! Hoch! Hoch!

IDA *jenes magere herzige Mäderl, das seinerzeit Havlitscheks Blutwurst beanstandet hatte, tritt nun weißgekleidet mit einem Blumenstrauß vor das verlobte Paar und rezitiert mit einem Sprachfehler:*
Die Liebe ist ein Edelstein,

Sie brennt jahraus, sie brennt jahrein
Und kann sich nicht verzehren,
Sie brennt, solang noch Himmelslicht
In eines Menschen Aug sich bricht,
Um drin sich zu verklären.

ALLE Bravo! Hoch! Gott wie herzig!

Ida überreicht Marianne den Blumenstrauß mit einem Knix.

Alle streicheln nun Ida und gratulieren dem verlobten Paar in aufgeräumtester Stimmung; das Reisegrammophon spielt nun den Hochzeitsmarsch und der Zauberkönig küßt Marianne auf die Stirne und Oskar auf den Mund; dann wischt er sich die Tränen aus den Augen und dann legt er sich in seine Hängematte.

ERICH *mit einer Feldflasche:* Oskar und Marianne! Ich gestatte mir nun aus dieser Feldflasche auf Euer ganz Spezielles zu trinken! Glück und Gesundheit und viele brave deutsche Kinder! Heil!

MATHILDE *angeheitert:* Nur keine Neger! Heil!

ERICH Verzeihen, gnädige Frau, aber über diesen Punkt vertrage ich keine frivolen Späße! Dieser Punkt ist mir heilig, Sie kennen meine Stellung zum Rassenproblem.

MATHILDE Ein problematischer Mensch – Halt! So bleibens doch da, Sie komplizierter Mann, Sie –

ERICH Kompliziert. Wie meinen Sie das?

MATHILDE Interessant –

ERICH Wieso?

MATHILDE Ja glaubens denn, daß ich die Juden mag? Sie großes Kind – *Sie hängt sich ein in das große Kind und schleift es fort; man lagert sich nun im Wald und die kleinen Kindlein spielen und stören.*

OSKAR *singt zur Laute:*
Sei gepriesen, du lauschige Nacht,
Hast zwei Herzen so glücklich gemacht
Und die Rosen im folgenden Jahr
Sahn ein Paar am Altar!
Auch der Klapperstorch blieb nicht lang aus,

Brachte klappernd den Segen ins Haus.
Und entschwand auch der liebliche Mai,
In der Jugend erblüht er neu!
Er spielt das Lied nochmal, singt aber nicht mehr, son-
dern summt nur; auch alle anderen summen mit,
außer Alfred und Marianne.

ALFRED *nähert sich nämlich Marianne:* Darf man noch
einmal gratulieren?

Marianne schließt die Augen.

Alfred küßt lange ihre Hand.

Oskar hatte den Vorgang beobachtet. Übergab seine
Laute der zweiten Tante, schlich sich heran und steht
nun neben Marianne.

Korrekt. Ich gratuliere!

OSKAR Danke.

Alfred verbeugt sich korrekt und will ab.

Sieht ihm nach. Er beneidet mich um dich – ein ge-
schmackloser Mensch. Wer ist denn das überhaupt?

MARIANNE Ein Kunde.

OSKAR Schon lang?

MARIANNE Gestern war er da und wir sind ins Gespräch
gekommen, nicht lang, und dann hab ich ihn gerufen.
Er hat sich ein Gesellschaftsspiel gekauft.

MATHILDE *schrill:* Was soll das Pfand in meiner Hand?

ERICH Das soll dreimal Muh schreien!

MATHILDE Das ist die Tante Henriett, die Tante Henriett!

ERSTE TANTE *stellt sich in Positur und schreit:* Muh!
Muh! Muh!

Großes Gelächter.

MATHILDE Und was soll das Pfand in meiner Hand?

ZAUBERKÖNIG Das soll dreimal Mäh schreien!

MATHILDE Das bist du selber!

ZAUBERKÖNIG Mäh! Mäh! Mäh!

Brüllendes Gelächter.

MATHILDE Und was soll das Pfand in meiner Hand?

ZWEITE TANTE Der soll etwas demonstrieren!

ERICH Was denn?

ZWEITE TANTE Was er kann!

MATHILDE Oskar! Hast du gehört, Oskar? Du sollst uns etwas demonstrieren!

ERICH Was du willst!

ZAUBERKÖNIG Was du kannst!

Stille.

OSKAR Meine Damen und Herren, ich werde Ihnen etwas sehr Nützliches demonstrieren, nämlich ich hab mich mit der japanischen Selbstverteidigungsmethode beschäftigt. Mit dem sogenannten Jiu-Jitsu. Und nun passens bitte auf, wie man seinen Gegner spielend kampfunfähig machen kann – *Er stürzt sich plötzlich auf Marianne und demonstriert an ihr seine Griffe.*

MARIANNE *stürzt zu Boden:* Au! Au! Au! –

ERSTE TANTE Nein dieser Rohling!

ZAUBERKÖNIG Bravo! Bravissimo!

OSKAR *zur ersten Tante:* Aber ich hab doch den Griff nur markiert, sonst hätt ich ihr doch das Rückgrat verletzt!

ERSTE TANTE Das auch noch!

ZAUBERKÖNIG *klopft Oskar auf die Schulter:* Sehr geschickt! Sehr einleuchtend!

ZWEITE TANTE *hilft Marianne beim Aufstehen:* Ein so zartes Frauerl – Haben wir denn noch ein Pfand?

MATHILDE Leider! Schluß. Aus!

ZAUBERKÖNIG Dann hätt ich ein Projekt! Jetzt gehen wir alle baden! Hinein in die kühle Flut! Ich schwitz eh schon wie ein geselchter Aff!

ERICH Eine ausgezeichnete Idee!

MATHILDE Aber wo sollen sich denn die Damen entkleiden?

ZAUBERKÖNIG Nichts leichter als das! Die Damen rechts, die Herren links! Also auf Wiedersehen in unserer schönen blauen Donau!

Jetzt spielt das Reisegrammophon den Walzer »An der schönen blauen Donau«, und die Damen verschwinden rechts, die Herren links – Mathilde und Alfred sind die letzten.

MATHILDE Alfred!

ALFRED Bitte?

Mathilde trällert die Walzermelodie nach und zieht sich ihre Bluse aus.

Nun?

Mathilde wirft ihm eine Kußhand zu.

Adieu!

MATHILDE Moment! Gefällt dem Herrn Baron das Fräulein Braut?

ALFRED *fixiert sie – geht dann rasch auf sie zu und hält knapp vor ihr:* Hauch mich an.

MATHILDE Wie komm ich dazu!

ALFRED Hauch mich an!

Mathilde haucht ihn an.

Du Alkoholistin.

MATHILDE Das ist doch nur ein Schwips, den ich da hab, du Vegetarianer! Der Mensch denkt und Gott lenkt. Man feiert doch nicht alle Tag Verlobung – und Entlobung, du Schweinehund –

ALFRED Einen anderen Ton, wenn ich bitten darf!

MATHILDE Daß du mich nicht anrührst, daß du mich nicht anrührst –

ALFRED Toll! Als hätt ich dich schon jemals angerührt.

MATHILDE Und am siebzehnten März?

Stille.

ALFRED Wie du dir alles merkst –

MATHILDE Alles. Das Gute und das Böse – *Sie hält sich plötzlich die Bluse vor.* Geh! Ich möcht mich jetzt ausziehen!

ALFRED Als hätt ich dich nicht schon so gesehen –

MATHILDE *kreischt:* Schau mich nicht so an! Geh! Geh!

ALFRED Hysterische Kuh – *Ab nach links.*

MATHILDE *allein, sieht ihm nach:* Luder. Mistvieh. Drecksau. Bestie. *Sie zieht sich aus.*

Zauberkönig taucht in Schwimmanzug hinter dem Busch auf und sieht zu.

Mathilde hat nun nurmehr das Hemd, Schlüpfer und Strümpfe an; sie entdeckt den Zauberkönig. Jesus Ma-

170

ria Josef! Oh du Hallodri! Mir scheint gar, du bist ein
Voyeur –

ZAUBERKÖNIG Ich bin doch nicht pervers. Zieh dich nur
ruhig weiter aus.

MATHILDE Nein, ich hab doch noch mein Schamgefühl.

ZAUBERKÖNIG Geh in der heutigen Zeit!

MATHILDE Aber ich hab halt so eine verflixte Phantasie –
Sie trippelt hinter einen Busch.

ZAUBERKÖNIG *läßt sich vor dem Busch nieder, entdeckt
Mathildens Korsett, nimmt es an sich und riecht daran:* Mit oder ohne Phantasie – diese heutige Zeit ist
eine verkehrte Welt! Ohne Treu, ohne Glauben, ohne
sittliche Grundsätze. Alles wackelt, nichts steht mehr
fest. Reif für die Sintflut – *Er legt das Korsett wieder
beiseite, denn es duftet nicht gerade überwältigend.*
Ich bin nur froh, daß ich die Mariann angebracht hab,
eine Fleischhauerei ist immer noch solid –

MATHILDENS STIMME Na und die Trafikantinnen?

ZAUBERKÖNIG Auch! Rauchen und fressen werden die
Leut immer – aber zaubern? Wenn ich mich so mit der
Zukunft beschäftig, da wirds mir manchmal ganz pes-
simistisch. Ich habs ja überhaupt nicht leicht gehabt in
meinem Leben, ich muß ja nur an meine Frau selig
denken – diese ewige Schererei mit den Spezialärz-
ten –

MATHILDE *erscheint nun im Badetrikot; sie beschäftigt
sich mit dem Schulterknöpfchen:* An was ist sie denn
eigentlich gestorben?

ZAUBERKÖNIG *stiert auf ihren Busen:* An der Brust.

MATHILDE Doch nicht Krebs?

ZAUBERKÖNIG Doch. Krebs.

MATHILDE Ach, die Ärmste.

ZAUBERKÖNIG Ich war auch nicht zu beneiden. Man hat
ihr die linke Brust wegoperiert – sie ist überhaupt nie
gesund gewesen, aber ihre Eltern haben mir das ver-
heimlicht – Wenn ich dich daneben anschau: stattlich,
also direkt königlich – Eine königliche Person!

MATHILDE *macht nun Rumpfbeugen:* Was wißt ihr

Mannsbilder schon von der Tragödie des Weibes? Wenn wir uns nicht so herrichten und pflegen täten –

ZAUBERKÖNIG *unterbricht sie:* Glaubst du, ich muß mich nicht pflegen?

MATHILDE Das schon. Aber bei einem Herrn sieht man doch in erster Linie auf das Innere – *Sie macht nun in rhythmischer Gymnastik.*

Zauberkönig sieht ihr zu und macht dann Kniebeugen.

Hach, jetzt bin ich aber müd! *Sie wirft sich neben ihn hin.*

ZAUBERKÖNIG Der sterbende Schwan. *Er nimmt neben ihr Platz.*

Stille.

MATHILDE Darf ich meinen Kopf in deinen Schoß legen?

ZAUBERKÖNIG Auf der Alm gibts keine Sünd!

MATHILDE *tut es:* Die Erd ist nämlich noch hart – heuer war der Winter lang.

Stille.

Leise. Du. Gehts dir auch so? Wenn die Sonne auf meine Haut scheint, wirds mir immer so weißnichtwie –

ZAUBERKÖNIG Wie? Sags nur.

Stille.

MATHILDE Du hast doch zuvor mit meinem Korselett gespielt?

Stille.

ZAUBERKÖNIG Na und?

MATHILDE Na und?

Zauberkönig wirft sich plötzlich über sie und küßt sie.

Gott, was für ein Temperament – das hätt ich dir gar nicht zugetraut – Du schlimmer Mensch, du –

ZAUBERKÖNIG Bin ich sehr schlimm?

MATHILDE Ja – Nein, du! Halt, da kommt wer! *Sie kugeln auseinander.*

ERICH *kommt in Badehose mit einem Luftdruckgewehr:* Verzeihung, Onkel! Du wirst es doch gestatten, wenn ich es mir jetzt gestatte hier zu schießen?

ZAUBERKÖNIG Was willst du?

ERICH Schießen.

ZAUBERKÖNIG Du willst hier schießen?

ERICH Nach der Scheibe auf jener Buche dort. Übermorgen steigt nämlich das monatliche Preisschießen unseres akademischen Wehrverbandes und da möchte ich es mir nur gestatten, mich etwas einzuschießen. Also darf ich?

MATHILDE Natürlich!

ZAUBERKÖNIG Natürlich? *Zu Mathilde; er erhebt sich.* Natürlich! Wehrverband! Sehr natürlich! Nur das Schießen nicht verlernen – Ich geh mich jetzt abkühlen! In unsere schöne blaue Donau! *Für sich.* Hängts euch auf. *Ab.*

Erich ladet, zielt und schießt.

MATHILDE *sieht ihm zu; nach dem dritten Schuß:* Pardon, wenn ich Sie molestiere – was studieren Sie eigentlich?

ERICH Jus. Drittes Semester. *Er zielt.* Arbeitsrecht. *Schuß.*

MATHILDE Arbeitsrecht. Ist denn das nicht recht langweilig?

ERICH *ladet:* Ich habe Aussicht, dereinst als Syndikus mein Unterkommen zu finden. *Er zielt.* In der Industrie. *Schuß.*

MATHILDE Und wie gefällt Ihnen unsere Wiener Stadt?

ERICH Herrliches Barock.

MATHILDE Und die süßen Wiener Maderln?

ERICH Offen gesagt: Ich kann mit jungen Mädchen nichts anfangen. Ich war nämlich schon mal verlobt und hatte nur bittere Enttäuschungen, weil Käthe eben zu jung war, um meinem Ich Verständnis entgegenbringen zu können. Bei jungen Mädchen verschwendet man seine Gefühle an die falsche Adresse. Dann schon lieber eine reifere Frau, die einem auch etwas geben kann. *Schuß.*

MATHILDE Wo wohnen Sie denn?

ERICH Ich möchte gerne ausziehen.

MATHILDE Ich hätt ein möbliertes Zimmer.

ERICH Preiswert?

MATHILDE Geschenkt.

ERICH Das träfe sich ja famos!

Schuß.

MATHILDE Herr Syndikus – geh lassens mich auch mal schießen –

ERICH Mit Vergnügen!

MATHILDE Ganz meinerseits. *Sie nimmt ihm das Gewehr ab.* Waren Sie noch Soldat?

ERICH Leider nein – ich bin doch Jahrgang 1911.

MATHILDE 1911 – *Sie zielt lange.*

ERICH *kommandiert:* Stillgestanden! Achtung! Feuer!
Mathilde schießt nicht – langsam läßt sie das Gewehr sinken und sieht ihn ernst an.
Was denn los?

MATHILDE Au! *Sie krümmt sich plötzlich und wimmert.*
Ich hab so Stechen –
Stille.

ERICH Kann ich Ihnen behilflich sein?

MATHILDE *reicht ihm das Gewehr zurück:* Da habens Ihr Gewehr. Kommens! Ziehen wir uns lieber an! *Sie packt ihn am Arm und ab mit ihm.*
Alfred: in Bademantel und Strohhut; begegnet ihnen und grüßt sarkastisch.
Nun ist die Sonne untergegangen, es dämmert und in der Ferne spielt das Reisegrammophon den Frühlingsstimmen-Walzer von Johann Strauß.
Marianne steigt aus der schönen blauen Donau und erkennt Alfred.
Stille.

ALFRED Ich wußt es, daß Sie hier landen werden.

MARIANNE Woher wußten Sie das?

ALFRED Ich wußt es.
Stille.

MARIANNE Die Donau ist weich wie Samt –

ALFRED Wie Samt.

MARIANNE Heut möcht ich weit fort – Heut könnt man im Freien übernachten.

ALFRED Leicht.

MARIANNE Ach, wir armen Kulturmenschen! Was haben wir von unserer Natur!

ALFRED Was haben wir aus unserer Natur gemacht? Eine Zwangsjacke. Keiner darf, wie er will.

MARIANNE Und keiner will, wie er darf.

Stille.

ALFRED Und keiner darf, wie er kann.

MARIANNE Und keiner kann, wie er soll –

Alfred umarmt sie mit großer Gebärde und sie wehrt sich mit keiner Faser – ein langer Kuß.

Haucht. Ich habs gewußt, ich habs gewußt –

ALFRED Ich auch.

MARIANNE Liebst du mich, wie du solltest –?

ALFRED Das hab ich im Gefühl.

MARIANNE Ich auch – *Und abermals ein langer Kuß.*

ALFRED Komm, setzen wir uns. *Sie setzen sich.*

Stille.

MARIANNE Ich bin nur froh, daß du nicht dumm bist – ich bin nämlich von lauter dummen Menschen umgeben. Auch Papa ist kein Kirchenlicht – und manchmal glaube ich sogar, er will sich durch mich an meinem armen Mutterl selig rächen. Die war nämlich sehr eigensinnig.

ALFRED Du denkst zuviel.

MARIANNE Jetzt gehts mir gut. Jetzt möcht ich singen. Immer, wenn ich traurig bin, möcht ich singen – *Sie summt und verstummt wieder.* Warum sagst du kein Wort?

Stille.

ALFRED Liebst du mich?

MARIANNE Sehr.

ALFRED So wie du solltest? Ich meine, ob du mich vernünftig liebst?

MARIANNE Vernünftig?

ALFRED Ich meine, ob du keine Unüberlegtheiten machen wirst – denn dafür könnt ich keine Verantwortung übernehmen.

MARIANNE Oh Mann grübl doch nicht – grübl nicht, schau die Sterne – die werden noch droben hängen, wenn wir drunten liegen –

ALFRED Ich laß mich verbrennen.

MARIANNE Ich auch – Du, oh du – Du –

Stille.

Du – wie der Blitz hast du in mich eingeschlagen und hast mich gehalten – jetzt weiß ich es aber ganz genau.

ALFRED Was?

MARIANNE Daß ich ihn nicht heiraten werde –

ALFRED Mariann!

MARIANNE Was hast du denn?

Stille.

ALFRED Ich hab kein Geld.

MARIANNE Oh warum sprichst du jetzt davon?!

ALFRED Weil das meine primitivste Pflicht ist! Noch nie in meinem Leben hab ich eine Verlobung zerstört und zwar prinzipiell! Lieben ja, aber dadurch zwei Menschen auseinanderbringen – nein! Dazu fehlt mir das moralische Recht! Prinzipiell!

Stille.

MARIANNE Ich hab mich nicht getäuscht, du bist ein feiner Mensch. Jetzt fühl ich mich doppelt zu dir gehörig – Ich paß nicht zu Oskar und basta!

Es ist inzwischen finster geworden und nun steigen in der Nähe Raketen.

ALFRED Raketen. Deine Verlobungsraketen.

MARIANNE Unsere Verlobungsraketen.

ALFRED Sie werden dich suchen.

MARIANNE Sie sollen uns finden – Bleib mir, du, dich hat mir der Himmel gesandt, mein Schutzengel –

Jetzt gibt es bengalisches Licht – blau, grün, gelb, rot – und beleuchtet Alfred und Marianne; und den Zauberkönig, der knapp vor ihnen steht mit der Hand auf dem Herz. Marianne schreit unterdrückt auf.

Stille.

ALFRED *geht auf den Zauberkönig zu:* Herr Zauberkönig –

ZAUBERKÖNIG *unterbricht ihn:* Schweigen Sie! Mir brauchen Sie nichts zu erklären, ich hab ja alles gehört – na, das ist ja ein gediegener Skandal! Am Verlobungstag –! Nacket herumliegen! Küßdiehand! Mariann! Zieh dich an! Daß nur der Oskar nicht kommt – Jesus Maria und ein Stückerl Josef!

ALFRED Ich trag natürlich sämtliche Konsequenzen, wenn es sein muß.

ZAUBERKÖNIG Sie haben da gar nichts zu tragen! Sie haben sich aus dem Staube zu machen, Sie Herr! Diese Verlobung darf nicht platzen, auch aus moralischen Gründen nicht! Daß mir keine Seele was erfährt, Sie Halunk – Ehrenwort!

ALFRED Ehrenwort!

MARIANNE Nein!!

ZAUBERKÖNIG *unterdrückt:* Brüll nicht! Bist du daneben? Zieh dich an, aber marsch-marsch! Du Badhur!

OSKAR *erscheint und überblickt die Situation:* Marianne! Marianne!

ZAUBERKÖNIG Krach in die Melon!

Stille.

ALFRED Das Fräulein Braut haben bis jetzt geschwommen.

MARIANNE Lüg nicht! So lüg doch nicht! Nein, ich bin nicht geschwommen, ich mag nicht mehr! Ich laß mich von euch nicht mehr tyrannisieren. Jetzt bricht der Sklave seine Fessel – da! *Sie wirft Oskar den Verlobungsring ins Gesicht.* Ich laß mir mein Leben nicht verhunzen, das ist mein Leben! Gott hat mir im letzten Moment diesen Mann da zugeführt – Nein, ich heirat dich nicht, ich heirat dich nicht, ich heirat dich nicht!! Meinetwegen soll unsere Puppenklinik verrecken, eher heut als morgen!

ZAUBERKÖNIG Das einzige Kind! Das werd ich mir merken!

Stille; während zuvor Marianne geschrien hat, sind auch die übrigen Ausflügler erschienen und horchen interessiert und schadenfroh zu.

OSKAR *tritt zu Marianne:* Mariann. Ich wünsch dir nie, daß du das durchmachen sollst, was jetzt in mir vorgeht – und ich werde dich auch noch weiter lieben, du entgehst mir nicht – und ich danke dir für alles. *Ab. Stille.*

ZAUBERKÖNIG *zu Alfred:* Was sind Sie denn überhaupt?

ALFRED Ich?

MATHILDE Nichts. Nichts ist er.

ZAUBERKÖNIG Ein Nichts. Das auch noch. Ich habe keine Tochter mehr! *Ab mit den Ausflüglern – Alfred und Marianne bleiben allein zurück; jetzt scheint der Mond.*

ALFRED Ich bitte dich um Verzeihung.

Marianne reicht ihm die Hand.

Daß ich dich nämlich nicht hab haben wollen – dafür trägt aber nur mein Verantwortungsgefühl die Verantwortung. Ich bin deiner Liebe nicht wert, ich kann dir keine Existenz bieten, ich bin überhaupt kein Mensch –

MARIANNE Mich kann nichts erschüttern. Laß mich aus dir einen Menschen machen – Du machst mich so groß und weit –

ALFRED Und du erhöhst mich. Ich werd ganz klein vor dir in seelischer Hinsicht.

MARIANNE Und ich geh direkt aus mir heraus und schau mir nach – jetzt, siehst du, jetzt bin ich schon ganz weit fort von mir – ganz dort hinten, ich kann mich kaum mehr sehen – Von dir möcht ich ein Kind haben –

Drittes Bild

Im Stephansdom.
Vor dem Seitenaltar des heiligen Antonius kniet ein Kre-
tin.
Drei Reihen hinter ihm kniet Marianne.
Alfred kommt leise.
Von einem Altar her erklingen die Klingelzeichen der
heiligen Wandlung – Marianne und der Kretin gehen in
sich.

   Stille.
ALFRED *leise:* Wirds noch lang dauern!
MARIANNE Wenn es dir zu lang dauert, dann laß mich
   allein.
ALFRED Das mußt du mir nicht zweimal sagen.
   Stille.
MARIANNE So geh doch!
ALFRED Kannst es wohl kaum mehr erwarten, daß ich
   geh?
MARIANNE Nicht so laut! Wir sind doch nicht zuhaus!
   Der Kretin dreht sich um und fixiert die Beiden; dann
   beschäftigt er sich wieder mit seinem Rosenkranz.
ALFRED *kniet nieder neben Marianne und lächelt böse:*
   Du Jungfrau von Orleans.
MARIANNE So laß mich doch beten, bitte –
ALFRED Was soll denn dieser neue Sport? Fühlst du dich
   nicht gut in deiner Haut?
MARIANNE Du vielleicht?
   Stille.
ALFRED Auch dein heiliger Antonius von Padua wird
   mir keine Stellung verschaffen, merken Sie sich das,
   gnädiges Fräulein. Den heiligen Herrn möcht ich mal
   kennen lernen, der einen gewöhnlichen Sterblichen
   auch nur einen Groschen verdienen läßt – Halt! *Er*
   packt Marianne, die sich erheben will, am Arm und
   drückt sie wieder in die Knie.

179

MARIANNE Au!

Der Kretin beobachtet nun wieder die beiden – während der ganzen folgenden Szene.

ALFRED Wer hat mir denn die Rennplätz verleidet? Seit einem geschlagenen Jahr hab ich keinen Buchmacher mehr gesprochen, geschweige denn einen Fachmann – jetzt darf ich mich natürlich aufhängen! Neue Saisons, neue Favoriten! Zweijährige, dreijährige – ich hab keinen Kontakt mehr zur neuen Generation. Und warum nicht? Weil ich statt des unmoralischen Toto ausgerechnet eine moralische Hautcrême vertrete, die keiner kauft, weil sie miserabel ist.

MARIANNE Die Leut haben halt kein Geld.

ALFRED Nimm nur die Leut in Schutz!

MARIANNE Ich mach dir doch keine Vorwürf, du kannst doch nichts dafür.

ALFRED Das wäre ja noch schöner!

MARIANNE Als ob ich was für die wirtschaftliche Krise könnt!

ALFRED Oh du exzentrische Person – Wer hat mir denn den irrsinnigen Rat gegeben, als Kosmetikagent herumzurennen? Du! *Er erhebt sich.*
Stille.

MARIANNE Du hast mir mal gesagt, daß ich dich erhöh, in seelischer Hinsicht –

ALFRED Das hab ich nie gesagt. Das kann ich gar nicht gesagt haben. Und wenn, dann hab ich mich getäuscht.

MARIANNE *schnellt entsetzt empor:* Alfred!

ALFRED Nicht so laut! Wir sind doch nicht zuhaus!

MARIANNE Ich hab so Angst, Alfred! –

ALFRED Du siehst Gespenster.

MARIANNE Du, wenn du jetzt nämlich alles vergessen hast – *Der Kretin grinst boshaft.*

ALFRED *deutet auf den Kretin:* Schau doch nur das blöde Luder –

MARIANNE So laß doch den armen Trottel! *Sie weint leise vor sich hin.*

Stille.

ALFRED Ich für meine Person glaub ja nicht an ein Fortleben nach dem Tode, aber natürlich glaub ich an ein höheres Wesen, das gibt es nämlich sicher, sonst gäbs uns ja nicht. *Er streicht ihr über den Hut.* Beruhig dich, die Leut schaun ja schon –

Stille.

MARIANNE *sieht ihn groß an:* Als ich noch klein gewesen bin, und wenn ich etwas verloren hab, dann hab ich nur gesagt: Heiliger Antonius, hilf mir doch! – und schon hab ich es wieder gefunden.

ALFRED Also leb wohl.

MARIANNE Du holst mich ab?

ALFRED Naturelement. Sicher. *Ab.*

Marianne sieht ihm nach – und allmählich entdeckt sie einen Beichtstuhl, dessen Konturen sich langsam aus der Finsternis lösen – sie nähert sich ihm zögernd; die Glocken läuten und Kirchengänger gehen vorbei – kleine Erstkommunikantinnen und alte Krüppel – ein Ministrant löscht alle Kerzen am Antoniusaltar aus – und jetzt ist nurmehr der Beichtstuhl zu sehen, in dem Marianne kniet, alles übrige löst sich auf in der Finsternis; auch der Kretin ist verschwunden und nun schweigen die Glocken; es ist sehr still auf der Welt.

BEICHTVATER *sieht Oskar Wilde ähnlich:* Also rekapitulieren wir; du hast deinem armen alten Vater, der dich über alles liebt und der doch immer nur dein Bestes wollte, schmerzlichstes Leid zugefügt, Kummer und Sorgen, warst ungehorsam und undankbar – hast deinen braven Bräutigam verlassen und hast dich an ein verkommenes Subjekt geklammert, getrieben von deiner Fleischeslust – still! Das kennen wir schon! Und so lebst du mit jenem erbärmlichen Individuum ohne das heilige Sakrament der Ehe schon über das Jahr, und in diesem grauenhaften Zustand der Todsünde hast du dein Kind empfangen und geboren – wann?

MARIANNE Vor acht Wochen.

BEICHTVATER Und du hast dieses Kind der Schande und

der Sünde nicht einmal taufen lassen – Sag selbst:
kann denn bei all dem etwas Gutes herauskommen?
Nie und nimmer! Doch nicht genug! Du bist nicht zu-
rückgeschreckt und hast es sogar in deinem Mutterleib
töten wollen –

MARIANNE Nein, das war er! Nur ihm zulieb hab ich
mich dieser Prozedur unterzogen!

BEICHTVATER Nur ihm zulieb?

MARIANNE Er wollte doch keine Nachkommen haben,
weil die Zeiten immer schlechter werden und zwar
voraussichtlich unabsehbar – aber ich – nein, das
brennt mir in der Seele, daß ich es hab abtreiben wollen, ein jedesmal, wenn es mich anschaut –
Stille.

BEICHTVATER Ist das Kind bei euch?

MARIANNE Nein.

BEICHTVATER Sondern?

MARIANNE Bei einer Familie. In Kost.

BEICHTVATER Sind das gottesfürchtige Leut?

MARIANNE Gewiß.
Stille.

BEICHTVATER Du bereust es also, daß du es hast töten
wollen?

MARIANNE Ja.

BEICHTVATER Und auch, daß du mit jenem entmenschten
Subjekt in wilder Ehe zusammenlebst?
Stille.

MARIANNE Ich dachte mal, ich hätte den Mann gefunden,
der mich ganz und gar ausfüllt. –

BEICHTVATER Bereust du es?
Stille.

MARIANNE Ja.

BEICHTVATER Und daß du dein Kind im Zustand der
Todsünde empfangen und geboren hast – bereust du
das?
Stille.

MARIANNE Nein. Das kann man doch nicht –

BEICHTVATER Was sprichst du da?

MARIANNE Es ist doch immerhin mein Kind –

BEICHTVATER Aber du –

MARIANNE *unterbricht ihn:* Nein, das tu ich nicht – Nein, davor hab ich direkt Angst, daß ich es bereuen könnt – Nein, ich bin sogar glücklich, daß ich es hab, sehr glücklich –
Stille.

BEICHTVATER Wenn du nicht bereuen kannst, was willst du dann von deinem Herrgott?

MARIANNE Ich dachte, mein Herrgott wird mir vielleicht etwas sagen –

BEICHTVATER Du kommst nur dann zu ihm, wenn es dir schlecht geht?

MARIANNE Wenn es mir gut geht, dann ist Er ja bei mir – aber nein, das kann Er doch nicht von mir verlangen, daß ich das bereu – das wär ja wider jede Natur –

BEICHTVATER So geh! Und komme erst mit dir ins reine, ehe du vor unseren Herrgott trittst – *Er schlägt das Zeichen des Kreuzes.*

MARIANNE Dann verzeihen Sie – *Sie erhebt sich aus dem Beichtstuhl, der sich nun auch in der Finsternis auflöst – und nun hört man das Gemurmel einer Litanei; allmählich kann man die Stimme des Vorbeters von den Stimmen der Gemeinde unterscheiden; Marianne lauscht – die Litanei endet mit einem Vaterunser; Marianne bewegt die Lippen.*
Stille.
Amen –
Stille.
Wenn es einen lieben Gott gibt – was hast du mit mir vor, lieber Gott? – Lieber Gott, ich bin im achten Bezirk geboren und hab die Bürgerschul besucht, ich bin kein schlechter Mensch – hörst du mich? – Was hast du mit mir vor, lieber Gott –?

Viertes Bild

*Und wieder in der stillen Straße im achten Bezirk, vor
Oskars Fleischhauerei, der Puppenklinik und Frau Mat-
hildes Tabak-Trafik. Die Sonne scheint wie dazumal und
auch die Realschülerin im zweiten Stock spielt noch immer die »Geschichten aus dem Wiener Wald« von Johann Strauß.*

> *Havlitschek steht in der Türe der Fleischhauerei und
> frißt Wurst.*

DAS FRÄULEIN EMMA *ein Mädchen für Alles, steht mit
einer Markttasche neben ihm; sie lauscht der Musik:*
Herr Havlitscheck –

HAVLITSCHEK Ich bitte schön?

EMMA Musik ist doch etwas Schönes, nicht?

HAVLITSCHEK Ich könnt mir schon noch etwas Schöneres
vorstellen, Fräulein Emma. *Emma summt leise den
Walzer mit.* Das tät nämlich auch von Ihnen abhän-
gen, Fräulein Emma.

EMMA Mir scheint gar, Sie sind ein Casanova, Herr
Havlitschek.

HAVLITSCHEK Sagens nur ruhig Ladislaus zu mir.
Pause.

EMMA Gestern hab ich von Ihrem Herrn Oskar geträumt.

HAVLITSCHEK Haben Sie sich nix Gscheiteres träumen
können?

EMMA Der Herr Oskar hat immer so große melancho-
lische Augen – es tut einem direkt weh, wenn er einen
anschaut –

HAVLITSCHEK Das macht die Liebe.

EMMA Wie meinen Sie das jetzt?

HAVLITSCHEK Ich meine das jetzt so, daß er in ein nichts-
nutziges Frauenzimmer verliebt ist – die hat ihn nämlich sitzen lassen, schon vor anderthalb Jahr, und ist
sich mit einem andern Nichtsnutzigen auf und davon.

EMMA Und er liebt sie noch immer? Das find ich aber schön.

HAVLITSCHEK Das find ich blöd.

EMMA Aber eine große Leidenschaft ist doch was Romantisches –

HAVLITSCHEK Nein, das ist etwas Ungesundes! Schauns doch nur, wie er ausschaut, er quält sich ja direkt selbst – es fällt ihm schon gar keine andere Frau mehr auf, und derweil hat er Geld wie Heu und ist soweit auch ein Charakter, der könnt doch für jeden Finger eine gute Partie haben – aber nein! Akkurat auf die läufige Bestie hat er sich versetzt – weiß der Teufel, was er treibt!

EMMA Wie meinen Sie das jetzt wieder, Herr Havlitschek?

HAVLITSCHEK Ich meine das so, daß man es nicht weiß, wo er es hinausschwitzt.

EMMA Oh Sie garstiger Mann!

Pause.

HAVLITSCHEK Fräulein Emma. Morgen ist Feiertag und ich bin an der Endhaltestelle von der Linie achtundsechzig.

EMMA Ich kann aber nicht vor drei.

HAVLITSCHEK Das soll kein Hindernis sein.

Pause.

EMMA Also um halbvier – und vergessens aber nur ja nicht, was Sie mir versprochen haben – daß Sie nämlich nicht schlimm sein werden, lieber Ladislaus *–Ab.*

HAVLITSCHEK *sieht ihr nach und spuckt die Wursthaut aus:* Dummes Luder, dummes –

OSKAR *tritt aus seiner Fleischhauerei:* Daß du es nur ja nicht vergißt: wir müssen heut noch die Sau abstechen – Stichs du, ich hab heut keinen Spaß daran.

Pause.

HAVLITSCHEK Darf ich einmal ein offenes Wörterl reden, Herr Oskar?

OSKAR Dreht sichs um die Sau?

HAVLITSCHEK Es dreht sich schon um eine Sau, aber nicht

185

um dieselbe Sau – Herr Oskar, bittschön nehmens Ihnen das nicht so zu Herzen, das mit Ihrer gewesenen Fräulein Braut, schauns, Weiber gibts wie Mist! Ein jeder Krüppel findt ein Weib und sogar die Geschlechtskranken auch! Und die Weiber sehen sich ja in den entscheidenden Punkten alle ähnlich, glaubens mir, ich meine es ehrlich mit Ihnen! Die Weiber haben keine Seele, das ist nur äußerliches Fleisch! Und man soll so ein Weib auch nicht schonend behandeln, das ist ein Versäumnis, sondern man soll ihr nur gleich das Maul zerreißen oder so:

Pause.

OSKAR Das Weib ist ein Rätsel, Havlitschek. Eine Sphinx. Ich hab mal der Mariann ihre Schrift zu verschiedenen Graphologen getragen – und der erste hat gesagt, also das ist die Schrift eines Vampyrs, und der zweite hat gesagt, das ist eine gute Kameradin, und der dritte hat gesagt, das ist die ideale Hausfrau in persona. Ein Engel.

Rittmeister kommt von links und grüßt Oskar.

Oskar und Havlitschek verbeugen sich.

RITTMEISTER Also das muß ich schon sagen: die gestrige Blutwurst – Kompliment! First class!

HAVLITSCHEK Zart, nicht?

RITTMEISTER Ein Gedicht! *Er nähert sich der Tabak-Trafik.*

Havlitschek ab in die Fleischhauerei.

Mathilde erscheint in der Tür ihrer Tabak-Trafik.

Rittmeister grüßt.

Mathilde dankt.

Dürft ich mal die Ziehungsliste?

Mathilde reicht sie ihm aus dem Ständer vor der Tür.

Küßdiehand! *Er vertieft sich in die Ziehungsliste und nun ist der Walzer aus.*

Erich tritt aus der Tabak-Trafik, grüßt Mathilde und will ab.

MATHILDE Halt! Was hast du da?

ERICH Fünf Memphis.

MATHILDE Schon wieder? Raucht wie ein Erwachsener!
Rittmeister und Oskar horchen.

ERICH *gedämpft:* Wenn ich nicht rauche, kann ich nicht
arbeiten. Wenn ich nicht arbeite, werde ich niemals
Referendar – und wenn ich das nicht werde, dann
werde ich wohl kaum jemals in die Lage kommen,
meine Schulden rückerstatten zu können.

MATHILDE Was für Schulden?

ERICH Das weißt du! Ich bin korrekt, Madame.

MATHILDE Du willst mir schon wieder weh tun?

ERICH Ehrensache! Ich zahle meine Schulden bis auf den
letzten Pfennig – und wenn ich auch hundert Jahr
zahlen müßte! Wir lassen uns nichts nachsagen, Ehrensache! Ich muß jetzt ins Kolleg! *Ab.*

MATHILDE *starrt ihm nach:* Mistvieh. Verbrecher. Ehrensache. Bestie –
Rittmeister und Oskar grinsen, jeder für sich.
Zauberkönig begleitet die gnädige Frau aus der Pup-
penklinik.

DIE GNÄDIGE FRAU Ich hatte hier schon mal Zinnsoldaten gekauft, vor gut anderthalb Jahr – aber damals ist
das ein sehr höfliches Fräulein gewesen.

ZAUBERKÖNIG *mürrisch:* Möglich.

DIE GNÄDIGE FRAU Das Fräulein Tochter?

ZAUBERKÖNIG Nein!

DIE GNÄDIGE FRAU Schad. Also Sie wollen mir die Schachtel Zinnsoldaten nicht nachbestellen?

ZAUBERKÖNIG Ich hab das Ihnen doch schon drinnen gesagt, daß mir diese Nachbestellerei vielzuviel Schrei-
berei macht – wegen einer einzigen Schachtel! Kau-
fens doch dem herzigen Bams was ähnliches! Vielleicht
eine gediegene Trompeten!

DIE GNÄDIGE FRAU Nein! Adieu! *Sie läßt ihn verärgert*
stehen und ab.

ZAUBERKÖNIG Küßdiehand! Krepier! *Er nähert sich Os-*
kar und spricht mit ihm.

RITTMEISTER *zu Mathilde; boshaft:* Und wie gehts ansonsten, Frau Mathild?

MATHILDE *revanchiert sich:* Was haben wir denn wieder gewonnen, Herr Rittmeister?

RITTMEISTER *reicht ihr die Ziehungsliste zurück:* Es ist das ein Unrecht auf dieser Welt. Oder finden Sie das für in Ordnung, wie Seine Majestät der Herr Zauberkönig das Fräulein Mariann behandelt – ich versteh sowas nicht. Wenn ich Großpapa wär – und abgesehen davon, man kann doch leicht straucheln. Aber dann direkt verkommen lassen –

MATHILDE Wissen Sie was Näheres, Herr Rittmeister?

RITTMEISTER Ich hab mal eine Frau Oberst gehabt, das heißt: das ganze Regiment hat sie gehabt – was sag ich da?! Sie war die Frau unseres Obersten – und der Oberst hatte ein uneheliches Kind mit einer vom Varieté, aber die Frau Oberst hat es in ihr Haus genommen, als wärs ihr eigen Fleisch und Blut, weil sie halt unfruchtbar war – Aber wenn man daneben dieses zauberkönigliche Verhalten dort drüben betrachtet – na servus!

MATHILDE Ich versteh Sie nicht, Herr Rittmeister. Was hat denn die Frau Oberst mit der Mariann zu tun?

RITTMEISTER Wir verstehen uns alle nicht mehr, liebe Frau Mathild! Oft verstehen wir uns schon selber nicht mehr. Ich sag ja: wenn Österreich-Ungarn den Krieg nicht verloren hätt –

MATHILDE Wo steckt denn die Mariann?

RITTMEISTER *lächelt geheimnisvoll:* Das wird man schon nochmal offiziell bekannt geben – im geeigneten Moment. Also habe die Ehre, Frau Mathild. *Ab.*

ZAUBERKÖNIG *zu Oskar:* Ja, ja, Europa muß sich schon einigen, denn beim nächsten Krieg gehen wir alle zugrund – aber kann man sich alles bieten lassen?! Was sich da nur die Tschechen wieder herausnehmen! Ich sag dir heut: morgen gibts wieder einen Krieg! Und den muß es auch geben! Krieg wirds immer geben!

OSKAR Das schon. Aber das wär halt das Ende unserer Kultur.

ZAUBERKÖNIG Kultur oder nicht Kultur – Krieg ist ein

Naturgesetz! Akkurat wie die liebe Konkurrenz im geschäftlichen Leben! Ich für meine Person bin ja konkurrenzlos, weil ich ein Spezialgeschäft bin. Trotzdem geh ich zugrund. Ich kanns halt allein nicht mehr schaffen, mich macht schon jeder Käufer nervös – Früher, da hab ich eine Frau gehabt, und wie die angefangen hat zu kränkeln, da ist die Mariann schon so groß gewesen –

OSKAR Wie groß?

ZAUBERKÖNIG So groß.

Stille.

OSKAR Wenn ich Großpapa wär –

ZAUBERKÖNIG *unterbricht ihn:* Ich bin aber kein Großpapa, bitt ich mir aus!

OSKAR Pardon!

Stille.

ZAUBERKÖNIG Apropos was ich noch hab sagen wollen: du schlachst doch heut noch die Sau?

OSKAR Ich habs vor.

ZAUBERKÖNIG Geh reservier für mich ein schönes Stükkerl Nieren –

OSKAR Gern!

ZAUBERKÖNIG Küßdiehand! *Ab in seine Puppenklinik – jetzt spielt die Realschülerin im zweiten Stock wieder, und zwar den Walzer »Über den Wellen«.*

Alfred kommt langsam von links. Oskar wollte zurück in seine Fleischhauerei, erblickt nun aber Alfred, der ihn nicht bemerkt, und beobachtet ihn heimlich.

Alfred hält vor der Puppenklinik, macht in Erinnerung – dann stellt er sich vor die offene Türe der Tabak-Trafik und starrt hinein.

Pause.

Alfred grüßt.

Pause.

Mathilde, die während Oskar mit dem Zauberkönig diskutierte, in ihre Tabak-Trafik verschwand, tritt nun langsam in die Türe – und der Walzer bricht wieder ab, wieder mitten im Takt.

Stille.

ALFRED Könnt ich fünf Memphis haben?

MATHILDE Nein.

Stille.

ALFRED Das ist aber doch hier eine Tabak-Trafik – oder?

MATHILDE Oder.

Stille.

ALFRED Ich komm jetzt hier nur so vorbei, per Zufall –

MATHILDE Ach!

ALFRED Ja.

Stille.

MATHILDE Und wie geht es denn dem Herrn Baron?

ALFRED So lala.

MATHILDE Ach! Und dem Fräulein Braut?

ALFRED Das ist nämlich aus. Schon seit Mitte Juni.

MATHILDE Ach!

Stille.

ALFRED Und dir gehts unberufen?

MATHILDE Man hat, was man braucht.

ALFRED Alles?

MATHILDE Alles. Er ist Jurist.

ALFRED Und sowas wird mal Richter.

MATHILDE Bitte?

ALFRED Ich gratulier.

MATHILDE Wo steckt denn das Fräulein Braut?

ALFRED Keine Ahnung.

MATHILDE Und der Bubi?

ALFRED Ich hab alles aus den Augen verloren.

Stille.

MATHILDE Also du bist schon ein grandioser Schuft, das muß dir dein größter Feind lassen.

ALFRED Mathild. Wer unter euch ohne Sünden ist, der werfe den ersten Stein auf mich.

MATHILDE Bist du krank?

ALFRED Nein. Nur müd. Und gehetzt. Man ist ja nicht mehr der Jüngste.

MATHILDE Seit wann denn?

ALFRED Ich war jetzt vier Wochen in Frankreich. In

Nancy. Ich hab nämlich gedacht, daß ich vielleicht dort was Passenderes für mich bekommen werd in meinem ursprünglichen Beruf, ich bin doch ursprünglich Kellner, und hier müßt ich heut unter mein Niveau hinunter –

MATHILDE Und was machen denn die Pferde?

ALFRED Ich bin aus der Übung. Und dann fehlt mir das Kapital –

MATHILDE Und wie sind denn die Französinnen?

ALFRED Wie sie alle sind. Undankbar.

Stille.

MATHILDE Wenn ich Zeit hab, werd ich dich bedauern.

ALFRED Du möchtest, daß es mir schlecht geht?

MATHILDE Gehts dir denn rosig?

ALFRED Möchst das hören?

Stille.

Ich bin jetzt hier nur so vorbeigegangen, per Zufall – Der Mohr hat seine Schuldigkeit getan, der Mohr kann gehen – *Ab – und nun wird der Walzer »Über den Wellen« wieder weitergespielt.*

MATHILDE *erblickt Oskar:* Herr Oskar! Jetzt ratens doch mal, mit wem ich grad dischkuriert hab?

OSKAR Ich hab ihn gesehen.

MATHILDE So? Es geht ihnen schlecht.

OSKAR Ich hab alles gehört.

Pause.

MATHILDE Noch ist er stolz wie ein Spanier, dieser Hund –

OSKAR Hochmut kommt vor den Fall – Arme Mariann –

MATHILDE Mir scheint gar, Sie sind im Stand und heiraten noch die Mariann, jetzt nachdem sie wieder frei ist –

OSKAR Wenn sie das Kind nicht hätt –

MATHILDE Wenn mir jemand das angetan hätt –

OSKAR Ich hab sie noch immer lieb – vielleicht stirbt das Kind –

MATHILDE Herr Oskar!

OSKAR Wer weiß! Gottes Mühlen mahlen langsam, mahlen aber furchtbar klein. Ich werd an meine Marianne denken – ich nehme jedes Leid auf mich, wen Gott liebt, den prüft er – Den straft er. Den züchtigt er. Auf glühendem Rost, in kochendem Blei –

MATHILDE *schreit ihn an:* Hörens auf, seiens so gut!
Oskar lächelt.

HAVLITSCHEK *kommt aus der Fleischhauerei:* Also was ist jetzt? Soll ich jetzt die Sau abstechen, oder nicht?

OSKAR Nein, Havlitschek. Ich werd sie jetzt schon abstechen, die Sau –

Fünftes Bild

Beim Heurigen.
Mit Schrammelmusik und Blütenregen. Große weinselige
Stimmung – und mittendrunterdrin der Zauberkönig,
Mathilde und Erich.

ALLES *singt:* Da draußen in der Wachau
    Die Donau fließt so blau,
    Steht einsam ein Winzerhaus,
    Da schaut mein Mädel heraus.
    Hat Lippen rot wie Blut
    Und küssen kanns so gut,
    Die Augen sind veilchenblau
    Vom Mädel in der Wachau.

    Es wird ein Wein sein,
    Und wir werden nimmer sein.
    Es wird schöne Madeln geben,
    Und wir werden nimmer leben –
Jetzt wirds einen Augenblick totenstill beim Heuri-
gen – aber dann singt wieder alles mit verdreifachter
Kraft.
    Drum gehn wir gern nach Nußdorf naus,
    Da gibts a Hetz, a Gstanz,
    Da hörn wir ferme Tanz,
    Da laß ma fesche Jodler naus
    Und gengan in der Fruah
    Mitn Schwomma zhaus, mitn Schwomma zhaus!
Begeisterung; Applaus; zwischen den Tischen wird ge-
tanzt – alles ist nun schon ziemlich benebelt.
ZAUBERKÖNIG Bravo, bravissimo! Heut bin ich wieder
    der Alte! Da capo, da capo! *Er greift einem vorüber-*
    tanzenden Mädchen auf die Brüste.
DER KAVALIER DES MÄDCHENS *schlägt ihm auf die Hand:*
    Hand von der Putten!
DAS MÄDCHEN Das sind doch meine Putten!

ERICH Onkel Zauberkönig! Ich gestatte mir hiemit auf den famosen Wiener Heurigen und nicht zuguterletzt auf Dein ganz Spezielles einen exorbitanten Salamander zu reiben – Heil, heil, heil! *Er reibt ihn und verschüttet seinen ganzen Wein.*

MATHILDE Hojhoj, junger Mann! Nicht so stürmisch! Meiner Seel, jetzt hat er mich ganz bespritzt!

ERICH Noch ein Wein! Noch ein Wein, Ober! Der Salamander steigt, Ehrensache! Ober!

ZAUBERKÖNIG Hat er dich naßgemacht? Armes Waserl!

MATHILDE Durch und durch – bis auf die Haut.

ZAUBERKÖNIG Bis auf deine Haut. –

MATHILDE Bist du a schon narrisch?

ERICH Ehrensache, Ehrensache! Noch lebt das alte Preußen! Stillgestanden! *Er knallt die Haken zusammen und steht still.*

ZAUBERKÖNIG Was hat er denn?

MATHILDE Das bin ich schon gewöhnt. Wenn er sich bsoffen hat, dann kommandiert er sich immer selber.

ZAUBERKÖNIG Wie lang daß der so still stehen kann – Stramm! Sehr stramm! Respekt! Es geht wieder aufwärts mit uns! *Er fällt unter den Tisch.*

MATHILDE Jesus Maria!

ZAUBERKÖNIG Der Stuhl ist zerbrochen – einen anderen Stuhl, Herr Ober! He, einen anderen Stuhl!! *Er singt mit der Musik.* Ach, ich hab sie ja nur auf die Schulter geküßt – und schon hab ich den Patsch verspürt mit dem Fächer ins Gesicht –
Der Ober bringt nun eine Riesenportion Salami.

MATHILDE Salami, Erich! Salami!

ERICH Batalllion! Rührt Euch! Antreten zum Essen fassen! *Er langt mit der Hand in die Schüssel und frißt exorbitant.*

ZAUBERKÖNIG Wie der frißt!

MATHILDE Gesegnete Mahlzeit!

ZAUBERKÖNIG Friß nicht so gierig!

MATHILDE Er zahlts ja nicht!

ZAUBERKÖNIG Und singen kann er auch nicht!

Pause.

MATHILDE *zu Erich:* Warum singst du eigentlich nicht?

ERICH *mit vollem Munde:* Weil ich doch an meinem chronischen Rachenkatarrh leide!

MATHILDE Das kommt vom vielen Rauchen!

ERICH *brüllt sie an:* Schon wieder?!

RITTMEISTER *taucht auf; mit einem Papierhütchen und in gehobener Stimmung:* Küßdiehand, schöne Frau Mathilde! A das ist aber ein angenehmer Zufall! Habe die Ehre, Herr Zauberkönig!

ZAUBERKÖNIG Prost, Herr Rittmeister! Entschuldigens mich nur einen Moment, wo ist denn da das Häusl?

RITTMEISTER Gleich dort drüben – neben dem Buffet.

Zauberkönig ab ins Häusl.

MATHILDE Darf ich Ihnen etwas von meiner Salami, Herr Rittmeister? *Erich bleibt der Brocken im Munde stecken; er fixiert gehässig den Rittmeister.*

RITTMEISTER Zu gütig, küßdiehand! Danke nein, ich kann unmöglich mehr – *Er steckt sich zwei dicke Scheiben in den Mund.* Ich hab heut nämlich schon zweimal genachtmahlt, weil ich Besuch hab – ich sitz dort hinten in der Gesellschaft. Ein Jugendfreund meines in Sibirien vermißten Bruders – ein Amerikaner.

MATHILDE Also ein Mister!

RITTMEISTER Aber ein geborener Wiener! Zwanzig Jahr war der jetzt drüben in den Staaten, nun ist er zum erstenmal wieder auf unserem Kontinent. Wie wir heut Vormittag durch die Hofburg gefahren sind, da sind ihm die Tränen in den Augen gestanden – Er ist ein Selfmademan. Selbst ist der Mann!

MATHILDE Oh Sie Schlimmer!

RITTMEISTER Ja. Und jetzt zeig ich ihm sein Wien – schon den zweiten Tag – wir kommen aus dem Schwips schon gar nicht mehr raus –

MATHILDE Stille Wasser sind tief.

RITTMEISTER Nicht nur in Amerika.

ERICH *scharf:* Tatsächlich?

Pause.

MATHILDE Kennen sich die Herren schon?

RITTMEISTER Vom Sehen aus –

ERICH Sie sind Österreicher? Fesch, aber feig!

MATHILDE Erich!

RITTMEISTER Was hat er gesagt?

ERICH Ich habe gesagt, daß die Österreicher im Krieg schlappe Kerle waren und wenn wir Preußen nicht gewesen wären –

RITTMEISTER *fällt ihm ins Wort:* Dann hätten wir überhaupt keinen Krieg gehabt!

ERICH Und Sarajewo? Und Bosnien-Herzegowina?

RITTMEISTER Was wissen denn Sie schon vom Weltkrieg, Sie Grünschnabel?! Was Sie in der Schul gelernt haben und sonst nichts!

ERICH Ist immer noch besser als alten Jüdinnen das Bridgespiel beizubringen!

MATHILDE Erich!

RITTMEISTER Ist immer noch besser, als sich von alten Trafikantinnen aushalten zu lassen!

MATHILDE Herr Rittmeister!

RITTMEISTER Pardon! Das war jetzt ein faux-pas! Ein lapsus linguae – *Er küßt ihre Hand.* Bedauerlich, sehr bedauerlich! Aber dieser grüne Mensch da hat in seinem ganzen Leben noch keine fünf Groschen selbständig verdient!

ERICH Herr!

MATHILDE Nur kein Duell, um Gottes Willen!

ERICH Satisfaktionsfähig wären Sie ja.

RITTMEISTER Wollen Sie vors Ehrengericht?

MATHILDE Ruhe, die Leut schaun ja schon!

ERICH Ich laß mich doch nicht beleidigen!

RITTMEISTER Mich kann man gar nicht beleidigen! Sie nicht!

MATHILDE Aber ich bitt euch! Beim Heurigen!

RITTMEISTER Ich laß mir doch von diesem Preußen keine solchen Sachen sagen. Wo waren denn Ihre Hohenzollern, als unsere Habsburger schon römisch-deutsche Kaiser waren?! Draußen im Wald!

ERICH Jetzt ist es ganz aus.

RITTMEISTER Da habens zwanzig Groschen und lassen Sie sich mal den Schopf abschneiden, Sie Kakadu!

DER MISTER *kommt; er ist besoffen:* Oh, lieber guter Freund – was seh ich da? Gesellschaft? Freunde? Stell mich vor, bitte – Du lieber guter Freund – *Er umarmt den Rittmeister.*

ERICH Ich geh,

MATHILDE Setz dich! Wenn du schon meine Salami frißt, dann kannst du mir auch entgegenkommen – und halts Maul, sonst schmier ich dir eine –

RITTMEISTER Wo steckt denn unser Zauberkönig? Er wird doch nicht ins Häusl gfallen sein –

ZAUBERKÖNIG *erscheint:* Da bin ich! Ist dir das ein enges Häusl gewesen! Wer ist denn das?

RITTMEISTER Das ist mein lieber Mister aus Amerika!

DER MISTER Amerika! New York! Chikago und Sing-Sing! – Äußerlich ja, aber da drinnen klopft noch das alte biedere treue goldene Wiener Herz, das ewige Wien – und die Wachau – und die Burgen an der blauen Donau – *Er summt mit mit der Musik.* Donau so blau, so blau, so blau –

Alle summen mit und wiegen sich auf den Sitzgelegenheiten.

Meine Herrschaften! Es hat sich vieles verändert in der letzten Zeit, Stürme und Windhosen sind über die Erde gebraust, Erdbeben und Tornados und ich hab ganz von unten anfangen müssen, aber hier bin ich zhaus, hier kenn ich mich aus, hier gefällt es mir, hier möcht ich sterben! Oh, du mein lieber altösterreichischer Herrgott aus Mariazell!

Er singt. Mein Muatterl war a Wienerin, drum hab i Wien so gern

Sie wars, die mit dem Leben mir die Lieb hat gegeben

Zu meinem anzigen goldenen Wean!

ALLES *natürlich ohne Erich, singt:*

Wien, Wien, nur Du allein

Sollst stets die Stadt meiner Träume sein,
Dort, wo ich glücklich und selig bin
Ist Wien, ist Wien, mein Wien!

DER MISTER Wien soll leben! Die Heimat! Und die
schönen Wiener Frauen! Und der Heimatgedanke!
Und wir Wiener sollen leben – alle, alle!

ALLE *außer Erich:* Hoch! Hoch! Hoch!
Allgemeines Saufen.

MATHILDE Erich! Sauf!

ERICH Nein! Ehrensache!

MATHILDE Soll ich denn noch Salami bestellen?

ERICH Diese Randbemerkung ehrt Ihre niedrige Gesinnung, Gnädigste!

MATHILDE Bleib!

ERICH Stillgestanden! Ganze Abteilung – kehrt!

MATHILDE Halt!

ERICH Abteilung – marsch! *Ab.*

MATHILDE Herstellt Euch! Herstellt Euch!

ZAUBERKÖNIG So laß doch den Bsoffenen! Eine Verwandtschaft hab ich!

MATHILDE Ich werd ihn wohl ganz lassen – ich sehs schon
direkt kommen –

ZAUBERKÖNIG Na du als stattliche Person – Dich hätt
ich heiraten sollen, mit dir hätt ich ein ganz anderes
Kind gekriegt –

MATHILDE Red nicht immer von Irene! Ich hab sie nie
ausstehen können!

DER MISTER Wer ist Irene?

ZAUBERKÖNIG Irene war meine Frau.

DER MISTER Oh pardon!

ZAUBERKÖNIG Oh bitte – und warum soll ich denn nicht
auf die Iren schimpfen? Bloß weil sie schon tot ist?!
Mir hat sie das ganze Leben verpatzt!

MATHILDE Du bist ein dämonischer Mensch!

ZAUBERKÖNIG *singt:*
Mir ist mei Alte gstorbn
Drum ist mirs Herz so schwer
A so a gute Seel

Krieg ich nöt mehr,
Muß so viel wana
Das glaubt mir kana,
Daß ich mich kränk
Wann ich an mei Alte denk! Hallo!

DER MISTER *schnellt empor:* Hallo! Hallo! Wenn mich
nicht alles täuscht, so fängt es jetzt an zu regnen! Aber
wir lassen uns vom Wetter nichts dreinreden! Heut
wird noch gebummelt und wenns Schusterbuben regnen sollte! Wir lassen und lassen uns das nicht gefallen! *Er droht mit dem Zeigefinger nach dem Himmel.*
Oh du regnerischer Himmelvater du! Darf ich euch
alle einladen? Alle, alle!!

ALLE Bravo, bravo!!

DER MISTER Also auf! Vorwärts! Mir nach!

MATHILDE Wohin?

DER MISTER Irgendwohin! Wo wir einen Plafond über
uns haben! Wo wir nicht so direkt unterm Himmel
sitzen! Auf ins Moulin-bleu!

Starker Applaus.

RITTMEISTER Halt! Nicht ins Moulin-bleu, liebe Leutl!
Dann schon eher ins Maxim!

Und wieder wird es einen Augenblick totenstill.

ZAUBERKÖNIG Warum denn ins Maxim?

RITTMEISTER Weil es dort ganz besondere Überraschungen geben wird.

ZAUBERKÖNIG Was für Überraschungen?

RITTMEISTER Pikante. Sehr pikante –

Stille.

ZAUBERKÖNIG Also auf ins Maxim!

ALLE Ins Maxim!

*Sie marschieren mit aufgespannten Regenschirmen
und singen:*

Vindobona, du herrliche Stadt
Die so reizende Anlagen hat,
Dir ghört stets nur unser Sinn
Ja zu dir ziagts uns hin,
San ma von dir oft fern

199

Denkn ma do ans liebe Wean,
Denn du bleibst die Perle von Österreich
Dir is gar ka Stadt net gleich!

Die Mizzi und der Jean
Gehn miteinander drahn
Wir sind ja nicht aus Stroh,
Sind jung und lebensfroh
Net immer Schokoladi
Heut gehen wir zum »Brady«
Oder zum »Maxim«
Heut sind wir einmal schlimm!

Jetzt trink ma noch a Flascherl Wein, Hollodero!
Es muß ja nöt das letzte sein, Hollodero!
Und ist das gar, gibts ka Geniern, Hollodero!
So tun wir noch mal repetiern, aber noch mal
repetiern!

*Gong. – Die Bühne verwandelt sich nun ins »Maxim«
– mit einer Bar und Separées; im Hintergrunde eine
Cabaretbühne mit breiter Rampe – Alles schließt die
Regenschirme und nimmt nun Platz an den Tischen,
und zwar in aufgeräumtester Stimmung.*

DER CONFERENCIER *tritt vor den Vorhang:* Meine Sehrverehrten! Meine Herrschaften! Entzückende Damen
und noch entzückendere Herren!

MATHILDE Oho!

Gelächter.

DER CONFERENCIER Ich begrüße Sie auf das allerherz-
lichste im Namen meiner Direktion! Schon Johann
Wolfgang von Goethe, der Dichterfürst, sagt in seinem Meisterwerk, unserem unsterblichen Faust: Was
Du ererbt von Deinen Vätern, erwirb es, um es zu besitzen! In diesem Sinne, meine Sehrverehrten: Nummer auf Nummer! Das ist Tradition bei uns im Maxim! Und nun aber erst die nächste Attraktion! Bitte
treten Sie mit mir ein in den Himmel der Erinnerung!
Ab.

Musiktusch; Applaus; Vorhang hoch; Bühnenbild: Schönbrunn – und mit dem Hoch- und Deutschmeister- marsch marschiert eine Abteilung Mädchen auf die Bühne, und von der Bühne hinab in den Zuschauer- raum und wieder retour; bekleidet sind sie mit Bü- stenhaltern, Schwimmhosen aus Spitzen, Stiefeln und friderizianischen Helmen – die Anführerin trägt einen Säbel, die anderen Gewehre, mit ihrem schrillen So- pran dirigiert die Anführerin durch Kommandorufe das Ballett: »Rechts um! Links um! Habt acht! Legt an! Feuer! Zum Sturm –arsch-arsch! Kehrt euch! Rumpf- beuge! Angetreten! Präsentiert das Gewehr!« – Sie schreitet die Front ab, frenetischer Beifall des Publi- kums – dann kommandiert sie wieder: »Kompanie – arsch!« – und die Mädchen marschieren singend: »Wir sind vom ka und ka Infanterie Regiment, Hoch und Deutschmeister Nummero vier, aber stier!« – Vor- hang; rasende Begeisterung im Publikum. – Musik spielt nun den Radetzkymarsch.

ZAUBERKÖNIG *zum Rittmeister:* Aber was redens denn da, Herr? Also das steht doch schon felsenfest, daß wir Menschen mit der Tierwelt verwandt sind!

RITTMEISTER Das ist Auffassungssache!

ZAUBERKÖNIG Oder glaubens denn gar noch an Adam und Eva?

RITTMEISTER Wer weiß!

DER MISTER *zu Mathilde:* Du Wildkatz!

ZAUBERKÖNIG Wildkatz! Oder gar ein Leopard!

MATHILDE Prost Zauberkönig!

ZAUBERKÖNIG Der Herr Rittmeister sind ein Fabelwesen und du hast was von einem Känguruh an dir und der Mister ist ein japanischer Affenpintscher!

DER MISTER *lacht keineswegs:* Fabelhafter Witz, fabel- hafter Witz!

ZAUBERKÖNIG Na und ich?!

MATHILDE Ein Hirsch! Ein alter Hirsch! Prost alter Hirsch! *Brüllendes Gelächter – nun klingelt das Tisch- telefon – Stille.*

ZAUBERKÖNIG *am Apparat:* Ja hallo – Wie? Wer spricht? Mausi? – Mausi kenn ich nicht, wie? – Ach so! Jaja, das bin ich schon, ich bin schon dein Onkel – Was soll ich? A du Schweinderl, du herziges – Wo? An der Bar? Im grünen Kleid? – Was? Du bist noch eine Jungfrau? Und das soll dir dein Onkel glauben? Na ich werd da mal nachkontrollieren – Bussi, Bussi – *Er hängt ein und leert sein Glas Schampus, den der Mister hat auffahren lassen.*

MATHILDE Trink nicht soviel, Leopold!

ZAUBERKÖNIG Du kannst mir jetzt auf den Hut steigen! *Er erhebt sich.* Für uns alte Leut ist ja der Alkohol noch die einzige Lebensfreud! Wo ist die Bar?

MATHILDE Was für eine Bar?

ZAUBERKÖNIG Wo ist die Bar, Kruzitürken?!

RITTMEISTER Ich werd Sie hinführen –

ZAUBERKÖNIG Ich find schon selber hin – ich brauch keinen Kerzenhalter! Kommens, führens mich! *Er läßt sich vom Rittmeister an die Bar führen, wo ihn bereits zwei Mädchen erwarten – die eine im grünen Kleid nimmt ihn gleich herzlichst in Empfang; auch der Rittmeister bleibt an der Bar.*

DER MISTER *zu Mathilde:* Was ist der Herr eigentlich?

MATHILDE Ein Zauberkönig.

DER MISTER Ach!

MATHILDE Ja. Sonst ist er ja ein seltener Mensch, bescheiden und anständig, der echte Bürger vom alten Schlag – Diese Sorte stirbt nämlich aus.

DER MISTER Leider!

MATHILDE Heut ist er ja leider besoffen –

DER MISTER Wie Sie das wieder sagen! Was für ein Charme! Bei uns in Amerika ist halt alles brutaler. *Pause.*

MATHILDE Was wiegen Sie?

DER MISTER Zweihundertachtzehn Pfund.

MATHILDE Oh Gott!

DER MISTER Darf ich ganz offen sein?

MATHILDE Man bittet darum.

DER MISTER Ich bin kompliziert.

MATHILDE Wieso?

DER MISTER Ich bin nämlich innerlich tot. Ich kann halt
nurmehr mit den Prostituierten was anfangen – das
kommt von den vielen Enttäuschungen, die ich schon
hinter mir hab.

MATHILDE Jetzt sowas. Eine so zarte Seele in so einem
mächtigen Körper –

DER MISTER Ich hab den Saturn als Planeten.

MATHILDE Ja, diese Planeten! Da hängt man damit zusammen und kann gar nichts dafür!
Gong.

DER CONFERENCIER *tritt vor den Vorhang:* Meine Sehrverehrten! Und abermals gibts eine herrliche Nummer! Was soll ich viele Worte machen, urteilen Sie
selbst über unsere sensationellen, von ersten Künstlern
entworfenen hochkünstlerischen lebendigen Aktpla-
stiken! Als erstes: Donaunixen! Darf ich bitten, Herr
Kapellmeister!
*Die Kapelle spielt nun den Walzer »An der schönen
blauen Donau« und es wird stockfinster im Zuschauerraum; dann teilt sich der Vorhang und man sieht drei
halbnackte Mädchen, deren Beine in Schwanzflossen
stecken – Eine hält eine Leier in der Hand – alle sind
malerisch gruppiert vor einem schwarzen Vorhang im
grünen Scheinwerferlicht; von der Bar her hört man
des Zauberkönigs Stimme: »Nackete Weiber, sehr
richtig!« – der Vorhang schließt sich, starker Applaus.
Gong.*

DER CONFERENCIER *erscheint wieder vor dem Vorhang:*
Das zweite Bild: unser Zeppelin!
Bravorufe.
Darf ich bitten, Herr Kapellmeister!
*Und nun ertönt der »Fridericus rex« – und auf der
Bühne stehen drei nackte Mädchen – die Erste hält
einen Propeller in den Händen, die Zweite einen Glo-
bus und die Dritte einen kleinen Zeppelin – das Pu-
blikum rast vor Beifall, schnellt von den Sitzen in die*

Höhe und singt die erste Strophe des Deutschlandlie-
des, worauf es sich wieder beruhigt. Gong.

DER CONFERENCIER *wieder vor dem Vorhang:* Und nun,
meine Sehrverehrten, das dritte Bild: Die Jagd nach
dem Glück!

Totenstille.

Darf ich bitten, Herr Kapellmeister –

Die »Träumerei« von Schuman erklingt und der Vor-
hang teilt sich zum dritten Male – eine Gruppe nackter
Mädchen, die sich gegenseitig niedertreten, versucht
einer goldenen Kugel nachzurennen, auf welcher das
Glück auf einem Beine steht – das Glück ist eben-
falls unbekleidet und heißt Marianne.

MATHILDE *schreit gellend auf im finsteren Zuschauer-*
raume: Marianne! Jesus Maria Josef! Marianne!!

Marianne erschrickt auf ihrer Kugel, zittert, kann
das Gleichgewicht nicht mehr halten, muß herab und
starrt, geblendet vom Scheinwerfer, in den dunklen
Zuschauerraum.

DER MISTER Was denn los?

MATHILDE *außer sich:* Marianne, Marianne, Marianne!

DER MISTER *wird wütend:* Brüll nicht! Bist denn plem-
plem!

MATHILDE Marianne!

DER MISTER Kusch! Da hast du deine Marianne! *Er boxt*
ihr in die Brust. Mathilde schreit.

Große Unruhe im Publikum; Rufe: »Licht! Licht!«

DER CONFERENCIER *stürzt auf die Bühne:* Vorhang! Was
ist denn los?! Licht! Vorhang! Licht!

Der Vorhang fällt vor der starr in den Zuschauer-
raum glotzenden Marianne, die übrigen Mädchen sind
bereits unruhig ab – und nun wird es licht im Zu-
schauerraum, und wieder für einen Augenblick toten-
still; alles starrt auf Mathilde, die mit dem Gesicht
auf dem Tisch liegt, hysterisch und besoffen, weint
und schluchzt.

Zauberkönig steht an der Bar und hält die Hand auf
sein Herz.

MATHILDE *wimmert:* Die Mariann – die Mariann – die liebe kleine Mariann – oh, oh, oh – ich hab sie ja schon gekannt, wie sie noch fünf Jahr alt war, meine Herren!

DER CONFERENCIER Von wem redet sie da?

DER MISTER Keine Ahnung!

DER CONFERENCIER Hysterisch?

DER MISTER Epileptisch!

EINE GEMÜTLICHE STIMME So werfts es doch naus, die bsoffene Bestie!

MATHILDE Ich bin nicht besoffen, meine Herren! Ich bin das nicht – nein, nein, nein! *Sie schnellt empor und will hinaus laufen, stolpert aber über ihre eigenen Füße, stürzt und reißt einen Tisch um – jetzt hat sie sich blutig geschlagen.* Nein, das halt ich nicht aus, ich bin doch nicht aus Holz, das halt ich nicht aus, das halt ich nicht aus!

Sie rast brüllend nachhaus.

Alle außer dem Zauberkönig sehen ihr perplex nach.

Stille, dann: Gong.

DER CONFERENCIER *springt auf einen Stuhl:* Meine Sehrverehrten! Damen und Herren! Das war nun der Schluß unseres offiziellen Programms – und nun beginnt in der Bar der inoffizielle Teil! *Man hört aus der Bar die Tanzmusik.* Im Namen meiner Direktion danke ich Ihnen für den zahlreichen Besuch und wünsche Ihnen eine recht gute Nacht! Auf Wiedersehen, meine Herrschaften!

Die Herrschaften räumen allmählich das Lokal.

ZAUBERKÖNIG Herr Rittmeister –

RITTMEISTER Bitte?

ZAUBERKÖNIG Also deshalb wollten Sie nicht ins Moulin-bleu, sondern hier – Das waren also Ihre bewußten pikanten Überraschungen, ich hab ja gleich so eine komische Aversion gehabt – so eine Ahnung, daß mir nichts Gutes bevorsteht –

RITTMEISTER Ich wußte es, daß das Fräulein Mariann hier auftritt – ich war nämlich schon öfters da – erst gestern wieder – und ich kann es halt nicht mehr länger mitansehen! Ihr steinernes Herz –

ZAUBERKÖNIG Mischen Sie sich nicht in wildfremde Familienangelegenheiten, Sie Soldat!

RITTMEISTER Meine menschliche Pflicht –

ZAUBERKÖNIG *unterbricht ihn:* Was ist das?

RITTMEISTER Sie sind kein Mensch!

ZAUBERKÖNIG Also das hör ich gern! Schon sehr gern! Was soll ich denn schon sein, wenn ich kein Mensch bin, Sie?! Vielleicht ein Vieh?! Das tät Ihnen so passen! Aber ich bin kein Vieh und hab auch keine Tochter, bitt ich mir aus!

RITTMEISTER Jetzt hab ich hier nichts mehr verloren. *Er verbeugt sich steif und ab.*

ZAUBERKÖNIG Und ich werd mir vielleicht noch was holen! Ich bin in einer Untergangsstimmung, Herr Mister! Jetzt möcht ich Ansichtskarten schreiben, damit die Leut vor Neid zerplatzen, wenn sie durch mich selbst erfahren, wie gut daß es mir geht!

DER MISTER Ansichtskarten! Glänzende Idee! Das ist eine Idee! Ansichtskarten, Ansichtskarten! *Er kauft einer Verkäuferin gleich einen ganzen Stoß ab, setzt sich dann abseits an einen Tisch und schreibt – nun ist er allein mit dem Zauberkönig; aus der Bar tönt Tanzmusik.*
Marianne kommt langsam in einem Bademantel und bleibt vor dem Zauberkönig stehen.
Zauberkönig starrt sie an, betrachtet sie von oben bis unten – dreht ihr den Rücken zu.
Pause.

MARIANNE Warum hast du meine Briefe nicht gelesen? Ich hab dir drei Briefe geschrieben. Aber du hast sie nicht aufgemacht und hast sie zurückgehen lassen.
Pause.
Ich hab dir geschrieben, daß er mich verlassen hat –

ZAUBERKÖNIG *wendet sich langsam ihr zu und fixiert sie gehässig:* Das weiß ich. *Er dreht ihr wieder den Rücken zu.*

206

Pause.

MARIANNE Weißt du auch, daß ich ein Kind hab –?

ZAUBERKÖNIG Natürlich!

Pause.

MARIANNE Es geht uns sehr schlecht, mir und dem Bubi –

ZAUBERKÖNIG Wer nicht hören will, muß fühlen! Schluß jetzt! *Er erhebt sich, muß sich aber gleich wieder setzen.*

MARIANNE Du bist ja betrunken, Papa –

ZAUBERKÖNIG Also werd nur nicht ordinär! Ich bin nicht dein Papa, ein für allemal! Und nur nicht ordinär, sonst – *Er macht die Geste des Ohrfeigens.* Denk lieber an dein Mutterl selig! Die Toten hören alles!

MARIANNE Wenn mein Mutterl noch leben würde –

ZAUBERKÖNIG Laß dein Mutterl aus dem Spiel, bitt ich mir aus! Wenn sie dich so gesehen hätt, so nacket auf dem Podium herumstehen – Dich den Blicken der Allgemeinheit preisgeben – Ja schämst dich denn gar nicht mehr? Pfui Teufel!

MARIANNE Nein. Das kann ich mir nicht leisten, daß ich mich schäm.

Stille.

Die Musik in der Bar ist nun verstummt.

Ich verdien hier zwei Schilling pro Tag. Das ist nicht viel, zusammen mit Bubi – Was kann ich denn aber auch anderes unternehmen? Du hast mich ja nichts lernen lassen, nicht einmal meine rhythmische Gymnastik, du hast mich ja nur für die Ehe erzogen –

ZAUBERKÖNIG Oh du miserables Geschöpf! Jetzt bin ich noch schuld!

MARIANNE Hör mal Papa –

ZAUBERKÖNIG *unterbricht sie:* Ich bin kein Papa!

MARIANNE *schlägt mit der Faust auf den Tisch:* Still! Du bist doch mein Papa, wer denn sonst?! Und hör jetzt mal – wenn das so weitergeht, ich kann nichts verdienen – und auf den Strich gehen kann ich nicht, ich kann das nicht, ich habs ja schon versucht, aber ich kann mich nur einem Manne geben, den ich aus gan-

207

zer Seele mag – ich hab ja als ungelernte Frau sonst nichts zu geben – dann bleibt mir nur der Zug.

ZAUBERKÖNIG Was für ein Zug?

MARIANNE Der Zug. Mit dem man wegfahren kann. Ich wirf mich noch vor den Zug –

ZAUBERKÖNIG So! Das auch noch. Das willst du mir also auch noch antun – *Er weint plötzlich.* Oh, du gemeines Schwein, was machst du denn mit mir auf meine alten Tag? Eine Schande nach der anderen – oh, ich armer alter Mensch, mit was hab ich denn das verdient?!

MARIANNE *scharf:* Denk nicht immer an dich!

ZAUBERKÖNIG *hört auf zu weinen, starrt sie an; wird wütend:* So wirf dich doch vor den Zug! Wirf dich doch, wirf dich doch! Samt deiner Brut!! – Oh, mir ist übel – übel – Wenn ich nur brechen könnt –
Er beugt sich über den Tisch.
Marianne betrachtet ihn – aus der Bar ertönt nun wieder Tanzmusik; plötzlich entschlossen will sie rasch ab.

DER MISTER *tritt ihr in den Weg; er ist fertig mit seiner Ansichtskartenschreiberei:* Ah, eine Primadonna – *Er betrachtet sie lächelnd.* Sagen Sie – haben Sie nicht zufällig einige Briefmarken bei sich?

MARIANNE Nein.

DER MISTER *langsam:* Nämlich ich brauche zehn Zwanziggroschenmarken und zahle dafür fünfzig Schilling.
Pause.
Sechzig Schilling.
Pause.
Nimmt seine Brieftasche heraus. Da sind die Schilling und da sind die Dollars –

MARIANNE Zeigen Sie.
Der Mister reicht ihr die Brieftasche.
Pause.
Sechzig?

DER MISTER Fünfundsechzig.

MARIANNE Das ist viel Geld.

DER MISTER Das will verdient sein.

Stille. – Mit der Tanzmusik ist es nun wieder vorbei.

MARIANNE Nein. Danke. *Sie gibt ihm die Brieftasche zurück.*

DER MISTER Was heißt das?

MARIANNE Ich kann nicht. Sie haben sich in mir geirrt, Herr –

DER MISTER *packt sie plötzlich am Handgelenk und brüllt:* Halt! halt, du hast mich jetzt bestohlen, du Dirne! Diebin, Verbrecherin! Hand aufmachen – auf!

MARIANNE Au!

DER MISTER Da! Hundert Schilling! Meinst ich merk das nicht. Du blöde Hur!? *Er gibt ihr eine Ohrfeige.* Polizei! Polizei!

Alles erscheint aus der Bar.

ZAUBERKÖNIG Was ist denn los, um Gottes Christi Willen?!

DER MISTER Diese Hur da hat mich bestohlen! Hundert Schilling, hundert Schilling! Polizei!

ZAUBERKÖNIG Aber das gibts doch nicht – Mariann!!

MARIANNE *reißt sich vom Mister los:* Ihr sollt mich nicht mehr schlagen! Ich will nicht mehr geschlagen werden!

ZAUBERKÖNIG *mit der Hand am Herz:* Das auch noch! *Er bricht zusammen.*

DER CONFERENCIER Wasser! Wasser! *Er bemüht sich um den Zauberkönig.*

Stille.

DER MISTER Was ist? Ist ihm schlecht?

DER CONFERENCIER Nein. Das ist ein Schlaganfall!

MARIANNE *brüllt:* Papa! Papa!

Sechstes Bild

*Und abermals in der stillen Straße im achten Bezirk.
Es ist Sonntag und die Geschäfte sind zu. Auf der leeren
Puppenkliniksauslage kleben zwei Zettel »Zu vermie-
ten«. Vor der Türe ein Rollstuhl. Mathilde mit einem
Maiglöckchenstrauß und der Rittmeister haben sich
ausgerechnet vor der Puppenklinik getroffen.*

RITTMEISTER Es ist Sonntag, Frau Mathild. Und morgen
ist wieder Montag.

MATHILDE Das ist halt unser irdisches Dasein, Herr
Rittmeister.

RITTMEISTER Mein Gewissen ist rein und trotzdem. Ich
war doch damals im Maxim nur von den altruisti-
schesten Absichten beseelt – versöhnend hab ich wirken wollen, versöhnend – und derweil hat sich eine
Tragödie nach der anderen abgerollt. Die arme Mariann wird eingekastelt und den Zauberkönig trifft
der Schlag. Noch gut, daß er am Leben geblieben ist.

MATHILDE *deutet auf den Rollstuhl:* Ist das ein Leben?

RITTMEISTER Dann schon lieber der Tod.
Stille.

MATHILDE Die ersten drei Tag, nachdem ihn der Schlag
getroffen gehabt hat, da hat sich der Hofrat schon gefürchtet, daß, wenn kein Wunder geschieht – der Leopold hat ja schon die Sphärenmusik gehört.

RITTMEISTER Wer ist Leopold?

MATHILDE Na der Zauberkönig!

RITTMEISTER Heißt der auch Leopold? Ich heiß nämlich
auch Leopold –

MATHILDE Das ist aber spaßig!

RITTMEISTER Was verstehen Sie unter Sphärenmusik?

MATHILDE Wenn einer knapp vor dem Tode ist, dann
fängt die arme Seel bereits an, den Körper zu verlassen – aber nur die halbe Seel – und die fliegt dann
schon hoch hinauf und immer höher – und dort dro-

ben gibts eine sonderbare Melodie, das ist die Musik der Sphären –
Stille.

RITTMEISTER Möglich. An und für sich – wo habens denn die schönen Maiglöckerl her?

MATHILDE Die hab ich mir so mitgehen lassen – aus dem Park vom Grafen Erdödy. Ich bring sie jetzt dem armen Leopold, er hat doch die Blumerl so gern.

RITTMEISTER Ist er noch geärgert auf mich?

MATHILDE Wegen was denn?

RITTMEISTER Na ich denk, wegen der fatalen Situation im Maxim, die wo ich ihm inszeniert hab.

MATHILDE Aber Herr Rittmeister! Nach all dem, was der Mann durchgemacht hat, hat er keine Lust mehr, sich über Sie zu ärgern – er ist überhaupt viel versöhnlicher geworden, er ist halt gebrochen. Wenn einer kaum mehr laufen kann und sprechen!

RITTMEISTER Habens denn was von der Mariann gehört?
Stille.

MATHILDE Können Sie schweigen, Herr Rittmeister?

RITTMEISTER Natürlich.

MATHILDE Ehrenwort?

RITTMEISTER Na wenn ich als alter Offizier nicht schweigen könnt! Denkens doch nur mal an all die militärischen Geheimnisse, die ich weiß!
Stille.

MATHILDE Herr Rittmeister. Sie war bei mir, die Mariann. Sie hat mich aufgesucht. Drei Monat ist sie gesessen, inklusive der Untersuchungshaft, und jetzt hat sie nichts zum Beißen – nur ihren Stolz, den hat sie noch gehabt! Aber den hab ich ihr gründlich ausgetrieben, kann ich nur sagen! Gründlich! Verlassen Sie sich nur auf mich, Herr Rittmeister, ich werd sie schon mit ihrem Papa aussöhnen, wir Frauen verstehen das besser, als wie die Herren der Schöpfung! Sie haben ja das im Maxim viel zu direkt versucht – mein Gott, hab ich mich damals erschrocken!

RITTMEISTER Ende gut, alles gut! Ich muß jetzt noch ins Café! Küßdiehand, Frau Mathild! *Ab.*
Erich erscheint auf des Zauberkönigs Balkon und begießt die Blumen. Mathilde entdeckt ihn.

ERICH *erblickt Mathilde:* Guten Morgen, gnädige Frau!

MATHILDE Wenn ich das gewußt hätt, daß du droben bist, dann wär ich später gekommen –

ERICH Sowie du kommst, geh ich – Ehrensache!

MATHILDE So geh doch! Geh!

ERICH Einen Moment! *Er begießt noch besonders sorgfältig einen toten Blumenstock und grinst boshaft dazu – dann verläßt er den Balkon.*

MATHILDE *allein:* Gemeines Vieh. Luder. Zuhälter. Hund, räudiger –

ERICH *tritt aus der Puppenklinik; er grüßt korrekt:* Verzeihen, Gnädigste! Ich möchte Sie nur darauf aufmerksam machen, daß wir uns jetzt wahrscheinlich das letztemal sehen –

MATHILDE Hoffentlich!

ERICH Ich fahre nämlich morgen früh – für immer.

MATHILDE Glückliche Reise!

ERICH Danke! *Er grüßt wieder korrekt und will ab.*

MATHILDE *plötzlich:* Halt!

ERICH Zu Befehl?
Stille.

MATHILDE Wir wollen uns nicht so Adieu sagen – Komm, geben wir uns die Hand – trennen wir uns als gute Kameraden –

ERICH Gut. *Er gibt ihr die Hand; zieht dann ein Notizbuch aus der Tasche und blättert darin.* Hier steht es genau notiert. Soll und Haben, die ganze Summe – jede Zigarette.

MATHILDE *freundlich:* Ich brauch deine Zigaretten nicht –

ERICH Ehrensache!

MATHILDE *nimmt seine Hand, in der er das Notizbuch hält und streichelt sie:* Du bist halt kein Psychologe, Erich – *Sie nickt ihm freundlich zu und langsam ab in die Puppenklinik.*

ERICH *sieht ihr nach; ist nun allein:* Altes fünfzigjähriges Stück Scheiße – *Ab – und nun spielt die Realschülerin im zweiten Stock wieder, und zwar wieder die »Geschichten aus dem Wiener Wald« von Johann Strauß.*

OSKAR *kommt mit Alfred – er deutet auf den Rollstuhl:* Das dort ist sein neuer Fiaker –

ALFRED So ein Schlaganfall ist kein Witz. Was? »Zu vermieten«?

OSKAR *lächelt:* Auch das, lieber Herr – Es hat sich hier ausgezaubert, das heißt: falls er sich nicht wieder mit unserer Mariann versöhnt –

ALFRED Wie traurig das alles ist! Glaubens mir nur, ich bin an dieser ganzen Geschicht eigentlich unschuldig – heut begreif ich mich gar nicht, ich hab es doch so gut gehabt früher, ohne Kummer und ohne Sorgen – und dann läßt man sich in so ein unüberlegtes Abenteuer hineintreiben – es geschieht mir schon ganz recht, weiß der Teufel, was in mich gefahren ist!

OSKAR Das ist halt die große Liebe gewesen.

ALFRED Oh, nein! Dazu hab ich schon gar kein Talent – Ich war nur zu weich. Ich kann halt nicht nein-sagen, und dann wird so eine Liaison automatisch immer ärger. Ich wollt nämlich seinerzeit Ihre Verlobung wirklich nicht auseinanderbringen – aber die liebe Mariann bestand auf dem Alles-oder-nichts-Standpunkt. Verstehens mich?

OSKAR Leicht! Der Mann ist ja nur der scheinbar aktive Teil und das Weib nur der scheinbar passive – wenn man da näher hineinleuchtet –

ALFRED Abgründe tun sich auf.

OSKAR Und sehens, deshalb war ich Ihnen persönlich eigentlich nie so recht bös – Ihnen hab ich nie etwas Böses gewünscht.

ALFRED Aber der Mariann?

OSKAR *lächelt:* Ja, die hat bitter büßen müssen, das arme Hascherl – für die große Leidenschaft ihres Lebens –

ALFRED Nein, soviel Leut ins Unglück zu stürzen –!

Wirklich: wir Männer müßten mehr zusammenhalten.

OSKAR Wir sind halt zu naiv.

ALFRED Allerdings.

Stille.

Herr Oskar. Ich weiß gar nicht, wie ich Ihnen danken soll, daß Sie es übernommen haben, mich mit der Frau Mathild wieder auszusöhnen –

OSKAR *unterbricht ihn:* Pst!

MATHILDE *kommt mit dem Zauberkönig aus der Puppenklinik; er stützt sich auf zwei Stöcke und scheint fast völlig gelähmt – nur die Arme kann er gebrauchen; sie setzt ihn in den Rollstuhl; breitet eine Decke über seine Beine und legt ihm die Maiglöckchen in den Schoß – und nun bricht der Walzer ab, mitten im Takt:* So – So, mein Kind. Jetzt kannst du dann spazierenfahren, aber bleib nicht zu lang aus und gib schön acht auf dich, hörst du? Ich bin in einer halben Stund wieder da – am besten, du fahrst bis zum Spielplatz und wieder retour – *Sie erblickt Oskar – Alfred hatte sich bereits in der Türnische der Fleischhauerei versteckt.* Ah der Oskar! Guten Morgen, Oskar!

OSKAR Guten Morgen!

MATHILDE Hörst du, Leopold? Der liebe Oskar ist da, der Oskar!

Zauberkönig nickt.

Zu Oskar. Es geht uns heut schon viel besser, und es wird schon noch werden! Wir müssen uns nur vor jeder Aufregung hüten, denn die kleinste Aufregung kann mit einem zweiten Schlaganfall enden und dann – hörst du? Also nur nicht aufregen – still, kein Wort! Das strengt dich ja nur an – fahr jetzt zu, und auf Wiedersehen in einer halben Stund! Verlier meine Maiglöckchen nicht!

Zauberkönig ab in seinem Rollstuhl.

OSKAR Rührend, wie du dich um den Krüppel kümmerst.

MATHILDE Ich bin ja auch die einzige, die sich um ihn kümmert, das liegt halt so in der weiblichen Natur –

ein gewisses Muttergefühl – *Sie schminkt sich vor ihrem Taschenspiegel.* Oskar. Allmählich krieg ich eine schöne Macht über ihn, weil er auf mich angewiesen ist – und ich werd ihn mit der Mariann versöhnen – er wird sich schon versöhnen, schon aus lauter Angst vor dem zweiten Schlaganfall – nämlich auf diese seine Angst bau ich meinen Plan auf, wirst schon sehen, dieser Haustyrann wird noch aus der Hand fressen –

OSKAR Mathild. Auch mit dir möcht sich jemand versöhnen.

MATHILDE Wer? Erich?

OSKAR Nein.

MATHILDE Sondern?

OSKAR Dort –

Mathilde nähert sich der Fleischhauerei und erblickt Alfred.

Alfred grüßt.

Stille.

MATHILDE Ach!

ALFRED Ich bitte dich um Verzeihung.

Stille.

Du ahnst es ja nicht, was mich diese Reue für innere Kämpfe gekostet hat, dieser Gang nach Canossa – Ich hab ja schon vor mir selbst gar kein Schamgefühl mehr, weil ich weiß, daß ich dir unrecht getan hab.

MATHILDE Mir?

ALFRED Ja.

MATHILDE Wann denn?

Alfred ist perplex.

Mir hast du nichts Schlechtes getan.

ALFRED *ist noch perplexer; er lächelt verlegen:* Na ich hab dich doch verlassen –

MATHILDE Du mich? Ich dich! Und außerdem war das auch nichts Schlechtes, sondern nur etwas sehr Gutes, merk dir das, du eitler Aff!

ALFRED Wir sind als gute Kameraden auseinander, verstanden?

MATHILDE Wir zwei sind getrennte Leut, verstanden?! Weil ich mit einem ausgemachten Halunken in der Zukunft nichts mehr zu tun haben möcht!
Stille.

ALFRED Wieso denn ein ausgemachter? Du hast doch grad selber gesagt, daß ich dir nichts getan hab!

MATHILDE Mir nichts! Aber der Mariann! Und deinem Kind?
Stille.

ALFRED Die Mariann hat immer gesagt, ich könnt hypnotisieren. – *Er schreit sie an.* Was kann ich denn dafür, daß ich auf die Frauen so stark wirk?!

MATHILDE Schrei mich nicht an!

OSKAR Meiner Meinung nach, war der Herr Alfred relativ gut zur Mariann –

MATHILDE Wenn Ihr Mannsbilder nur wieder zusammenhelft! Oh, ich hab aber auch noch mein weibliches Solidaritätsgefühl! *Zu Alfred.* So klein möcht ich dich sehen, so klein!
Stille.

ALFRED Ich bin eine geschlagene Armee. Das mußt du mir nicht sagen, daß ich ein schlechter Mensch bin, das weiß ich, weil ich halt zuguterletzt ein schwacher Mensch bin. Ich brauch immer jemand, für den ich sorgen kann und muß, sonst verkomm ich sofort. Für die Mariann konnt ich aber nicht sorgen, das war mein spezielles Pech – Ja, wenn ich noch einiges Kapital gehabt hätt, dann hätt ich ja wieder auf die Rennplätz hinauskönnen, trotzdem daß sie es nicht hat haben wollen –

MATHILDE Sie hat es nicht haben wollen?

ALFRED Aus moralischen Gründen.

MATHILDE Das war aber dumm von ihr, wo das doch dein eigenstes Gebiet ist.

ALFRED Siehst du! Und an diesem Lebensauffassungsunterschied zerschellte auch schließlich unser Verhältnis. Ganz von allein.

MATHILDE Lüg nicht.

Stille.

ALFRED Mathild. Ich hab eine Hautcreme vertreten, Füllfederhalter und orientalische Teppich – es ist mir alles danebengelungen und nun steck ich in einer direkt schweinischen Situation. Du hast doch früher auch für eine jede Schweinerei Verständnis gehabt –

MATHILDE *unterbricht ihn:* Was würdest du tun, wenn ich dir jetzt fünfzig Schilling leihen würde?

Stille.

ALFRED Fünfzig?

MATHILDE Ja.

ALFRED Ich würde natürlich sofort telegrafisch in Maisons-Laffitte Sieg und Platz –

MATHILDE *unterbricht ihn:* Und? Und?

ALFRED Wieso?

MATHILDE Und den Gewinn?

Stille.

ALFRED *lächelt hinterlistig:* Den voraussichtlichen Gewinn würde ich morgen persönlich meinem Söhnchen überreichen –

MATHILDE Werden schen –! Werden sehen!

Marianne kommt rasch und erschrickt.

OSKAR Mariann!

MATHILDE Na also!

Marianne starrt einen nach dem anderen an – will rasch wieder fort.

Halt! Dagebliebent! Jetzt werden wir mal den Schmutz da zusammenräumen – jetzt kommt die große Stöberei! Jetzt wird versöhnt und basta!

Stille.

OSKAR Mariann, ich verzeihe dir gern alles, was du mir angetan hast – denn lieben bereitet mehr Glück als geliebt zu werden – Wenn du nämlich nur noch einen Funken Gefühl in dir hast, so mußt du es jetzt spüren, daß ich dich trotz allem noch heut an den Altar führen tät, wenn du nämlich noch frei wärst – ich mein jetzt das Kind –

Stille.

217

MARIANNE Was denkst du da?

OSKAR *lächelt:* Es tut mir leid.

MARIANNE Was?

OSKAR Das Kind –

Stille.

MARIANNE So laß doch das Kind in Ruh – Was hat dir denn das Kind getan? Schau mich doch nicht so dumm an!

MATHILDE Mariann! Hier wird jetzt versöhnt!

MARIANNE *deutet auf Alfred:* Aber nicht mit dem!

MATHILDE Auch mit dem! Alles oder nichts! Auch das ist doch nur ein Mensch!

ALFRED Ich danke dir.

MARIANNE Gestern hast du noch gesagt, daß er ein gemeines Tier ist.

MATHILDE Gestern war gestern und heut ist heut und außerdem kümmer dich um deine Privatangelegenheiten.

ALFRED Nur wer sich wandelt, bleibt mit mir verwandt.

OSKAR *zu Marianne:*
 Denn so lang du dies nicht hast
 Dieses Stirb und Werde!
 Bist du noch ein trüber Gast
 Auf der dunklen Erde!

MARIANNE *grinst:* Gott, seid ihr gebildet –

OSKAR Das sind doch nur Kalendersprüch!

MATHILDE Sprüch oder nicht Sprüch! Auch das ist doch nur ein Mensch mit all seinen angeborenen Fehlern und Lastern – Du hast ihm halt auch keinen genügend starken inneren Halt gegeben!

MARIANNE Ich hab getan, was ich tun konnte!

MATHILDE Du bist halt zu jung!

Stille.

ALFRED Zuguterletzt war ich ja auch kein Engel.

MATHILDE Zuguterletzt ist bei einer solchen Liaison überhaupt nie jemand schuld – das ist doch zuguterletzt eine Frage der Planeten, wie man sich gegenseitig bestrahlt und so.

MARIANNE Mich hat man aber eingesperrt.
Stille.
Sie haben mich sehr erniedrigt.
OSKAR Die Polizei trägt allerdings keine Glacéhand-
schuhe.
MATHILDE Waren es wenigstens weibliche Kriminalbe-
amte?
MARIANNE Teils. *Zauberkönig erscheint im Rollstuhl; er
bremst scharf und sperrt den Mund auf.*
MATHILDE *eilt auf ihn zu, beugt sich über ihn, streichelt
ihn und spricht wie zu einem kleinen Kind:* Nicht,
nicht, nicht – nur nicht aufregen, nicht aufregen, nicht
aufregen – Wer ist denn das dort, wer ist denn das? –
Das ist ja unsere Mariann, die Mariann, die Mariann
– Leopold! Der liebe Gott hat dir einen Fingerzeig gegeben – daß du nämlich noch unter uns bist – Still!
Reg dich nur nicht auf, reg dich nicht auf – sonst
kommt der zweite Schlaganfall, der zweite Schlaganfall, und dann, und dann – Still! Versöhn dich lie-
ber, versöhn dich, versöhn dich – Und du wirst auch
dein Geschäft wieder weiterführen können, es wird
alles wieder besser, wieder besser, besser, besser –
*Zauberkönig schiebt Mathilde zur Seite und starrt
auf Marianne und Alfred.*
Stille.
Alfred grüßt.
MARIANNE Guten Tag –
Stille.
ZAUBERKÖNIG *da seine linke Gesichtshälfte gelähmt ist,
spricht er als hätte er einen Sprachfehler:* Guten Tag.
*Marianne zuckt zusammen und starrt ihn entsetzt an.
Zu Mathilde.* Was hat sie denn?
Stille.
Ach so – meine moderne Ausssprach – Jaja, das kommt
davon, das kommt davon – So Gott will.
Stille.
Was starrt ihr mich denn so an? So regts mich doch
nicht so auf, ihr blöden Vieher!

MARIANNE Armer Papa, armer Papa! *Sie stürzt zu ihm hin, fällt in die Knie, vergräbt ihren Kopf in seinem Schoß und weint leise.*

ZAUBERKÖNIG *tief gerührt; langsam streicht er ihr durch das Haar:* Die Mariann, die Mariann – Du dummes Weiberl, dummes Weiberl – *Er hält plötzlich inne und schiebt Marianne zur Seite.* Was ist das, was ist das?! *Er steht ruckartig auf.* Ich glaub, ich kann ja wieder gehen – *Er versucht es auf einen Stock gestützt und es gelingt.*

MATHILDE Ein Wunder! Ein Wunder –

ZAUBERKÖNIG *auf und ab:* Ich kann wieder gehen, ich kann wieder gehen!

MATHILDE Siehst du deine gute Tat!

ZAUBERKÖNIG Das ist halt eine reine Nervensach, so ein Schlaganfall –!

OSKAR Und durch diese freudige Erschütterung –

ZAUBERKÖNIG *unterbricht ihn:* Gewiß, gewiß! Ein neuer Mensch, wie der Vogel Phönix! *Er reißt mit seinem Stock die »Zu vermieten«-Zettel ab.* Bravo, Mariann! Bravo! Das hab ich jetzt indirekt dir zu verdanken! *Er kneift sie in die Wange –* und morgen – *sehr langsam* – und morgen, morgen geht der liebe gute Großpapa zum Bubi – *Er singt.* Zum Bubi! Zum Bubi! *Er grinst und gibt Marianne mit dem Stock einen Klaps auf den Hintern.*

MARIANNE Au! *Sie lacht überglücklich.*

Siebentes Bild

Draußen in der Wachau.
Ein Häuschen am Fuße einer Burgruine.
Die Tochter hängt die Wäsche auf, die Mutter schält
Erdäpfel und die Großmutter sitzt in der Sonne vor
einem kleinen Tischerl und stimmt ihre Zither. Und in
der Nähe fließt die schöne blaue Donau.

Alfred kommt – er sieht sich suchend um und grüßt
die Tochter.

DIE TOCHTER *grüßt zurück, läßt ihre Wäsche im Stich*
und nähert sich ihm: Wollen der Herr vielleicht auf
den Turm?

ALFRED Auf was für einen Turm?

DIE TOCHTER Auf unsern Turm – Nämlich dem Bestei-
ger bietet sich droben eine prächtige Fernsicht und
eine instruktive Rundsicht – Wenn der Herr wollen,
werd ich den Herrn führen.

ALFRED *lächelt weltmännisch:* Was kostet das?

DIE TOCHTER Zwanzig Groschen.

Stille.

ALFRED Wem gehört denn diese Ruine?

DIE TOCHTER Dem Staat. Wir verwalten sie nur – aber
in der Nacht möcht ich nicht um alles hinauf, denn
dann kommen die Gespenster und erschrecken die
Leut.

ALFRED Was für Gespenster?

DIE TOCHTER Na so eine Art Ritter Blaubart, der wo
seine Gemahlinnen im Bett mit der Schaufel erschlagen hat.

ALFRED *lächelt wieder weltmännisch:* Das liegt aber
nicht an uns armen Männern –

DIE TOCHTER Nanana –

DIE MUTTER *ruft:* Julie! Was möcht denn der Herr?

DIE TOCHTER Er möcht auf unsern Turm hinauf!

DIE MUTTER Das ist etwas anderes! –

ALFRED *zur Tochter:* Ich hab zwar eigentlich nicht ge-
möcht, aber in Anbetracht einer solchen charmanten
Führung – *Er folgt der Tochter in die Ruine.*

DIE GROSSMUTTER Frieda!

DIE MUTTER Ja Mama?

DIE GROSSMUTTER Mir gefällt die Julie nicht mehr.

DIE MUTTER Mein Gott, mir auch nicht –

DIE GROSSMUTTER Eine feine Tochter hast du da – Frech
und faul! Ganz der Herr Papa!

DIE MUTTER So laß doch den Mann in Ruh! Jetzt liegt
er schon zehn Jahr unter der Erden und gibst ihm noch
immer keine Ruh!

DIE GROSSMUTTER Wer hat ihn denn so früh unter die
Erden gebracht? Ich vielleicht? Oder der liebe Alkohol? Deine ganze Mitgift hat er versoffen!

DIE MUTTER Jetzt will ich aber nichts mehr hören, ich
will nicht!

DIE GROSSMUTTER Halts Maul! *Sie spielt auf ihrer Zither
den Doppeladlermarsch.*
*Die Tochter erscheint nun mit Alfred auf der Spitze
des Turmes.*

ALFRED *lauscht:* Wer spielt denn da so fesch?

DIE TOCHTER Das ist die Großmutter.

ALFRED Großmutter? Resolut! Resolut!

DIE TOCHTER Mit mir traut sie sich ja nicht anzuban-
deln, ich laß mir nämlich nichts gefallen. Brav sein,
bittschön.
Stille.

ALFRED Sie spielt aber sehr musikalisch.

DIE TOCHTER Sie spielt nur dann, wenn sie eine schlech-
te Laune hat.

ALFRED Was ist ihr denn übers Leberl gekrochen?

DIE TOCHTER Ein tragischer Unglücksfall. Gestern.

ALFRED *lächelt:* Sehr tragisch?

DIE TOCHTER Geh reden wir von was anderem! Nein,
nicht so –

DIE GROSSMUTTER *beendet nun ihren Marsch:* Frieda!
Hast du ihr schon den Brief geschrieben?

DIE MUTTER Nein.

DIE GROSSMUTTER Soll ich ihn vielleicht schreiben?

DIE MUTTER Ich schreib ihn schon, ich schreib ihn schon – Herrgott, ist das alles entsetzlich! Sie wird uns noch Vorwürf machen, daß wir nicht aufgepaßt haben –

DIE GROSSMUTTER Wir? Du! Du, willst du wohl sagen!

DIE MUTTER Was kann denn ich dafür?

DIE GROSSMUTTER Wars vielleicht meine Idee, ein Kind in Kost zu nehmen?! Nein, das war deine Idee – weil du etwas kleines Liebes um dich hast haben wollen, hast du gesagt! Hast du gesagt! Ich war immer dagegen. Mit sowas hat man nur Scherereien! Wegen der lumpigen fünfzehn Schilling im Monat –

DIE MUTTER Gut. Bin ich wieder schuld. Gut. Am End bin ich dann vielleicht auch daran schuld, daß der Bubi gestern in die Donau gefallen ist – bin ich daran schuld, daß er ertrunken ist?!

Die Großmutter schweigt boshaft und spielt auf ihrer Zither leise den Donauwellenwalzer.

Sieht ihr haßerfüllt zu. Altes Luder – *Wütend ab mit ihren Erdäpfeln in das Häuschen.*

ALFRED Unsere Donau ist halt doch was Schönes. Wie die so dahinfließt – das ist schon sehr schön.

DIE TOCHTER Ich wollt, ich wär in Wien!

ALFRED Und ich wollt, ich könnt immer heraußen sein – so still vor mich hinleben, in so einem Häuschen, und nichts mehr hören –

DIE TOCHTER Was kann man denn hier heraußen schon werden?

ALFRED Und was bin ich in Wien geworden?

DIE TOCHTER Ich wüßt schon, was ich machen tät in Wien! Ich käm schon durch!

ALFRED Auch Sie würden ihnen nicht entrinnen –

DIE TOCHTER Wem?

ALFRED Den Männern.

DIE TOCHTER Na das würd ich aber schon selber in die Hand nehmen!

ALFRED Resolut! Resolut! Ganz die liebe Großmama!

Pause.

DIE TOCHTER Was möchten Sie eigentlich hier heraußen, Sie schöner Mann aus Wien?

ALFRED Eigentlich such ich hier ein bestimmtes Haus. Das Haus Nummer siebzehn.

DIE TOCHTER Nummer siebzehn? *Die Großmutter hört nun auf zu spielen und erschrickt.*

ALFRED Ja. Dort ist nämlich ein kleines Kinderl in Pflege. Ein Bubi. Und davon bin ich der Herr Papa – Was schauns mich denn so geistesabwesend an?

DIE TOCHTER *langsam:* Sie sind der Papa?

ALFRED *lächelt:* Derselbe.

DIE TOCHTER Der Papa von dem Bubi?

ALFRED Trauns mir denn das nicht zu? Oder habens schon von mir gehört, weil Sie mich so spaßig fixieren? Hat vielleicht die Mama von dem Bubi sehr über mich geschimpft? Wir haben uns nämlich entzweit –

DIE TOCHTER Nein, das ist entsetzlich –

ALFRED Was habens denn?

Stille.

DIE TOCHTER Nein, das bring ich nicht heraus – das bring ich nicht heraus –

ALFRED Schauns mich an.

DIE TOCHTER *schaut ihn an:* Ich kann Sie nicht anschaun –

ALFRED Aber ich seh mich doch in Ihren Augen –

DIE TOCHTER Herr! Wir da unten, wir sind ja das Haus Nummer siebzehn – und es ist ein fürchterliches Unglück passiert – gestern –

ALFRED Was?

DIE TOCHTER Mit dem Bubi, Herr – mit Ihrem Bubi – Er hat bei der Donau gespielt und ist hineingefallen –

ALFRED Tot?!

DIE TOCHTER Ja. Ertrunken –

Stille.

ALFRED In der Donau.

DIE TOCHTER Und er war doch so herzig, unser Bubi – *Sie weint.*

ALFRED *schließt sie in seine Arme:* Nicht weinen, nicht
weinen –

DIE TOCHTER Ich kenne Sie nicht, Herr – aber Sie sind
sicher kein schlechter Mensch – daß Sie nämlich als der
eigene Vater mich eigentlich Fremde noch trösten –
Stille.

ALFRED Wie groß war er denn schon, der Bubi?

DIE TOCHTER So groß –
Stille.

ALFRED Und die Mutter? Ist sie schon unterrichtet?

DIE TOCHTER Nein, wir traun uns ja gar nicht, ihr zu
schreiben – wir haben doch das Kind alle so gern gehabt! Nur die Großmutter hat das gleich geahnt – sie
war immer dagegen, daß wir ein Kind in Pflege nehmen – Jetzt triumphiert sie natürlich.
Stille.

ALFRED In die Donau, in unsere schöne blaue Donau –

DIE TOCHTER Sehens, da kommen die Fischer, die den
Bubi suchen –
*Die Fischer mit langen Stöcken und Haken, kommen
und sprechen mit der Mutter, die wieder aus dem
Häuschen getreten ist; die Großmutter horcht.*
Möchtens nicht hinunter?

ALFRED Nein. Jetzt möcht ich allein sein –

DIE TOCHTER Über uns webt das Schicksal Knoten in unser Leben –

ALFRED Ich bin viel allein.

DIE TOCHTER Ich auch.
Die Fischer gehen nun wieder.

DIE MUTTER Sie haben noch immer nichts gefunden.

DIE GROSSMUTTER Kann man sich ja denken!

DIE MUTTER Was du dir so alles denkst –

DIE GROSSMUTTER Gottseidank!
Stille.
Vielleicht ist es ihr gar nicht so entsetzlich – ich meine
jetzt deine Fräulein Mariann – Man kennt ja diese
Sorte Fräuleins – vielleicht wird das Fräulein sogar
zufrieden sein, daß sie es los hat –

DIE MUTTER Mama! Bist du daneben?!

DIE GROSSMUTTER Was fällt dir ein, du Mistvieh?!

DIE MUTTER Was fällt dir ein, du Ungeheuer?! Das
Fräulein ist doch auch nur eine Mutter, genau wie du!!

DIE GROSSMUTTER *kreischt:* Vergleich mich nicht mit ihr!
Ich hab mein Kind in Ehren geboren oder bist du ein
unehelicher Schlampen?! Wo kein Segen von oben dabei ist, das endet nicht gut und soll es auch nicht! Wo
kämen wir denn da hin?! *Sie spielt wieder ihren Doppeladlermarsch.*

DIE MUTTER Spiel nicht! So hör doch auf!

DIE GROSSMUTTER Gut! Aber dann wird jetzt hier endlich geschrieben – und wenn du zu feig dazu bist, dann
diktier ich dir! *Sie erhebt sich.* Setz dich her! Hier hast
du Papier und Bleistift – ich habs schon vorbereitet.

DIE MUTTER Ungeheuer –

DIE GROSSMUTTER Kusch! Setz dich! Schreib! Freu dich,
daß ich dir hilf!

Die Mutter setzt sich.

Geht gebeugt auf und ab und diktiert. Wertes Fräulein! – jawohl: Fräulein! – Leider müssen wir Ihnen
eine für Sie recht traurige Mitteilung machen. Gott
der Allmächtige hat es mit seinem unerforschlichen
Willen so gewollt, daß Sie, wertes Fräulein, kein Kind
mehr haben sollen. Das Kind hat gestern in den Do-
nauauen gespielt und ist beim Spielen in die Donau
gefallen – Punkt. Aber trösten Sie sich, Gott der Allmächtige liebt die unschuldigen Kinder. Punkt. Mich
und meine Familie trifft wirklich keine Schuld. Neuer
Absatz. Ich spreche Ihnen, wertes Fräulein, auch im
Namen meiner lieben Mutter und meiner Tochter, unser innigstes Beileid aus, Schluß. Mit vorzüglicher
Hochachtung Ihre Frieda so und so –

MARIANNE *kommt mit Zauberkönig, Mathilde und Oskar, denen sie etwas vorausgeeilt ist:* Guten Tag, liebe
Frau Kreutler! Küßdiehand, Großmutter! Jetzt war
ich aber lang nicht mehr da, ich bin ja nur froh, daß
ich euch wiederseh – Das ist mein Vater!

Zauberkönig grüßt.
Die Mutter starrt ihn an.
Wird es plötzlich unheimlich: Was habt ihr denn –?
Die Großmutter reicht ihr den Brief.
Nimmt ihr mechanisch den Brief ab und sieht sich scheu um; bange: Wo ist der Bubi? Wo ist denn der Bubi?

DIE GROSSMUTTER Lesen, bitte. Lesen –
Marianne liest den Brief.

ZAUBERKÖNIG Na wo ist denn der Bucibubi? Bubi! Bucibubi! *Er hält ein Kinderspielzeug in der Hand, an dem Glöckchen befestigt sind und läutet damit.* Der Opapa ist da! Der Opapa!
Marianne läßt den Brief fallen.
Stille.

ZAUBERKÖNIG *plötzlich ängstlich:* Mariann! Ist denn was passiert?

MATHILDE *hat den Brief aufgehoben und gelesen; jetzt schreit sie:* Maria! Tot ist er! Hin ist er, der Bucibubi! Tot!
Zauberkönig wankt – läßt das Kinderspielzeug fallen und hält die Hand vors Gesicht.
Stille.
Die Großmutter hebt neugierig das Kinderspielzeug auf und läutet damit.
Marianne beobachtet sie – stürzt sich plötzlich heiser brüllend auf sie und will sie mit der Zither erschlagen.
Oskar drückt ihr die Kehle zu.
Marianne röchelt und läßt die Zither fallen.
Stille.

DIE GROSSMUTTER *leise:* Du Luder. Du Bestie. Du Zuchthäuslerin – Mich? Mich möchst du erschlagen, mich?

DIE MUTTER *schreit die Großmutter plötzlich an:* Jetzt schau aber, daß du ins Haus kommst! Marsch! Marsch!

DIE GROSSMUTTER *geht langsam auf die Mutter zu:* Dir tät es ja schon lange passen, wenn ich schon unter der Erden wär – nicht? Aber ich geh halt noch nicht, ich

geh noch nicht – Da! *Sie gibt der Mutter eine Ohr-feige.* Verfaulen sollt ihr alle, die ihr mir den Tod wünscht! *Ab in das Häuschen.*
Stille.

DIE MUTTER *schluchzt:* Na, das sollst du mir büßen – *ihr nach.*

ZAUBERKÖNIG *nimmt langsam die Hand vom Gesicht:* Der zweite Schlaganfall, der zweite Schlaganfall – nein nein nein, lieber Gott, laß mich noch da, lieber Gott – *Er bekreuzigt sich.* Vater unser, der du bist im Himmel – groß bist du und gerecht – nicht wahr, du bist gerecht? Laß mich noch, laß mich noch – Oh, du bist gerecht, oh du bist gerecht! *Er richtet sich seine Krawatte und geht langsam ab.*

MARIANNE Ich hab mal Gott gefragt, was er mit mir vor hat – Er hat es mir aber nicht gesagt, sonst wär ich nämlich nicht mehr da – Er hat mir überhaupt nichts gesagt – Er hat mich überraschen wollen – Pfui!

OSKAR Marianne! Hadere nie mit Gott!

MARIANNE Pfui! Pfui! *Sie spuckt aus.*
Stille.

OSKAR Mariann. Gott weiß, was er tut, glaub mir das.

MARIANNE Bubi! Wo bist du denn jetzt? Wo?

OSKAR Im Paradies.

MARIANNE So quäl mich doch nicht –

OSKAR Ich bin doch kein Sadist! Ich möcht dich doch nur trösten – Dein Leben liegt doch noch vor dir. Du stehst doch erst am Anfang – Gott gibt und Gott nimmt –

MARIANNE Mir hat er nur genommen, nur genommen –

OSKAR Gott ist die Liebe, Mariann – und wen Er liebt, den schlägt Er –

MARIANNE Mich prügelt er wie einen Hund!

OSKAR Auch das! Wenn es nämlich sein muß.
Stille.

OSKAR Mariann. Ich hab dir mal gesagt, daß ich es dir nie wünsch, daß du das durchmachen sollst, was du mir angetan hast – und trotzdem hat dir Gott Menschen gelassen – die dich trotzdem lieben – und jetzt, nachdem sich alles so eingerenkt hat – Ich hab dir mal gesagt, Mariann, du wirst meiner Liebe nicht entgehn –

MARIANNE Ich kann nicht mehr. Jetzt kann ich nicht mehr –

OSKAR Dann komm – *Er stützt sie, gibt ihr einen Kuß auf den Mund und ab mit ihr.*

Alfred kommt mit der Tochter vom Turm herab.

MATHILDE *sieht der Tochter nach:* Wo kommst du her?

ALFRED Vom Turm.

MATHILDE Was war das für ein Turm?

ALFRED Sei doch nicht so geschmacklos –

Stille.

MATHILDE Pardon! Mein herzlichstes Beileid.

ALFRED Danke.

Stille.

Zieht Geldscheine aus seiner Hosentasche: Da. Jetzt hab ich gestern noch telegrafisch gesetzt und hab in Maisons-Laffitte gewonnen – und heut wollt ich meinem Sohne vierundachtzig Schilling bringen –

MATHILDE Wir werden ihm einen schönen Grabstein setzen. Vielleicht ein knieendes Englein.

ALFRED Ich bin sehr traurig. Wirklich. Ich hab jetzt grad so gedacht – so ohne Kinder hört man eigentlich auf. Man setzt sich nicht fort und stirbt aus. Schade.

Nun wird es finster und ein großes Streichorchester spielt die »Geschichten aus dem Wiener Wald« – und die Szene verändert sich zum Schlußtableau: in einem kitschigen Barocksaal wird Oskar und Mariannes Hochzeit gefeiert: Einzug, Solotanz des Brautpaares und allgemeiner Tanz; unter den Hochzeitsgästen bemerkt man Mathilde, Alfred, Erich, den Rittmeister, die erste und die zweite Tante nebst der ganzen Verwandtschaft, Havlitschek im Sonntagsstaat, den Beichtvater, die Großmutter, Mutter und Tochter, Emma und die gnädige Frau, den Conférencier mit Damen vom Ballett und den dazugehörigen Kavalie-

ren; es ist überhaupt alles da, ja selbst der Mister fehlt nicht — Er überreicht der Braut einen prächtigen Strauß weißer Lilien; und allen voran natürlich der Zauberkönig. — Dann fällt der Vorhang.

RITTMEISTER *tritt vor den Vorhang:* Meine Damen und Herren! Leider Gottes sind anläßlich der heutigen Hochzeit eine derartige Anzahl von Hochzeitsgratulationen eingetroffen, daß sich Oskar und Marianne, unser junges Paar, außerstande sehen, einem Jeden separat zu danken. Ich habe nun den ehrenvollen Auftrag, Ihnen, meine Sehrverehrten, im Namen unserer Jungvermählten für all die liebenswürdigen Glückwünsche von ganzem Herzen zu danken! Ich danke Ihnen, meine Damen und Herren!

Die stille Revolution

Es war einmal ein Soldat – Ein Soldat der Diktatur –
Der Vater aller Dinge – Hoch in der Luft – Das verwunschene Schloß – Das Vaterland ruft und es nimmt
mit Recht auf das Privatleben seiner Kinder keine Rücksicht – Der Hauptmann – Der Irrtum – Der Schneemann

Es war einmal ein Soldat. Er war ein Kind seiner Zeit.

Name: Peter XY.

Geboren: 7. XI. 1915.

Geburtsort: die Haupt- und Residenzstadt.

Zuständigkeitsort: ein Dorf.

Ständiger Wohnsitz: ohne.

Beruf: Kellner.

Name des Vaters: Peter XY.

Beruf des Vaters: Oberkellner.

Name der Mutter: Karoline XY, geborene Z.

Wohnsitz der Eltern: Vater gefallen in Galizien Mai 1916. Mutter gestorben an der Grippe Herbst 1919.

Statur: mittelgroß, schlank.

Haare: dunkelblond.

Augen: braun.

Mund: regelmäßig.

Nase: regelmäßig.

Besondere Kennzeichen: keine.

Bemerkungen: Kriegerwaise. Vorbestraft wegen Bettelns.

Es war einmal ein Soldat

Es war einmal ein Soldat. Er war ein Kind seiner Zeit.

Es gibt gute Zeiten und fette Jahre, aber als unser Soldat geboren wurde, waren die Jahre mager und die Zeiten bös. Es war nämlich Krieg.

Er lag in der Wiege und die Mutter sang: »Flieg Maikäfer, flieg, Vater ist im Krieg —«

Und die Maikäfer flogen um den Apfelbaum und der Vater blieb im Krieg. Da weinte die Mutter die ganze Nacht und hat nie mehr gesungen.

Die Wiesen blühten und die Mutter wurde immer stiller.

Der Sommer kam und im Herbst war der Krieg zu Ende. Die einen siegten, die anderen verloren. Aber der Mutter war das gleichgültig, denn sie hatte ihren Mann verloren.

Sie bekam eine kleine Rente, aber die Rente war zu niedrig, von ihr konnte sie nicht leben. Und ihre Arbeit hatte sie auch verloren, denn nun kamen die Männer zurück und nahmen die Stellen der Frauen ein. Da ging sie ins Wasser. Ihr Name stand in der Zeitung unter der Rubrik »Die Lebensmüden des Tages«. Ja, sie war sehr müde. Es war nur eine kleine Notiz.

Sie wollte das Kind mitnehmen, aber da saß der Schutzengel an der Wiege und sagte »Tu es nicht!« und die Mutter fragte: »Wirst du denn mein Kind beschützen?« Und da lächelte der Engel: »Wenn mir alle so folgen, wie du, dann ja —«

Die Mutter begriff es nicht, was der Engel sagte, aber sie folgte ihm. Sie ließ das Kind zurück.

Heut sinds zirka zwanzig Jahre her.

Ja, unser Soldat ist ein sogenanntes Kriegskind.

Aber er kann sich an den Krieg nicht mehr erinnern.

Wenn der Soldat heute nachdenkt, an was er sich als erstes in seinem Leben erinnern kann, dann sieht er sich in einem großen Raume auf dem Fußboden sitzen. Der

Boden besteht aus Brettern und er fährt mit dem Finger
die Striche entlang. Er weiß nicht, was er tut. Er weiß
nur, die Fenster sind hoch, sehr hoch, überhaupt ist alles
so hoch, als wär der Plafond der Himmel. Noch ist alles
so groß, was die Menschen gebaut haben. Warte nur, es
wird schon kleiner! Und er weiß, daß wenn er groß sein
wird, daß wenn er bei den Fenstern hinausschauen
könnt, dann läg draußen die große Welt. Wie ein böser
Hund. Oder ein baves Pferd.
Aber das weiß er alles nicht so genau.
Er weiß nur, daß er fror, wie er so auf dem Boßen saß.
Und das stimmte auch. Denn in dem Waisenhaus, wo
er heranwuchs, wurde oft nicht geheizt. Nicht, als wollte
man sparen, nein – man hatte keine Kohlen. Denn
nach dem Krieg gibt es oft keine Kohlen. Keine Waggons
und die Arbeiter streikten. Und es wurde um die Gru-
ben gekämpft. Denn die Arbeiter meinten, nur durch
einen Krieg könnte es dahin kommen, daß es keinen
Krieg mehr gibt.
Aber an die Kohlen, die es nicht gab, erinnert er sich
nicht mehr. Heut weiß er nur, daß er fror.
Es ist kalt, das ist seine erste Erinnerung.

Ein Soldat der Diktatur

Ich bin Soldat. Und ich bin gerne Soldat.

Wenn morgens der Reif auf den Feldern liegt oder wenn abends die Nebel aus den Wäldern kommen, Tag und Nacht, Frühling und Herbst, Sommer und Winter, ob es regnet oder schneit – immer wieder freut es mich, in Reih und Glied marschieren zu dürfen.

Links und rechts, links und rechts.

Es ist immer einer neben dir und du bist nie allein.

Links und rechts.

Auch wenn du allein auf Wache stehst, auch dann bist du nicht allein, denn du mußt die anderen bewachen und du bist nicht allein, wenn du weißt, wofür du lebst.

Ich bin so glücklich, daß ich Soldat bin!

Ich bin es erst seit einem halben Jahre, aber ich habe schon einen Stern. Und ein kleines silbernes Bändchen. Ich bin schon etwas mehr, wie die anderen.

Denn ich bin der beste Schütze meines Zuges. Ich hab die sicherste Hand und das schärfste Auge.

Oh, wie bin ich glücklich, daß ich Soldat bin! Jetzt hat mein Leben plötzlich wieder Sinn! Ich war ja schon ganz verzweifelt, was ich mit meinem Leben beginnen sollte. Am liebsten wär ich ein Bauer geworden, aber dazu braucht man Geld und da ich kein Geld habe, blieb mir doch nichts anderes übrig, als in einem Büro zu sitzen und das wäre doch eine ewige Sklaverei. Nein, nur beim Militär bin ich frei, nur hier habe ich eine Zukunft! Und außerdem ist Militär etwas ähnliches wie Sport – und ich gebe gerne meinen letzten Tropfen Blut hin fürs Vaterland!

Denn ich liebe mein Vaterland und besonders jetzt, da es stark wieder ist und seine Ehre wieder hat.

Es war eine Zeit, da liebte ich mein Vaterland nicht. Es wurde von vaterlandslosen Gesellen regiert und beherrscht, aber jetzt ist es wieder stark und mächtig – ich glaube, ich hatte damals gar kein Vaterland.

Aber jetzt ja! Jetzt soll mein Vaterland wieder mächtig werden und stark! Ein leuchtendes Vorbild, es soll auch die Welt beherrschen.

Wir müssen rüsten. Hier beim Militär habe ich eine Zukunft. Denn es gibt sicher bald einen Krieg, wieder einen Weltkrieg und den werden wir gewinnen und dann werden wir diktieren! Den Frieden!

Der Führer spricht zwar immer vom Frieden, aber wir zwinkern uns nur zu. Der Führer ist ein schlauer, kluger Mann, er wird schon die anderen hereinlegen. Sie sollens nur glauben, daß wir den Frieden wollen, sie sollen nur – wir schlagen dann plötzlich los! Blitzartig! Es ist schon alles vorbereitet.

Was wissen auch die Anderen schon?! Nichts! Sie wissen gar nicht, wieviel wir sind. Denn wir haben keine Kasernen mehr, wir liegen in Baracken im Wald. Niemand weiß, wo –

Es darf niemand in die Nähe.

Auch die Flugplätze liegen unter der Erde. Kein feindlicher Flieger wird sie finden. Dort liegen die Flugzeuge, die schweren Bomber auch. Und täglich gibts neue Erfindungen.

Es darf niemand in die Nähe.

Wer es verrät, darüber spricht, der wird erschossen. Und dem geschieht recht. Denn das ist Landesverrat.

Ja, wir sprechen von dem Frieden – aber das ist alles Quatsch! Gewalt geht vor Recht!

Wir sind eine harte Generation, wir lassen uns nichts vormachen!

Der Vater aller Dinge

»Angetreten!« kommandiert der Vizeleutnant.

Wir treten an. In Reih und Glied. Es klappt alles haargenau. Scharf und scharf. Ich bin ja jetzt auch schon ein halbes Jahr dabei und hab bereits einen Stern. Ich bin Gefreiter geworden. Erstens, weil ich gut schießen kann, zweitens weil ich sehr ausdauernd bin. Außerdem gefalle ich unserem Hauptmann.

Unser Hauptmann ist ein feiner Mensch. Wir lieben ihn alle. Er ist sehr gerecht und ist wie ein Vater, der einem auch etwas gibt. Er schreitet die Front ab und sieht genau nach, er ist sehr für Ordnung, aber wir haben das Gefühl, daß er uns liebt, jeden einzelnen extra. Er schaut nicht nur darnach, ob alle Ausrüstung richtig sitzt, nein, er sieht durch die Ausrüstung durch in unsere Seele. Das fühlen wir alle.

Er lächelt selten, aber lachen hat ihn noch keiner gesehen. Er hat manchmal traurige Augen. Aber dann kann er auch wieder ganz scharf schauen. Und streng. Man kann ihm nichts vormachen. So wollen wir auch mal werden. Wir alle.

Da ist unser Oberleutnant ein ganz anderes Kaliber. Er ist zwar auch gerecht, aber er kann leicht jähzornig werden oder vielleicht ist er auch nur nervös. Er ist nämlich sehr überarbeitet, weil er in den Generalstab hineinmöcht und da lernt er Tag und Nacht. Er steht immer mit einem Buch in der Hand und liest und lernt.

Dagegen ist der Leutnant eigentlich für uns kein Offizier. Er ist höchstens ein Jahr älter, wie wir, also so dreiundzwanzig. Und manchmal ist er unsicher, dann möcht er schreien, aber er traut sich nicht recht. Wir lachten oft heimlich über ihn, aber wir folgen natürlich. Er ist ein großer Sportsmann und der beste Hundertmeterläufer. Wirklich gediegen! Er läuft einen prächtigen Stil.

Wir sind alle sehr für den Sport. Nur der Feldwebel hat

das Exerzieren lieber, aber neulich hat er sich doch so aufgeregt, wie unser Regiment gegen die Artillerie im Fußball gewonnen hat, daß er ganz weiß war. Er hat sich ganz vergessen und hat den Unteroffizier umarmt. Seither ist er auch mehr für den Sport, den sportlichen Gedanken.

»Abzählen!« kommandiert der Feldwebel.

Wir zählen ab.

»1, 2, 3, 4, 5, 6, –« Undsoweiter.

Ich bin Nummer vierzehn. Von rechts, von den größten her. Der Größte ist einsachtundachtzig, der Kleinste einssechsundfünfzig, ich bin ungefähr einssechsundsiebzig, gerade die richtige Größe, nicht zu groß, nicht zu klein. Ich möcht auch nur so die normale Größe haben. So äußerlich gesehen gefall ich mir ja.

Neulich hab ich mich lang in den Spiegel geschaut, denn es ist mir plötzlich aufgefallen, daß ich gar nicht genau weiß, wie ich aussehe, ich kenne gar nicht genau meine Nase und meinen Mund. Ich hab mir gefallen. Ich hab mich auch im Profil betrachtet und zwar mit zwei Spiegeln, bis der Feldwebel hereingekommen ist und gefragt hat: »Was ist? Bist du eine Primadonna? Betrachtet sich im Spiegel wie eine alte Badhur!« Dann hat er mir den Spiegel aus der Hand genommen und hat sich selber betrachtet. »Männer müssen nicht schön sein«, hat er dabei gesagt, »Männer müssen nur wirken, insbesondere aufs gegenteilige Geschlecht!« Ich hab ihn mir angeschaut und hab mir heimlich gedacht, melde gehorsamst, aber du wirkst sicher nicht. Plötzlich dreht er sich mir zu und fragt mich: »Kennst du Kitty?« »Wer ist Kitty?« frage ich. »Du kennst sie also nicht?« »Nein.« »Dann freu dich«, sagte er und verläßt den Saal.

Was ist mit dieser Kitty?

Am Abend frage ich den Karl, der neben mir liegt. »Kennst du eine Kitty?« »Ich nicht«, sagte er, »aber der Hans der Rote kennt sie«, er grinst. »Es wär ihm sicher lieber, wenn er sie nicht kennen würde. Sie ist die Tochter der Greislerei und kriegt ein Kind.« »Von wem?«

»Das ist es ja grad: sie gibt den Roten an, aber der weiß, daß noch andere dabei waren. Und jetzt hat der Hauptmann die Sache in die Hand genommen, er sagt, er duldet sowas nicht, ein Soldat muß ehrlich dafür einstehen, und wenn es mehrere waren, dann müssen eben mehrere zahlen!« »Ich versteh den Hauptmann nicht«, sagte der Franz, »wieso kommen Unschuldige dazu darunter zu leiden? Da lauft einem so ein Weibsbild nach und am Schluß hat sies Kind gar noch von einem Zivilisten! Verstehst du das?« fragt er plötzlich mich.

»Ich muß mirs erst überlegen«, sage ich. »Der Hauptmann ist ein gerechter Mann und er wirds schon wissen, wenn uns jetzt auch nicht gleich die Motive einfallen.«

»Aus bevölkerungspolitischen Gründen muß natürlich so ein Kind richtig erzogen werden, das ist klar, aber da sollte der Staat dafür eintreten. Wie komm ich dazu?«

»Das sind Ausreden«, sagt der eine. »Hättest halt achtgegeben!«

»Ich hab schon achtgegeben, aber sie hat nicht achtgegeben!«

»Man sollte ein Kind nur dann in die Welt setzen, wenn man es wirklich ernähren kann. Mein Vetter hat geheiratet, die haben gespart, sind in kein Kino und nichts, und wie sie so viel Geld gehabt haben, hat er zu ihr gesagt, so Luise, jetzt gehts auf. Dann hat er ihr ein Kind gemacht. Man muß Verantwortungsgefühl haben.«

Am nächsten Morgen hat der Hauptmann beim Appell eine Rede gehalten: Er hat gesagt, das wäre eine Schweinerei und eines Soldaten unwürdig. Gesetzlich sagte er, müßte keiner was zahlen, aber moralisch ja, es gibt noch ein anderes Gesetz und das müsse ein jeder Soldat befolgen. Er brachte es soweit, daß die vier sich einigten und zahlten. Es blieb ihnen nichts anderes übrig.

Hoch in der Luft

Es ist Sommer, ein heißer Sommertag und wir liegen mit unseren schweren Maschinengewehren auf einer verdörrten Wiese. Gut in Deckung.

Es hat schon seit Wochen nicht mehr geregnet und die ganze Ernte ist verdorrt.

Die Bauern klagen, aber tröstet Euch nur: bald werden wir große fruchtbare Ebenen haben, wo alles wächst: im Osten. Dort werden wir uns ausbreiten und ansiedeln.

Wir liegen im Staub und haben Durst.

Es sind kleine Manöver.

Wir müssen die Straße, die dort unten vorbeizieht, beherrschen.

Auf der Straße kommen zwei radfahrende Mädchen. Sie sehen uns nicht, wir hören ihr Lachen. Sie schieben die Räder aufwärts, dann wieder setzen sie sich aufwärts und fahren hinab.

Plötzlich halten die beiden, und die eine hält beide Räder. Dann geht die andere in das Unterholz. Wir schauen alle hin, sehen aber nichts. Der Hauptmann lächelt, der Feldwebel grinst. Wir auch.

Dann fahren die beiden Mädchen die Straße hinab. Fröhliche Fahrt! meint der Hauptmann.

Jetzt surrt es auf dem Himmel. Das Mädchen blickt empor.

Es ist ein Flieger.

Wir schauen auch hinauf. Er kann uns nicht sehen, denn wir sind gut gedeckt, mit Laub und Zweigen.

So ein Flieger hats gut, meint der Eine. Ein Flieger hat nie Durst.

Und ich denke, ja so ein Flieger ist die bevorzugte Truppe des Vaterlandes. Die Flieger haben die schönsten Uniformen, die schönsten Autos, die teuersten.

Von ihnen wird am meisten gesprochen. Sie sind die jüngste Truppe.

Aber auch wir sind jung, aber von uns wird nicht so viel gesprochen. Wir sind zu viele. Wir liegen da und müssen marschieren, werden voll Staub und Dreck, das ist freilich nicht so elegant. Wir sind ja noch nicht einmal motorisiert, zwar sind wir schon motorisiert, aber trotzdem! Wer ist das heutzutag nicht!

Die Flieger sind überhaupt furchtbar eingebildet. Ihr General war im Weltkrieg ein berühmter Kampfflieger, er hat 24 abgeschossen.

Überhaupt bei den Fliegern sind alle jung, so einen Alten, wie den Hauptmann, der jetzt hinter mir steht, gibt es gar keinen.

Aber es muß sich erst herausstellen, ob die Flieger wirklich im Krieg so viel taugen, ob sie wirklich einen Krieg entscheiden können, wie sie es sich einbilden, daß sie einfach über einer Stadt erscheinen und sie zusammenschießen und daß wir Infanteristen eigentlich überflüssig sind.

Der Hauptmann sagt immer, wir sind es nicht. Und er glaubt, daß im Krieg doch nur die Infanterie entscheiden wird.

Wir wissen es nicht, wir werdens ja sehen.

Nein, ich mag die Flieger nicht!

Sie sind so eingebildet – erst unlängst wieder, wie die angegeben haben, als wären wir ein Dreck und sie die oberste Garde!

Und die Mädchen sind auch so blöd, sie wollen nur einen Flieger!

Das ist ihr höchster Stolz!

Nein, ich mag Flieger nicht!

»Um Gottes Willen!« ruft der Hauptmann.

Was gibts?!

Er blickt auf den Himmel –

Ich sehe hin – dort, der Flieger. Er stürzt ab.

Warum? Die eine Tragfläche hat sich gelöst.

Jetzt stürzt er ab.

Mit einem langen Rauch hinterher.

Wir starren alle hin.

Und es fällt mir ein: »Komisch, hab ich nicht gerade gedacht: stürz ab!«

Der Gedanke läßt mich nicht mehr los.

»Es sind sicher fünf Kilometer von uns«, meint der Hauptmann. »Mit denen ists vorbei.«

»Es waren zwei Mann«, sagte einer.

»Ja«, sagt der dritte.

Wir waren alle aufgesprungen.

»Deckung!« schreit jetzt wieder der Hauptmann. »Deckung! Ihr könnt denen so nicht mehr helfen, die macht keiner mehr lebendig!«

Das verwunschene Schloß

Es ist Sonntag und wir haben frei. Von zwei Uhr Nachmittag, von vierzehn bis zweiundzwanzig Uhr. Nur die Bereitschaft bleibt zurück.

Gestern bekam ich meinen zweiten Stern und heute werde ich zum ersten Mal mit zwei Sternen am Kragen ausgehen.

Der Frühling ist nah, aber er ist noch nicht da. Doch es weht eine laue Luft und nachts konzertieren die Katzen. Die Straßen der Stadt sind leer, jetzt essen die Leute oder schlafen.

Ich gehe mit drei Kameraden. Wir haben weiße Handschuhe an.

Wohin?

Zuerst gehen wir in ein Café und trinken einen Kaffee. Wir lesen die Zeitung und die Illustrierten. Dann sagt der eine: gehen wir doch auf die Wiese! Die Wiese ist ein Rummelplatz mit Karussells, Ausrufern, in der Straße. Sie ist sehr lang und wird immer breiter. Da stehen Karussells und Schießbuden und kleine dressierte Affen und große Affen und Hunde spielen Theater und Wahrsagerinnen und Abnormitäten. Und ein Hippodrom ist da und Tanzpaläste. Und ganz unten steht das verwunschene Schloß.

Wir wissen nicht, was wir tun sollen und schießen. Wir treffen ins Schwarze, und das Fräulein, das unsere Gewehre lädt und einkassiert, lächelt uns respektvoll und einladend an.

Meine Kameraden lernen zwei Mädchen kennen beim Tanzen, aber mir gefallen sie nicht. Denn ich bin anspruchsvoll. Sie sind mir nicht hübsch genug. Ich will aber meinen Kameraden nicht im Wege stehen und trenne mich von ihnen. Ich gehe ins Hippodrom. Dort reiten schöne Mädchen. Man sieht die Stelle zwischen Strumpf und Rock. Ich habe diese Stelle an den Mädchen sehr gerne. Überhaupt glaube ich, daß diese Stelle jeder Mann gerne hat. Ja, es wären schon zwei hübsche Mädchen da, aber sie sind für mich nichts. So viel Geld hab ich nicht, denn die müßt man einladen undsoweiter. Ich gehe also weg. Auf die zwei Sterne geben die nichts, sie haben schöne Schuhe an und die eine hat ein goldenes Armband. Da steh ich jetzt mit den weißen Handschuhen. Traurig etwas geh ich die Straße weiter und wandel zwischen den Abnormitäten.

Es ist Frühling und es dämmert, die Lichter entflammen rot und gelb und blau. Die Musik tönt aus den Buden und ich schreite einher. Die Luft ist lau. Und ich denke plötzlich, daß diese Männer mit den Mädchen auch zu meinem Volke gehören – natürlich! Auch dafür hab ich geschworen zu fallen – und die Abnormitäten gehören auch zum Volk, nein, ich will nicht weiter denken! Durch das Denken kommt man auf ungesunde Gedanken. Das sind alles Probleme, die Reichen, die Weiber, die Abnormitäten, durch die man nicht hindurch sieht. Wir einfachen Sterblichen nicht, aber der Führer wirds schon richtig machen.

Ihm gehört meine ganze Liebe und nicht den Weibern. Überhaupt kommts auf die Weiber nicht an. Sie befinden sich dem Krieger gegenüber nur in einer Hilfsstellung.

Aber es wär doch schön eine schöne Frau – und ich denke an die Frauen, die ich hatte. Ich kaufe mir ein Bier und zähle sie zusammen. Wie viele warens denn bisher? Nicht viel, nur dreizehn. Davon zwei auf länger. Die eine die Frau eines Vertreters, er war ein Liberalist, ein widerlicher. Die zweite – ja, ich hatte noch nicht die richtige.

Aber es muß die richtige geben, wo alles selbstverständlich ist, wo die Seele und der Leib zusammenpaßt. Gibt es das überhaupt? Oder gibt es das nur im Märchen?

Und wie ich so weiter gehe, komme ich zu dem verwunschenen Schloß, mit seinen Giebeln und Türmen und Basteien. Es hat vergitterte Fenster und die Drachen und Teufel schauen heraus. Ein Lautsprecher gibt einen feinen Walzer von sich, eine alte Musik, und dann wird sie immer unterbrochen durch Gelächter und Gekreisch. Aber ich kenne das schon. Es ist eine Platte, das Gelächter und das Gekreisch, die Angst und die Freude, sie sind nicht echt. Sie werden verstärkt, um anzulocken, Angst und Freude.

Ein monotones Geräusch tönt aus dem Hause. Aha – das sind Maschinen. Die treiben die Laufteppiche, ich kenne das schon. Nein, da geh ich nicht hinein. Das ist zu blöd. Das ist so blöd, daß es nur was ist, wenn man nicht allein ist. Es ist eine Gesellschaftsunterhaltung. Und überhaupt mit den weißen Handschuhen. Da fall ich hin und sie werden schwarz.

Ich will weiter, da blicke ich nach der Kasse, ganz automatisch. Im ersten Augenblick halte ich, dann mache ich noch zwei Schritte weiter. Und halte wieder. Wer sitzt dort an der Kasse? Sie sitzt regungslos, es ist eine Frau, eine junge Frau. Sie sitzt so starr, als wär sie eine Wachsfigur. Sie ist auch so wächsern – oder ist es nur das Licht? – nein, doch nicht. Sie hat große Augen, aber die seh ich nicht gleich. Ich sehe zuerst ihren Mund. Aber was red ich da? Ich weiß es nicht, was ich zuerst sah! Ich weiß nur, daß ich plötzlich stehen blieb, als wär ich plötzlich vor einer Wand gestanden, vor einem Hindernis, aber dann bin ich durch, ich wollte weiter, und bin gestolpert, und bin wieder stehen geblieben.

Sie sah mich an. Es war ein ernster Blick, fast traurig. Und ich sah sie an. Und aus dem Lautsprecher tönte der leise Walzer . . .

Das Vaterland ruft und nimmt auf das Privatleben seiner Kinder mit Recht keine Rücksicht

Wenn ich es wüßte, wie sie heißt, dann würde ich ihr einen Brief schreiben. Ich würde ihr schreiben, daß ich am Sonntag gern gekommen wär, aber es hat nicht sollen sein. Den Grund dürfte ich ihr nicht sagen, denn den darf ich niemand sagen, darauf steht der Tod. Wir wissen es selber nicht genau, wie wissen nur, es geht los. Heut Nacht fahren wir ab, das ganze Regiment, feldmarschmäßig und niemand weiß wohin. Wir können es uns schon denken, an welche Grenze. Aber jeder hütet sich, den Namen des Landes auszusprechen.

Ich würde ihr gerne schreiben, daß es mir leid tut, sie nicht zu sehen, am Sonntag, aber wir müssen ja schon am Freitag weg.

Es gibt wichtigere Dinge, als das verwunschene Schloß.

Es geht los.

Und ich möchte ihr schreiben, daß wir uns wiedersehn. Ich will sie nicht vergessen.

Der Hauptmann

Einst, wenn die Zeit, in der wir leben, vorbei sein wird, wird es die Welt erst ermessen können, wie gewaltig sie gewesen ist.

Unerwartet werfen plötzlich die größten Ereignisse ihre Schatten auf uns, aber sie treffen uns nicht unvorbereitet.

Es gibt keinen Schatten der Welt, den wir nicht immer erwarten würden. Wir fürchten uns nicht!

In der Nacht zum Freitag, da gabs plötzlich Alarm.

Wir fahren aus dem Schlaf empor und treten an mit Sack und Pack. Ausgerichtet, Mann für Mann.

Es ist drei Uhr früh.

Langsam schreitet uns der Hauptmann ab –

Langsamer als sonst.

Er schaut noch einmal nach, ob alles stimmt – denn nun gibts keine Manöver mehr.

Rascher als wir träumten, kam der Ernst.

Die Nacht ist noch tief und die große Minute naht –

Bald gehts los.

Es gibt ein Land, das werden wir uns holen.

Ein kleiner Staat und sein Name wird bald der Geschichte angehören.

Ein lebensunfähiges Gebilde.

Beherrscht von einer kläglichen Regierung, die immer nur den sogenannten Rechtsstandpunkt vertritt –

Ein lächerlicher Standpunkt.

Jetzt steht er vor mir, der Hauptmann, und als er mich anschaut, muß ich unwillkürlich denken: wenn ich ihren Namen wüßte, würd ich ihr schreiben, direkt ins verwunschene Schloß.

»Wertes Fräulein«, würde ich schreiben, »ich wär am nächsten Sonntag gern gekommen, aber leider bin ich pflichtlich verhindert. Gestern war Donnerstag und heut ist schon Freitag, ich muß überraschend weg in einer dringenden Angelegenheit, von der aber niemand was wissen darf, denn darauf steht der Tod. Wann ich wiederkommen werd, das weiß ich noch nicht. Aber Sie werden immer meine Linie bleiben –«

Ich muß leise lächeln und der Hauptmann stutzt einen Augenblick.

»Was gibts?« fragt er.

»Melde gehorsamst nichts.«

Jetzt steht er schon vor meinem Nebenmann.

Ob der auch eine Linie hat? geht es mir plötzlich durch den Sinn –

Egal! Vorwärts!

Das Vaterland ruft und nimmt auf das Privatleben seiner Kinder mit Recht keine Rücksicht.

Es geht los. Endlich! –

Einst, wenn die Zeit, in der wir leben, vorbei sein wird, wird es die Welt erst ermessen können, wie friedlich wir gewesen sind.

Wir zwinkern uns zu.

Arm sind alle Worte, um den Reichtum der Rüstung zu schildern, in der unsere Sonne erglänzt. Und der Mond hinkt ihr nicht nach.

Denn wir lieben den Frieden, genau wie wir unser Vaterland lieben, nämlich über alles in der Welt. Und wir führen keine Kriege mehr, wir säubern ja nur.

Wir zwinkern uns zu.

Es gibt ein Land, das werden wir uns holen.

Ein kleines Land und wir sind zehnmal so groß – drum immer nur frisch voran! Wer wagt, gewinnt – besonders mit einer erdrückenden Übermacht.

Und besonders wenn er überraschend zuschlägt.

Nur gleich auf den Kopf – ohne jede Kriegserklärung!

Nur keine verstaubten Formalitäten!

Wir säubern, wir säubern –

Heimlich, als wären wir Diebe, hatten wir die lächerliche Grenze dieses unmöglichen Staatswesens überschritten. Die paar Zöllner waren rasch entwaffnet – morgen sinds drei Wochen her, aber die Hauptstadt ist schon unser. Heut sind wir die Herren!

Hört das Kommando des historischen Augenblicks:

Setzt Eueren Fuß auf Land, das Euch nicht gehört!

Steckt alles ein, raubt alles aus! Gebt keinen Pardon, denn es braucht keiner zu leben, wenn er Euch nichts nützt!

Machet Euch das Vergewaltigte untertan und vermehret Euch durch Vergewaltigung!

Mit eiserner Stirne sollt Ihr das fremde Brot fressen – Gedeihet nach dem Gesetz der Gewalt!

Säubert! –

Im Tal brennen die Dörfer.

Sie stehen in Flammen, umgeben von einer wilden Bergwelt.

Bravo, Flieger!

Obwohl ich Euch persönlich nicht riechen kann, muß mans doch der Gerechtigkeit halber anerkennen: Ihr habt ganze Arbeit geleistet!

Nichts ist Euch entgangen, auch wenn sichs noch so sehr den Bodenverhältnissen angepaßt hat.

Nichts habt Ihr übersehen, auch wenn das rote Kreuz noch so grell sichtbar gewesen ist.

Nichts habt Ihr ausgelassen – keine Fabrik und keine Kirche.

Alles habt Ihr erledigt!

Bravo, Flieger! Bravo!

Schießt das Zeug zusammen, in Schutt und Asche damit, bis es nichts mehr gibt, nur uns!

Denn wir sind wir.

Vorwärts!

Frohen Mutes folgen wir Eueren Spuren –

Wir marschieren über ein hohes Plateau.

Um uns gähnen Abgründe und drunten rauschen die Wasser.

Es ist ein milder Abend mit weißen Wölklein an einem rosa Horizont.

Vor zwei Stunden nahmen wir fünf Zivilisten fest, die wir mit langen Messern angetroffen haben. Wir werden sie hängen, die Kugel ist zu schad für solch hinterlistiges

Gelichter. Aber der Berg ist kahl und ganz aus Fels, nirgends ein Busch. Wir führen sie mit uns, unsere Gefangenen, und warten auf den nächsten Baum.

Sie sind aneinander gefesselt, alle fünf an einen Strick. Der Älteste ist zirka sechzig, der Jüngste dürfte so siebzehn sein.

Ihre Sprache ist häßlich, wir verstehen kein Wort.

Ihre Häuser sind niedrig, eng und schmutzig. Sie waschen sich nie und stinken aus dem Mund. Aber ihre Berge sind voll Erz und die Erde ist fett. Ansonsten ist jedoch alles Essig.

Selbst ihre Hunde taugen einen Dreck. Räudig und verlaust streunen sie durch die Ruinen –

Keiner kann die Pfote geben.

Am Rande eines Abgrundes kommt einem meiner Kameraden plötzlich eine Idee. Er erzählt sie und wir sagen nicht nein, denn das ist die einfachste Lösung.

Gedacht, getan!

Mein Kamerad versetzt plötzlich dem Jüngsten einen heftigen Stoß – der stürzt den Abhang hinab und reißt die anderen vier mit sich. Sie schreien. Sie klatschen unten auf. Es waren dreihundert Meter.

Jetzt liegen sie drunten, doch niemand schaut hinab.

Zwei Krähen fliegen vorbei.

Keiner sagt ein Wort.

Dann marschieren wir weiter.

Die Krähen kommen wieder –

Um uns gähnen Abgründe und drunten rauschen die Wasser. Es war ein milder Abend und jetzt kommt die Nacht. –

Einst, wenn die Zeitungen über unseren Kampf wirklichkeitsgetreu berichten dürfen, dann werden sich auch die Dichter des Vaterlandes besinnen.

Der Genius unseres Volkes wird sie überkommen und sie werden den Nagel auf den Kopf treffen, wenn sie loben und preisen, daß wir bescheidene Helden waren.

Denn auch von uns biß ja so mancher ins grüne Gras.

Aber nicht mal die nächsten Angehörigen erfuhren es, um stolz auf ihr Opfer sein zu können.

Geheim waren die Verlustlisten und blieben es lange Zeit.

Nur unerlaubt sickerte es durch, unser Blut –

Der Hauptmann, den wir wie einen Vater lieben, wurde ein anderer Mensch, seit wir die Grenze überschritten.

Er ist wie ausgewechselt.

Verwandelt ganz und gar.

Wir fragen uns bereits, ob er nicht krank ist, ob ihn nicht ein Leiden bedrückt, das er heimlich verschleiert.

Grau ist er im Gesicht, als schmerzte ihn jeder Schritt.

Was ist denn nur mit dem Hauptmann los?

Es freut ihn scheinbar kein Schuß.

Wir erkennen ihn immer weniger.

Zum Beispiel unlängst, als wir vom Waldrand zusahen, wie unsere Flieger das feindliche Lazarett mit Bomben belegten und die in heilloser Verwirrung herumhüpfenden Insassen mit Maschinengewehren bestrichen, da drehte sich unser Hauptmann plötzlich um und ging hinter unserer Reihe langsam hin und her.

Er sah konstant zur Erde, wie in tiefe Gedanken versunken.

Nur ab und zu hielt er und blickte in den stillen Wald.

Dann nickte er mit dem Kopf, als würde er sagen: »Jaja« –

Oder zum Beispiel, als wir unlängst eine Siedlung plünderten, da stellte er sich uns in den Weg. Er wurde ganz weiß und schrie uns an, ein ehrlicher Soldat plündert nicht! Er mußte erst durch unseren Leutnant, diesen jungen Hund, aufgeklärt werden, daß die Plünderung nicht nur erlaubt, sondern sogar anbefohlen worden war. Höheren Ortes.

Da ging er wieder von uns, der Hauptmann.

Er ging die Straße entlang und sah weder rechts noch links.

Am Ende der Straße hielt er an.

Ich beobachtete ihn genau.

Er setzte sich auf einen Stein und schrieb mit seinem Säbel in den Sand. Merkwürdigerweise mußte ich plötz-

lich an das verwunschene Schloß denken und an das
Fräulein an der Kasse, das die Linien zeichnete –
Sie wollte mich nicht sehen.
Was zeichnet denn der Hauptmann? Auch Linien?
Ich weiß nur, auch er will mich nicht sehen –
Zwar schreitet er noch jeden Morgen unsere Front ab,
aber er sieht nurmehr unsere Ausrüstung und nicht
mehr durch sie hindurch in uns hinein.
Wir sind ihm fremd geworden, das fühlen wir alle.
Und das tut uns leid.
Manchmal fühlen wir uns schon direkt einsam, trotz-
dem wir in Reih und Glied stehen.
Als wären wir hilflos in einer uralten Nacht und es wär
niemand da, der uns beschützt vor dem Blitz, der jeden
treffen kann –
Und mit Sehnsucht denken wir an die Tage im Kaser-
nenhof zurück.
Wie schön wars, wenn er uns abschritt – wenn er bei-
fällig nickte, weil alles stimmte, außen und innen.
Aber die Bande, die uns verbinden, lösen sich –
Herr Hauptmann, was ist mit Dir?
Wir verstehen Dich nicht mehr –
Herr Hauptmann, es tut uns leid.
Aber wir kommen nicht mehr mit.
Zum Beispiel, wie du es unlängst erfahren hast, daß
wir die fünf gefangenen Zivilisten mit den langen Messern über den Abgrund expediert hatten, was hast du
damals nur getrieben! Und derweil wars doch zu guter-
letzt nur ein beschleunigtes Verfahren – vielleicht bru-
tal, zugegeben! Man gewinnt keinen Krieg mit Glacé-
handschuhen, das müßtest du wissen! Aber du schriest
uns wieder an, ein Soldat sei kein Verbrecher und solch
beschleunigtes Verfahren wäre frontunwürdig!
Frontunwürdig?
Was heißt das?
Wir erinnern uns nur dunkel, daß dies ein Ausdruck aus
dem Weltkrieg ist – wir haben ihn nicht mehr gelernt.
Und Du hast dem Kameraden, der auf die Idee mit dem

Abgrund gekommen war, eigenhändig einen Stern vom Kragen gerissen, seinen silbernen Stern –

Sag, Hauptmann, was hat das für einen Sinn?

Am nächsten Tag hat er doch seinen Stern wieder gehabt und du, du hast einen strengen Verweis bekommen – wir wissens alle, was in dem Schreiben stand. Der Leutnant hats uns erzählt.

Die Zeiten, stand drinnen, hätten sich geändert und wir lebten nicht mehr in den Tagen der Turnierritter.

Hauptmann, mein Hauptmann, es hat keinen Sinn!

Glaub es mir, ich mein es gut mit dir –

Du hast von deiner Beliebtheit schon soviel verloren.

Einige murren sogar.

Wir schütteln oft alle die Köpfe –

Oder: magst du uns denn nicht mehr?

Hauptmann, wie soll das enden mit dir?

Wohin soll das führen?

Änder dich, bitte, änder dich!

Werd wieder unser alter Vater –

Schau, trotzdem daß die Flieger mustergültig vorarbeiten, gibt es doch noch Gefahren genug.

Sie lauern hinter jeder Ecke –

Auch wenn wir durch Trümmer marschieren, man weiß es nie, ob aus den Trümmern nicht geschossen wird.

Eine Salve kracht über uns hinweg –

Wir werfen uns nieder und suchen Deckung.

Nein, das war keine Salve – das ist ein Maschinengewehr. Wir kennen die Musik.

Es steckt vor uns in einem Schuppen.

Ringsum ist alles verbrannt, das ganze Dorf –

Wir warten.

Da wird drüben eine Gestalt sichtbar, sie geht durch das verkohlte Haus und scheint etwas zu suchen.

Einer nimmt sie aufs Korn und drückt ab – die Gestalt schreit auf und fällt.

Es ist eine Frau.

Jetzt liegt sie da.

Ihr Haar ist weich und zart, geht es mir plötzlich durch

254

den Sinn und einen winzigen Augenblick lang muß ich wieder an das verwunschene Schloß denken.

Es fiel mir wieder ein.

Und nun geschah etwas derart Unerwartetes, daß es uns allen die Sprache verschlug vor Verwunderung.

Der Hauptmann hatte sich erhoben und ging langsam auf die Frau zu –

Ganz aufrecht und so sonderbar sicher.

Oder geht er dem Schuppen entgegen?

Er geht, er geht –

Sie werden ihn ja erschießen – er geht ja in seinen sicheren Tod!

Ist er wahnsinnig geworden?!

In dem Schuppen steckt ein Maschinengewehr –

Was will er denn?!

Er geht weiter.

Wir schreien plötzlich alle: »Herr Hauptmann! Herr Hauptmann!«

Es klingt, als hätten wir Angst –

Jawohl, wir fürchten uns und schreien –

Doch er geht ruhig weiter. Er hört uns nicht.

Da spring ich auf und laufe ihm nach – ich weiß es selber nicht, wieso ich dazu kam, daß ich die Deckung verließ –

Aber ich will ihn zurückreißen, ich muß ihn zurückreißen!

Da gehts los – das Maschinengewehr.

Ich sehe, wie der Hauptmann wankt, sinkt – ganz ergeben –

Und ich fühle einen brennenden Schmerz am Arm – oder wars das Herz?

Ich werfe mich zu Boden und benutze den Hauptmann als Deckung. Er ist tot.

Da seh ich in seiner Hand was weißes – Es ist ein Brief.

Ich nehm ihn aus seiner Hand und hör es noch schießen – aber nun schützt mich mein Hauptmann.

»An meine Frau«, steht auf dem Brief.

Ich stecke ihn ein und dann weiß ich nichts mehr.

Der Irrtum

Die Villa steht weit draußen am letzten Rande der Stadt.

Es ist ein neuer Vorort.

Vor fünf Jahren war da noch nichts zu sehen – kein Licht, kein Pflaster, keine Kanalisation, nur Gras. Aber wo einst das Vieh weidete, stehen heut schmucke Einfamilienhäuschen, denn die Welt dreht sich und das Leben läßt sich nicht lumpen. Wir entwickeln uns immer höher hinaus.

Als ich den Vorortzug verließ, merkte ich erst, daß es schon Herbst geworden war.

Drinnen in der Stadt spürte man ihn noch nicht, aber hier schien die Sonne so traurig, als hätte sie verweinte Augen.

Ringsum sammelten sich die Nebel und lautlos fielen die gelben Blätter.

Ein alter Mann kehrte sie langsam zusammen –

Es war plötzlich so still geworden.

Herr Hauptmann, wo bist du jetzt?

Ich darf gar nicht an dich denken, sonst fallen die Blätter noch stiller.

Manchmal kann ich mir das Vaterland ohne den Hauptmann gar nicht so richtig vorstellen.

Dann schau ich mich um und denke: schau dirs an, das ist dein Vaterland, es gehört dir –

Mir?

Manchmal werd ich unsicher –

Auch jetzt, als ich da herausfuhr, stand ich am Fenster des Zuges und sah hinaus. Die Leute auf den Bahnsteigen. Die Reklameschilder, die Arbeiter, die Frauen, die Schaffner – die Villen im Grünen, die alten Häuser, die Fabriken, die Autos, die Pferde, das ist mein Vaterland –

Und das gehört alles mir.

Dafür hab ich meinen Arm verletzt und dafür ist der

Hauptmann gefallen. Er gab sein Leben für das alles –
Damit es gedeihe und blühe.
Damit noch mehr Züge hier fahren, noch mehr Wagen,
noch mehr Menschen.
Und er gab sein Leben für seine Frau, damit sie keiner
bedroht –
Doch wer hat sie bedroht?
Das kleine Land, das wir uns holten, hat sie doch nicht
bedroht –
In mir verwirren sich die Gedanken, nein, ich will nicht
weiterdenken, die Führer werdens schon richtig machen,
ich bin nicht zum denken auf der Welt, ich bin das
Schwert!
Ich bin das ausführende Organ.
Und auch die Wege unserer Führer sind unenträtselbar
für einen einfachen Volksgenossen, genau wie die Wege
Gottes.

Als ich die Witwe zum ersten Mal sah, war es Nachmittag kurz nach fünf Uhr. Sie wohnte nur fünf Minuten vom Bahnhof weg, aus ihrem Schlafzimmer konnte
man die Bahngeleise sehen, die Signale, die roten und
grünen, die läuteten die ganze Nacht –
Sie umarmte mich und sagte: Warum umarmst du mich?
Sie knöpfte mir den Waffenrock auf und sagte: Was
machst du da?
Sie gab mir einen Kuß und sagte: Laß mich!
Sie preßte mich an sich und sagte: Geh von mir!

Immer muß ich an die Witwe denken. Sie heißt Lony,
das ist Ilona. Eine Abkürzung.
Immer höre ich das Stellwerk.
Die Züge fahren draußen vorbei und wir liegen drin.
Ich möchte immer bei ihr liegen –
Ich werde ihr schreiben.
Oder nein, ich werde sie wieder besuchen, so in vier
Tagen wieder.
Ich werde Blumen kaufen und Schokolade.

Wenn ich wieder fort darf.

Denn jetzt muß ich wieder zuhause bleiben, bis mein Arm wieder wird.

Wir sitzen und spielen Schach. Und Karten.

Ich spiele Karten und verliere in einer Tour.

»Glück in der Liebe«, sagt der eine, der gewinnt.

Ich lächle.

Ich verliere gern.

Ja, ich werde Blumen kaufen und Schokolade.

Ich werde vor sie hintreten und werde sagen: ich liebe Sie, dich, Lony –

Ich verliere, ich verliere –

Oder soll ich schwindeln? Nein, das hat keinen Sinn.

Es ist ja keine Kleinigkeit, daß man gleich zusammen-paßt – zwar hat sie mal in der Nacht plötzlich aufge-schreckt und gesagt, es geht wer – und wir waren uns plötzlich ganz fremd.

Und einen Augenblick dachte ich, der Hauptmann ist im Nebenzimmer.

Aber dann waren wir wieder zusammen.

Es ist plötzlich von mir weggefallen, all der Haß und ich liebe wieder –

Sie lag auf meinem Arm –

Aber ich hab sie nicht geweckt, sie schlief –

Mein Arm wird schon wieder – ich habe keine Angst.

Denn ich liebe wieder, ich liebe.

Mein Arm wird schon werden und wenn ich ihn auch verliere, was liegt daran!

Ich setze mich an einen anderen Tisch und schreibe einen Brief. Ich schreibe ihr, daß ich sie besuchen will.

Daß ich an sie denke.

Der Schneemann

Ich gehe auf den Friedhof und suche ihr Grab.
Es ist schon Nachmittag geworden und der Schnee beginnt zu treiben. Es ist bitterkalt. Die Straße ist rutschig.
Wolken ziehen vorbei und ich geh langsam an den Gräbern entlang.
Hier liegen die Helden, die Weiber und die Kinder.
Ich gehe auf ihr Grab.
Endlich find ich es.
Es ist klein und ein kleines Kreuz und daran steht: Anna Lechner.
Und ich setze mich nieder, gegenüber ist ein höheres Grab.
Mir ists, als müßte ich auf etwas Neues warten.
Als würde eine neue Zeit kommen –
Es ist so seltsam still.
Ein Engel steht auf einem Grab, hat er ein Schwert in der Hand?
Ich kanns nicht erkennen, denn es dämmert bereits.
Oder kommt die neue Zeit nur in mir?
Und ein Satz fällt mir plötzlich ein und läßt mich nicht mehr los: am Anfang einer jeden neuen Zeit stehen in der lautlosen Finsternis, die Engel mit den feurigen Schwertern . . .
Der Nebel fällt ein –
Es ist der Nebel der Zukunft, denke ich.
Es wird so kalt, zwickt mich, als kröchen Ameisen über mich und errichten eine Burg – was tragen die Ameisen?
Sie bauen, sie bauen –
Es schneit immer mehr.
Und mit dem Schnee kommt der Gedanke –
Es fällt in weichen Flocken und deckt alles zu – Es wird alles weiß.
Eine große Hand nimmt mich in die Hand und hebt mich auf . . .

Neue Wellen

Während ich schreibe, höre ich draußen das Meer.

Denn mein Haus steht am Ufer.

Und das Meer will über das Ufer, es brandet und braust und der Sturm springt über das Dach, als wär die Welt ein Märchen.

Es ist zwar nicht mein Dach, unter dem ich da sitze und schreibe, es gehört einem alten Fischer und ich hab nur ein Zimmer gemietet, aber man sagt halt so, daß einem das Haus gehört, wenn man drinnen wohnt. Mir gehört eigentlich nichts. Nur der Koffer und eine alte Schreibmaschine – und ohne diese könnt ich kaum leben, denn die gehört zu meinem Beruf.

Ich bin nämlich Schriftsteller, aber trotzdem gehts mir nicht schlecht – ich meine: in materieller Hinsicht. Ja, ich bin sogar in einer ausgesprochen glücklichen Lage, denn einer der angesehensten Verleger hat einen Vertrag mit mir geschlossen. Jetzt habe ich endlich Gelegenheit, richtig arbeiten zu können, da ich der brennenden Sorge um das tägliche Brot enthoben bin. Ich hab mein Bettchen und mein Süppchen. Vorerst zwar nur für ein halbes Jahr, aber heut will ich nicht weiterdenken. Ich lasse die Zukunft verschleiert und konzentriere mich mit Haut und Haar auf meine Arbeit. Ich habe die Stadt verlassen, hier in der Einsamkeit wird mir schon was einfallen. Hier bin ich mit mir allein und es stört mich nur mein eigener Schatten. Ich schreibe ein Theaterstück.

Ob es ein Trauerspiel werden wird oder ein Lustspiel – ich weiß es noch nicht. Ich hab einen guten Einfall, eine alltägliche Liebesgeschichte in höchstens vier Akten. Aber ich seh noch keinen richtigen Schluß. Soll die Frau sich vergiften oder nicht? Und was mach ich mit dem Mann? Vielleicht wärs doch besser, wenn sie am Leben bliebe, obwohl ich ein Realist bin.

Viele Pläne gehen durch meinen Kopf und das leere

Papier ist so schrecklich weiß. Aber hier in der Einsamkeit wird sich schon alles herauskristallisieren.
Ich liebe das Meer.
Es kommt mit neuen und neuen Wellen, immer wieder, immer wieder – und ich weiß es noch nicht, ob es ein Lustspiel wird oder ein Trauerspiel.
Gestern war der Sturm noch stärker. In der Nacht sind die Netze zerrissen und ein Kahn kam nicht mehr zurück. Vielleicht taucht er auf über das Jahr mit schwarzen Segeln und fährt als Gespenst über die Wasser ohne eine Seele –
Ich weiß es noch nicht.

Traugott Krischke
Mutmaßungen über Ödön von Horváth

Im Dezember 1971 ließ der sowjetische Nobelpreisträger Alexander Solschenizyn seinen Zürcher Anwalt Dr. Fritz Heeb wissen: »... Informationen sammeln die Autoren ohne meine Zustimmung auf oft dunklen Umwegen durch Befragung von Personen, die mich irgendwann gekannt haben, oft aber gar nicht informiert sind ... Die Leser mögen gewarnt sein, daß sie bei der Lektüre solcher Biographien leicht Gefahr laufen, darin vor allem Mutmaßungen und Banalitäten zu finden.«

Ich habe Ödön von Horváth nicht gekannt. Ich habe Informationen gesammelt »auf oft dunklen Wegen durch Befragung von Personen«. Ich habe versucht, den Spuren Ödön von Horváths zu folgen. Wer mir dabei am meisten geholfen hat, jahrelang, das war sein Bruder und mein Freund: Lajos von Horváth.
Ihn habe ich befragt, ich habe Freunde und – wie es so schön heißt – Weggenossen befragt.
Ich versuche wiederzugeben, was jene berichtet haben.

»Eine Biographie darf nicht beginnen ›X. Y. wurde am soundsovielten dort und dort geboren‹ und darf noch viel weniger damit enden, daß und wann und wo X. Y. gestorben ist«, schreibt Hans Weigel. Und fährt fort: »Eine Balzac-Biographie darf mit Rodin oder mit Henri IV. beginnen, mit dem ›König Lear‹ oder dem Palais Royal. Sie darf sogar mit Balzac beginnen, wenn der erste Satz zum Beispiel heißt: Er hat die besten französischen Romane und das schlechteste Französisch geschrieben. (...) Man darf von der Zweiten Mahler auf Klopstock übergehen und von dort auf Nietzsche, der in der Dritten Mahler vorkommt, man darf, wenn man erst bei der Zweiten angelangt ist, schon den ganzen Komplex ›Mahler und seine Texte‹ bis zu dem schrecklichen Bethge absolvieren und daran einen Exkurs fügen, wie textblind gewisse Komponisten um 1900 leider gewesen sind.

Und nach diesem Exkurs zur Zweiten zurück. Man darf von Gustav Mahler zum Kaiser Franz Joseph umsteigen und zum Anteil des Böhmisch-Mährischen an der österreichischen Kultur. Man darf bei Trakl eine ganze Meditation über die Österreichische Provinz einlegen, die damals noch Lemberg und Czernowitz und Agram und Brünn war und heute Scheibbs und Dornbirn und Villach ist.

Man muß die historischen und kulturhistorischen Voraussetzungen mit ins Bild nehmen und auch die Gleichzeitigkeiten (wie alt war Cézanne, als Paul Klee geboren wurde?).

Man soll immer von dem betreffenden Leben sprechen, auch wenn man das Werk darstellt. Man soll viel zitieren.«

Man soll immer von dem betreffenden Leben sprechen, auch wenn man das Werk darstellt.
Man soll viel zitieren.

Klaus Mann. Über Ödön von Horváth.
»Er war ein Dichter, nur wenige verdienen diesen Ehrennamen. Die Atmosphäre echter Poesie war in jedem Satz, den er geschrieben hat, und sie war auch um seine Person, war in seinem Blick, seiner Rede. Er hatte eine merkwürdige, langsame, etwas träge, zugleich schläfrige und eindringliche Art des Sprechens. Mit einem Lächeln, das kindlich, aber nicht ganz ohne Grausamkeit war, liebte er es, wunderliche und schreckliche Geschichten vorzutragen – Geschichten, in denen seltsame Krüppel oder groteske Unglücksfälle, komische, ausgefallene, fürchterliche Begebenheiten ihre Rolle spielten. Er sah aus wie ein gemütlicher Mann, der gern ißt und trinkt und mit Freunden plaudert. Er aß und trank auch gern, und er plauderte gern mit Freunden. Freilich waren seine Plaudereien von solcher Art, daß es den Freunden

zuweilen eiskalt den Rücken hinunterlief. Er war verliebt ins Unheimliche; aber durchaus nicht in spielerischer, ästhetizistischer, literarischer Weise; vielmehr war das Unheimliche, war das Dämonische in ihm, als ein Element seines Wesens.«

Wer war dieser Ödön von Horváth? »Dieser Ödön von Horváth, dessen Name so eigenartig nach Mord-Chronik, Steckbrief, k. k. Armee-Überbleibsel klingt«, wie Anton Kuh es formulierte.

Ödön von Horváth: »Ich wurde in Fiume geboren, bin in Belgrad, Budapest, Preßburg, Wien und München aufgewachsen und habe einen ungarischen Paß – aber: ›Heimat?‹ Kenn ich nicht. Ich bin eine typisch alt-österreichisch-ungarische Mischung: magyarisch, kroatisch, deutsch, tschechisch – mein Name ist magyarisch, meine Muttersprache ist deutsch. (...) Ich habe keine Heimat und leide natürlich nicht darunter, sondern freue mich meiner Heimatlosigkeit, denn sie befreit mich von einer unnötigen Sentimentalität (...) Meine Generation, die in der großen Zeit die Stimme mutierte, kennt das alte Österreich-Ungarn nur vom Hörensagen, jene Vorkriegsdoppelmonarchie, mit ihren zweidutzend Nationen, mit borniertestem Lokalpatriotismus neben resignierter Selbstironie, mit ihrer uralten Kultur, ihren Analphabeten, ihrem absolutistischen Feudalismus, ihrer spießbürgerlichen Romantik, spanischen Etikette und gemütlichen Verkommenheit. (...)
Ich weine dem alten Österreich-Ungarn keine Träne nach. Was morsch ist, soll zusammenbrechen ...«
Das war 1929. In der Zeitschrift »Der Querschnitt«. Anläßlich der Berliner Aufführung des Volksstückes ›Die Bergbahn‹, das – ein Jahr zuvor – in anderer Fassung unter dem Titel ›Revolte auf Côte 3018‹ an den Hamburger Kammerspielen uraufgeführt worden war.
»Ein Stück, das noch keines ist. Allenfalls eine Studie. Vielleicht eine Talentprobe«, hieß es damals in Ernst

Heilborns Zeitschrift »Die Literatur« über Horváths Erstling.

Eine andere Kritik lautete: »Der Autor, von dem ich sehr feine Novellen kenne, hat den Beweis, daß er ein Theaterstück schreiben könne, nicht erbracht. Er hat ihn doch erbracht. Er wird es noch können.«

Drei Jahre später wird der Beweis erbracht. Ödön von Horváth erhält den Kleist-Preis.

»Eine stärkste Kraft unter den Jungen, Horváth, umspannt hier größere Teile des Lebens als zuvor«, schreibt Alfred Kerr anläßlich der Uraufführung von Horváths ›Geschichten aus dem Wiener Wald‹ am Deutschen Theater in Berlin. »In den Stücken von einer Bergbahn, dann von einer schwarzen Reichswehr gab er Wirtschaftliches und Kämpferisches. In der himmlischen ›Italienischen Nacht‹ den besten Zeitspaß dieser Läufte. Jetzt malt er . . . ein ganzes Volk. So umspannt er weit mehr als zuvor.« Und weiter heißt es bei Kerr: »Umspannt er es? . . . In prachtvollen Einzelheiten sicher. Es wimmelt von kostbaren Stellen. Immerhin: das Wie der Teile bleibt wesentlicher als das Was des Umrisses. (Wie alles zustande kommt, ist köstlich. Was zustande kommt, nicht so.)

Das zeigt sich schon in seiner Epik. Er schrieb ein höchst fortreißendes Erzählungsbuch; es zerfällt in Teile, jeder Teil wertvoll; unter den Teilen kaum ein Zusammenhang.

Ihm liegt somit Episodiges mehr als Geschlossenes.«

Mit dem »Erzählungsbuch« war ›Der ewige Spießer‹ gemeint, Horváths erster Roman. Mit den »feinen Novellen« die ›Sportmärchen‹, Horváths erste Prosa.

Ödön von Horváth hatte das ländliche Murnau, wo er sich während der letzten Jahre, außer in München, aufhielt, verlassen und war nach Berlin gegangen, denn »es hat sich allmählich herumgesprochen, daß das Materielle unentbehrlich ist. Und das bietet dem jungen Schriftsteller nur Berlin, von allen deutschen Städten«.

Es war das Berlin der politischen Prozesse. 1200 Verfahren jährlich wurden unter dem Begriff »Landesverrat, begangen durch die Presse« eingeleitet.

Im Spätsommer des Jahres 1925 hatte die »Weltbühne« den ersten authentischen Bericht über die »Schwarze Reichswehr« veröffentlicht. Ödön von Horváth fragte sich: »Wieso kommt es, daß diese Menschen, die heute nichts mehr haben, statt sich sozialistischen Gewerkschaftlern, Kommunisten anzuschließen, in die Kreise der schwarzen Reichswehr geraten?«

Er entwarf eine »Historie aus dem Zeitalter der Inflation« – unter dem Titel: ›Sladek, der schwarze Reichswehrmann‹.

Dazu wieder Horváth: »Da ich die Hauptprobleme der Menschheit in erster Linie von sozialen Gesichtspunkten aus sehe, kam es mir bei meinem ›Sladek‹ vor allem darauf an, die gesellschaftlichen Kräfte aufzuzeigen, aus denen dieser Typus entstanden ist.«

Bei der Uraufführung an der »Aktuellen Bühne« in Berlin am 13. Oktober 1929 aber reagierten »die gesellschaftlichen Kräfte« mit Unruhe. Die Presse war sich nicht einig.

»Ein törichtes Stück . . . ein Zeitrichter ist Herr Horváth nicht«, schrieb Herbert Ihering.

Und der Kritiker-Papst Alfred Kerr fragte: »Propagandastück mit Kunst? Manchmal. Zwischendurch die Spuren eines Dichters.«

Der Ullstein-Verlag, auf den jungen Schriftsteller aufmerksam geworden, bot Horváth einen Vertrag mit einem festen Monatseinkommen an. Horváth reiste nach Spanien und schrieb seinen ersten Roman: ›Der ewige Spießer‹. Als das Buch 1930 im Propyläen Verlag in Berlin erschien, wurde es von der Kritik einstimmig begrüßt.

Am 2. März 1931 wurde dann in Berlin das neue Volksstück Ödön von Horváths, das Alfred Kerr den

»besten Zeitspaß unserer Läufte« nannte, uraufgeführt. ›Italienische Nacht‹. Des Themas wegen unter Polizeischutz. Denn die Grundsituation entsprach der grotesken politischen Situation in Deutschland: ein Wirt hat sein Lokal gleichzeitig an den Republikanischen Schutzbund und – an die Faschisten vermietet. Die Konfrontation bleibt nicht aus. Es kommt zu einer Saalschlacht.

Was Horváth in der ›Italienischen Nacht‹ gezeichnet hatte, wurde wenig später Wirklichkeit.
Der Anlaß war, wie immer in Horváths Leben, ein rein zufälliger. Horváth hatte in Murnau einige Bekannte zur Bahn gebracht und war vom Bahnhof aus – knapp nach ein Uhr – noch in den »Kirchmeir-Saal« gegangen, wo eine Versammlung der Sozialisten stattfand. Zu vorgeschrittener Stunde kam es dort zu einer Saalschlacht zwischen den Sozialisten und »Hakenkreuzlern«. Die Bilanz waren sechsundzwanzig Verletzte und ein Sachschaden von 2800 Mark.

Am 22. Juli 1931 findet eine Gerichtsverhandlung statt, zu der auch der »keiner Partei angehörende Schriftsteller Horváth« geladen ist. Horváth berichtet in aller Ruhe, sehr präzise, aber nicht ohne Ironie über die Vorgänge. Er bezeichnet die Stimmung als »ganz gemütlich«, bis durch einen provozierend erhobenen Arm und das »Horst-Wessel-Lied« die Aktion der Nazis gestartet wurde.
Die Antwort darauf war ein Bierkrug, der knapp an Horváth vorbei auf den Tisch der Reichsbannerleute flog. Der Auftakt zur Saalschlacht.
Auf die Frage des Rechtsanwaltes der Nationalsozialisten, Stock, ob der Zeuge Horváth schon einmal einer Versammlung der Nationalsozialisten beigewohnt habe und ob es dabei stürmisch zugegangen sei, antwortet Horváth lächelnd: »Gar nicht. Es wurden Kalbshaxen gegessen und revolutionäre Phrasen gesprochen!« Das

ist den Nationalsozialisten zu viel. Sie versuchen Horváth zum Widerspruch zu reizen. Er aber läßt sich nicht verwirren, sondern bleibt klar und sachlich. Schließlich verliert Rechtsanwalt Stock die Nerven und ruft während der Einvernahme in den Saal: »Ich stelle fest, daß es sich hier um einen Zeugen handelt, der nur Tendenzstücke gegen die Nationalsozialisten schreibt!«

Stock wird zurechtgewiesen. Ebenso wie ein anderer Zeuge, der den jüdischen Rechtsanwalt Hirschberg einen »fremdrassigen und fremdstämmigen Judenanwalt« nennt.

Dr. Hirschberg in dieser Verhandlung: »Wir bewegen uns hier auf dem tiefsten Niveau, auf dem sich eine Verhandlung überhaupt noch bewegen kann.«

Horváth, Jahre später: »Ich schreibe nichts gegen, ich zeige es nur – ich schreibe auch allerdings nie für jemand, und es besteht die Möglichkeit, daß es dann gleich ›gegen‹ wirkt.

Ich habe nur zwei Dinge, gegen die ich schreibe, das ist die Dummheit und die Lüge. Und zwei, wofür ich eintrete, das ist die Vernunft und die Aufrichtigkeit.«

»Nichts gibt so sehr das Gefühl der Unendlichkeit als wie die Dummheit« lautet das Motto des Stückes, das am 2. November 1931 in Max Reinhardts Deutschem Theater in Berlin Premiere hat. Im Parkett die angesehensten Kritiker deutscher Zeitungen. Unter ihnen Alfred Kerr, Monty Jacobs, Bernhard Diebold, Alfred Polgar, Julius Bab und Kurt Pinthus, unter den Besuchern der vierundzwanzigjährige Schriftsteller und Rechtsstudent der Friedrich-Wilhelm-Universität Ulrich Becher. »Im Deutschen Theater sah ich die Uraufführung seiner ›Geschichten aus dem Wiener Wald‹ in der Inszenierung Heinz Hilperts. Ich war hingerissen. Damals kannte ich weder Horváth noch Hilpert persönlich, indes kannte und liebte ich George Grosz (der, damals in seinen Dreißigern, schon Weltruhm gefunden hatte). In dem Stück mit dem aggressiv-ironischen Titel wehte etwas vom Geist und der Entlarvungskunst des ›preußischen Daumier‹ Grosz, nicht ins Wienerische transponiert, sondern auf dem Acker des Wiener Kleinbürgertums gewachsen – eine skurrilere Schau mit gewissen ›verwunschenen‹ Momenten, keineswegs aber eine mildere; ein Stück von einem neuartigen bizarren Realismus, der Nestroy nicht vergessen hatte, übrigens unter einem Meisterregisseur in unvergeßlicher Besetzung gespielt: Carola Neher, Peter Lorre, Hans Moser, Frida Richard etc.«

Zur gleichen Zeit wird Ödön von Horváth der Kleist-Preis verliehen. Der 35jährige Carl Zuckmayer hatte den 29jährigen Dramatiker vorgeschlagen. »Horváth scheint mir unter den jüngeren Dramatikern die stärkste Begabung, darüber hinaus, der hellste Kopf und die prägnanteste Persönlichkeit zu sein. Seine Stücke sind ungleichwertig, manchmal sprunghaft und ohne Schwerpunkt. Aber niemals wird sein Ausdruck mittelmäßig, was er macht, hat Format, und sein Blick ist eigenwillig, ehrlich, rücksichtslos. Seine Gefahr ist das Anekdotische, seine Stärke die Dichtigkeit der Atmosphäre, die Sicherheit knappster Formulierung, die lyrische Eigenart des Dialogs (. . .) Es ist anzunehmen, daß er der dramatischen Kunst, die immer und ohne Einschränkung eine Menschenkunst und Sprachkunst bleibt, neue, lebensvolle Werte zuführen wird.«

Horváth erfährt die Preisverleihung durch die Zeitung. Einige Tage später wird er von Erich Engel, dem Vorsitzenden der Kleist-Stiftung, offiziell informiert.

Dazu Horváth: »Ein Teil der Presse begrüßte diese Preisverteilung lebhaft, ein anderer Teil wieder zersprang schier vor Wut und Haß. Das sind natürlich Selbstverständlichkeiten. Nur möchte ich hier auch betonen, daß auch im literarischen Kampfe, bei literarischen Auseinandersetzungen von einer gewissen Presse in einem Tone dahergeschrieben wird, den man nicht anders als Sauherdenton bezeichnen kann!«

Man solle die Nazis nicht reizen, – nicht mit solchen Stücken, hatte Dr. Franz Ullstein, in dessen Arcadia-Verlag Horváths Bühnenwerke verlegt wurden, nach der Premiere der ›Geschichten aus dem Wiener Wald‹ geäußert. Aber es war fast schon zu spät. Horváth hatte die Nazis schon zu oft – und zu heftig gereizt.

1930 schrieb er in der ›Italienischen Nacht‹: »Ich denk jetzt an meinen Abort. Siehst, früher da waren nur so erotische Sprüch an der Wand dringestanden, hernach im Krieg lauter patriotische und jetzt lauter politische – glaubs mir: solangs nicht wieder erotisch werden, solang wird das deutsche Volk nicht wieder gesunden –«

1931 vermerkte er in seinem Notizbuch den Reim:

> »Muatterl schaug beim Fenster naus
> Der Hitler macht an Putsch
> Die Reichswehr setzt den Stahlhelm auf
> Das ganze Land ist futsch!«

1932 soll die ›Deutsche Kulturwacht‹ als »kulturpolitische Kampfschrift« des »Kampfbundes für Deutsche Kultur« – »das Unvergängliche des deutschen Volkstums freilegen und mit Zähnen und Nägeln verteidigen. Sie soll unserem Volke helfen, seinen Charakter und damit den Weg zur Deutschen Nation zu finden. Das Zivilisationsgeschreibe muß überwunden, die Kraft des Herzens vorangestellt werden.«

Am 14. Februar 1933 wird im ›Völkischen Beobachter‹ zu lesen sein: »Ödön von Horváth besaß die Frechheit, die Nationalsozialisten anzupöbeln. Seine ›Italienische Nacht‹ zeichnet uns als Feiglinge, die durch ein einziges Schimpfwort seitens einer Frau in die Flucht geschlagen werden können. Wird sich der Ödön noch wundern!«

Ende 1932 zählte Horváth noch zu den erfolgreichsten Dramatikern. Das Volksstück ›Kasimir und Karoline‹ war in Leipzig uraufgeführt und in Berlin gespielt worden. Die Geschichte vom arbeitslosen Chauffeur Kasimir, der auf dem Oktoberfest seine Braut Karoline für immer verliert.

Für Anfang 1933 ist die Uraufführung von ›Glaube Liebe Hoffnung‹ am Deutschen Theater in Berlin vorgesehen. In einer Bearbeitung Franz Horchs planen die Kammerspiele des Thalia-Theaters in Hamburg die ›Geschichten aus dem Wiener Wald‹. Im kleinen Schauspielhaus in Hamburg soll ›Kasimir und Karoline‹ gespielt werden, im Leipziger Schauspielhaus ›Italienische Nacht‹ ...

Als das Jahr 1933 beginnt, ist Ödön von Horváth in München. Man feierte Fasching »voll einer gewissen verzweifelten Lustigkeit«, schreibt Klaus Mann. »Zwischen einem Tango und einem Walzer erzählte man sich die neuesten Schreckensnachrichten aus Berlin. Wir tanzten im Regina-Palast-Hotel, während in der Hauptstadt das Reichstagsgebäude in Flammen stand. Wir tanzten im Hotel Vier Jahreszeiten, während die Brandstifter Unschuldige des Verbrechens bezichtigten, das sie begangen hatten.

Das war am 28. Februar – Faschingsdienstag – und tags darauf war Aschermittwoch. Als der Anarchist Erich Mühsam, der Pazifist Carl von Ossietzky und der Kommunist Ernst Thälmann von der Gestapo verhaftet wurden, kehrte man in München Luftschlangen und Konfetti von den Straßen. Man war verkatert. Der Fasching war vorüber.«

Der Fasching war vorüber.

Vier Jahre später schreibt Ödön von Horváth seinen Roman ›Jugend ohne Gott‹. Julius Caesar, der weise Altphilologe des Mädchenlyzeums, sagt dort die Sätze: »Es kommen kalte Zeiten, das Zeitalter der Fische ... die Erde dreht sich in das Zeichen der Fische hinein. Da wird die Seele des Menschen unbeweglich wie das Antlitz eines Fisches ...«

Die Kalten Zeiten waren angebrochen.
Das Zeitalter der Fische hatte begonnen –

Durch die »Verordnung zum Schutz von Volk und Staat« wird der Willkür freie Bahn gegeben. Fortan stehen Beschlagnahmen, Verbote, Hausdurchsuchungen und Verhaftungen an der Tagesordnung.
Als die Villa Horváth in Murnau von einem SA-Trupp durchsucht wird, verläßt Horváth Deutschland.
Horváth trennte sich von Deutschland, erklärt Klaus Mann, »zunächst wohl einfach aus Gründen des guten Geschmacks – um seiner Würde als Schriftsteller willen; dann aber auch aus einem Anstand, der mehr als nur Anständigkeit, nämlich Moral im ernstesten, tiefsten Sinn des Wortes war. Er erschauerte vor dem Bösen, das im Dritten Reich täglich schamlos-nackt triumphiert.«

1935 kommt Ödön von Horváth nach Wien. Zusammen mit der Schauspielerin Wera Liessem, die Berlin ebenfalls aus politischen Gründen verlassen hat. Beide erwartet eine schwere Zeit. Aber Wien scheint noch das kleinste der politischen Übel im Europa der dreißiger Jahre.
Wera Liessem berichtet: »Das Geld war knapp. Wir versetzten zeitweise alles, was wir hatten. (...) In Wien waren wir oft mit Csokor zusammen oder auch mit Alfred Ibach, der immer mit uns durch die Wiener Beiseln zog, Horváths Lieblingsstätten. Er hatte das makabre Milieu ja immer schon gerne, je vulgärer, je komischer und anregender für ihn. Er fand feine Lokale furchtbar langweilig, und wir saßen bis nach Mitternacht, entweder in einem saftigen Bierlokal oder in düsteren, kleinen, zwielichtigen Spelunken, wo er es zu lustig fand, wie die Mädchen die Männer – oder umgekehrt – am Bändel hatten. Er fand das Studium der Ärmsten, der verkommensten Klasse immer viel lebensnäher als die sogenannte gute Gesellschaft.
Allerdings liebte er sehr den Werfel, und wir waren häufig dort Gast, besonders er, da die Frau Werfel, ehemalige Alma Mahler, um sich einen Schwarm von

jungen Künstlern versammelte. Sie hielt wie eine Pompadour Hof und liebte es, die jungen Begabungen zu empfangen und zu empfehlen. Es gab riesige Gesellschaften mit Festen bis in den Morgen hinein. Die Leute schliefen dann, wo auch immer es einen Platz gab, und es trafen sich dort alle Spitzen der Gesellschaft bis zu den höchsten Würdenträgern der geistlichen und politischen Gesellschaft. Oft waren so viele Leute dort, daß man für seine Garderobe – wie im Restaurant – Nummern erhielt. Man saß dann in einem Gartenhof, und Sekt und alles Dazugehörige gab es in rauhen, nicht mehr vorstellbaren Mengen. Die guten Bekannten blieben dann, und am nächsten Morgen konnte jeder von ihnen dann frühstücken, wann er wollte.

Die Alma Mahler hatte so viel Trubel, daß ihr Mann, der Franz Werfel, immer auswärts arbeiten ging, weil es sonst einfach nicht möglich gewesen wäre, zur Ruhe zu kommen.

Das also war die Gegenseite des Hintertreppenromanes in den kleinen Spelunken des Praters oder der Kreuzkinogegend –«

»Ich hole ihn nachts, wenn ich zu Hause meine Arbeit abschließe«, berichtet Csokor, »aus dem Beisel in der Schönlaterngasse ab, wo er in einem Winkel der von Huren, Zuhältern und Schleichhändlern bevölkerten Gaststube, ein Glas Wein vor sich, an der Arbeit sitzt. (...) Nebenan wurde gelacht, gesungen, gezankt, denn von der Atmosphäre des verrufenen Viertels, das sich hier vor dem ersten Weltkrieg befand, lag noch etwas in der nach Bier und rasch gewaschenen Dielen säuerlich schmeckenden Luft. Horváth focht es nichts an; mir, der ich ihn dort oft abholte, riet er: ›Wird gerauft, so muß man vor allem die Lampe einschlagen und den Tisch umstürzen, ehe man durchs Fenster hinausspringt!‹ Sein breites, an Rimbaud gemahnendes Knabengesicht leuchtete dabei vor Mutwillen.«

Das Märchen ›Himmelwärts‹ war noch in Berlin entstanden, ohne aufgeführt zu werden. Der Uraufführung seiner Posse ›Hin und Her‹ – 1934 in Zürich – hatte Horváth nicht beigewohnt. Aber die Auftragsarbeit für einen Wiener Verlag ›Mit dem Kopf durch die Wand‹ fällt – bei der Uraufführung in Wien 1935 – durch. In den Kneipen entsteht die Komödie ›Figaro läßt sich scheiden‹, entsteht das Schauspiel ›Don Juan kommt aus dem Krieg‹ und ›Der jüngste Tag‹.

Ödön von Horváth hat sich im März 1936 endgültig in Wien niedergelassen und eine österreichische Kennkarte erhalten. Noch einmal fährt er im August nach Deutschland und besucht seine Eltern. Die Villa in Murnau hatte man inzwischen verkauft und in Possenhofen eine neue Sommerwohnung gemietet. Aber Ödön von Horváth bleibt nur wenige Stunden. Schon bei seiner Ankunft in Possenhofen teilt man ihm mit, daß ihm die Aufenthaltsbewilligung für Deutschland mit sofortiger Wirkung entzogen ist. Binnen vierundzwanzig Stunden muß er das Reichsgebiet verlassen haben. Ödön von Horváth fährt nach Wien zurück. Er arbeitet. Er schreibt ›Ein Dorf ohne Männer‹ und ›Pompeji‹.
Am 13. November 1936 wird ›Glaube Liebe Hoffnung‹ in Ernst Jubals »Theater für 49« am Schottenring unter dem Titel ›Liebe, Pflicht und Hoffnung‹ uraufgeführt, »mit Hedwig Schlichter in der Hauptrolle. Doch außer ein paar Prominenten – wie Ödöns unzertrennlichem Freund Franz Theodor Csokor, Werfels und Zuckmayers – achtete kaum jemand darauf«, schreibt Hertha Pauli. »Horváths Arbeit fand damals überhaupt nicht viel Beachtung – wovon er völlig unbeeinflußt schien. Er schrieb unbeirrt weiter, in den schmutzigen kleinen Weinstuben, die er liebte.«

1937.
Das Jahr beginnt ohne viel Hoffnung. Wohl erfährt Horváth, daß man zwei seiner Stücke ins Tschechische übersetzen will. Das Deutsche Theater in Prag plant die

Uraufführung von ›Figaro läßt sich scheiden‹ und ›Ein Dorf ohne Männer‹. ›Himmelwärts‹ wird in einem kleinen Wiener Theater und ›Der jüngste Tag‹ in Mährisch-Ostrau gespielt werden.

Die großen Bühnen Österreichs und der Schweiz aber nehmen nach wie vor keine Notiz von Horváth. Eine Situation, die Franz Theodor Csokor das »Schicksal des Schweigens« nennt, »das uns umgibt, während den hier und in Berlin Wohlgelittenen alle Türen der Verlage und Theater offenstehen; wir beide sind eigentlich schon Emigranten des Landes, darin wir wohnen.«

Im Gasthof Bräu in Henndorf bewohnt Ödön von Horváth ein kleines Zimmer. In der Gaststube trinkt er bis spät in die Nacht, schläft lange, nachmittags arbeitet er, manchmal auch nachts, während er weitertrinkt.

Der Roman ›Jugend ohne Gott‹ entsteht.

Noch einmal treffen sich im Sommer 1937 die Freunde in der Nähe von Salzburg.

Zuckmayer, Csokor und Horváth sind in Henndorf, Wera Liessem mit ein paar Freundinnen in einer Pension in Aigen. Manchmal kommt Erich Kästner aus Reichenhall oder der Zeichner Trier.

»Wir genossen die Festspiele Max Reinhardts, ohne zu wissen, daß es sie zum letzten Mal gab«, schreibt Hertha Pauli.

»Neulich wurden wir zu dem ›Professor‹ eingeladen, zu Max Reinhardt, nach Leopoldskron«, berichtet Csokor in den ersten Augusttagen Lina Loos in Wien, »und er tat bei der Begrüßung auf die netteste Weise so, als hätte er sein ganzes Leben durch auf meinen Besuch gewartet. (...) Überhaupt verlief der Abend in bester Laune. Der Professor machte Ödön den Vorschlag, einen ›Jedermann‹-Film zu schreiben, der in Hollywood große Chancen besäße, seit einer der führenden Männer dort in der Salzburger Aufführung so erschüttert gewesen sei, daß er sich an den Professor angeklammert habe, als wäre der Ruf ›Jedermann!‹ für ihn erschollen. Und damit kam ›der Professor‹ so recht ins Fahrwasser; begeistert erzählte er über die Greta Garbo, über ihre schmerzhafte Klarheit und über ihre einsame Schwermut, er sprach auch von ihrer Sterbeszene in der ›Kameliendame‹, und daß das das ergreifendste schauspielerische Erlebnis seit langem für ihn gewesen sei. Ähnlich hätte ihn noch Munis ›Pasteur‹ fasziniert. Und Helene Thimig – ich ahnte gar nicht, daß sie so witzig sein könnte – kopierte himmlisch in einem von ihr erfundenen Gespräch zwischen der Luise Rainer, der Elisabeth Bergner und der Marlene Dietrich, wie jede die andere von ihrer tiefen menschlichen Einfachheit zu überzeugen trachtete. Im Morgengrauen führte Reinhardts Auto Ödön und mich nach Henndorf. Und diesmal sah Ödön daheim auch keine Gespenster; die waren schon alle auf dem Rout in Leopoldskron gewesen.«

Klaus Mann berichtet, Horváth »plauderte für sein Leben gern über seltsame Unglücksfälle, groteske Krankheiten und Heimsuchungen aller Art. Auch Gespenster, Hellseher, Wahrträume, Halluzinationen, Ahnungen, das Zweite Gesicht und andere spukhafte Phänomene spielten eine Rolle in seinem Gespräch, welches übrigens durchaus nicht in bangen Flüstertönen, sondern mit jovialer, oft recht lauter Heiterkeit geführt wurde. Horváth hatte nichts vom Hysteriker oder vom pedantisch-düsteren Liebhaber des Okkulten; eher zeichnete er sich durch robute Gesundheit und Genußfähigkeit aus.«

Ulrich Becher sagt von Horváth, er war »ein einzelgängerischer moderner Christ. Er versuchte, kein Wesens davon zu machen. Es war beinahe ein Geheimnis. (. . .) Auch schwelgte er mit zwielichtigem Behagen in der Kehrseite des Glaubens, im Aberglauben. Als sei es ihm peinlich (. . .), seine Gläubigkeit zu erkennen zu geben, übertrumpfte er sie mit demonstrativem Aberglauben. Das Gespenst, das er nächtens an einem oberösterreichischen Dorfbrunnen erlebte, war kein diesseitiges.«

Dieses Gespenst erschien, wie Hertha Pauli weiß, an dem Brunnen vor dem Henndorfer Gasthof. »Jede Nacht sah Ödön da die Geister die Wäsche waschen – ›jede Nacht‹ berichtete er und schloß: ›Die Wäsche muß fürchterlich schmutzig sein‹.«

»Neulich erzählte mir der Gendarm«, triumphiert Horváth in einem Brief an Csokor am 11. Dezember 1937, »er hätte die verschleierte schwarze Dame gesehen, er ist ihr nachgerannt, aber sie ist plötzlich verschwunden. Was sagst Du jetzt? Höher gehts nimmer!«

Denn Csokor hatte von Henndorf aus an Lina Loos über Horváths Arbeit geschrieben: »Natürlich geschieht das bei ihm, einem Nachtarbeiter, der außerdem im Spukzimmer unseres uralten Gasthofes haust, unter dauernder Mitwirkung einer Gespensterwelt, an die er fest glaubt. Entweder werden nach Eintritt der Dämmerung Klinken von einer unsichtbaren Hand niedergedrückt, rhythmische Klopftöne funken ein metaphysisches Telegramm an die Fensterscheiben, und schaut er dann hinaus, neigt sich über den Brunnen auf der Gegenseite der Straße eine weißgekleidete Frauengestalt und singt eine Melodie ohne Worte – oder kühle Schatten streichen ihm um die Stirne. Am anderen Morgen verkündet er dann strahlend: ›Heute nacht waren sie wieder da – die Geister!‹ Er fürchtet sich auch nicht im geringsten davor, eher beruhigt es ihn offenbar, daß ihm ein für ihn vorhandenes Jenseits Zeichen gibt.« Das schrieb Franz Theodor Csokor am 5. August 1937 an Lina Loos. Und: »Ödön schreibt an einem neuen Roman, den er ein ›Kind unserer Zeit‹ nennen will.«

»Ich muß dies Buch schreiben«, skizziert Ödön von Horváth auf einem Blatt Papier. »Es eilt, es eilt! Ich habe keine Zeit dicke Bücher zu lesen, denn ich bin arm und muß arbeiten, um Geld zu verdienen, um essen zu können, zu schlafen. Auch ich bin nur ein Kind meiner

Zeit. Ich will nicht hungern, ich möchte gut leben. Aber es kommt nicht darauf an, wieviel Bücher man las, denn es dreht sich immer um den Menschen (...) es kommt darauf an, ob man hinhören kann.«

Im Spätherbst des Jahres 1937 ist der Roman ›Ein Kind unserer Zeit‹ abgeschlossen. Wieder ist es der Emigrantenverlag Allert de Lange, der sich, wie schon bei ›Jugend ohne Gott‹ des Werkes annimmt. Als Lajos von Horváth seinen Bruder Ödön am 1. November in Henndorf besucht, scheint dieser verändert. »Er wirkte fast abgeklärt. Man konnte das Gefühl haben, daß er sein Leben bereits gelebt hatte.« Ödön erzählt Lajos von seinem neuen Plan. Eine Reihe von »Romanen der Zeit«. Unter dem Titel »Adieu, Europa!«
Es soll die Geschichte eines Schriftstellers werden, seine Geschichte, Horváths Geschichte. Alle aufgefundenen Konzepte tragen stark autobiographische Züge, verschlüsselte Hinweise auf Freunde und Bekannte, auf eigene Begegnungen, Erlebnisse und Erfahrungen.

Als Horváth zu Beginn des Jahres 1938 nach Wien zurückkehrt, bezieht er ein kleines Zimmer in der Pension Atlanta in der Währingerstraße. Er ist bedrückt und hat schwere finanzielle Sorgen. Sein ganzer Besitz ist ein kleiner Koffer und eine Schreibmaschine. Noch sind Hertha Pauli, Walter Mehring und Csokor in Wien. Auch sein Bruder Lajos. Noch manche seiner Freunde. Aber in diesen Tagen der äußeren Not und inneren Unruhe schreibt Horváth kaum mehr.
Mit Freunden sitzt man ratlos in Cafés und witzelt verzweifelt über die bevorstehende Emigration. Und Ödön von Horváth sagt: »Ich übereil nix. Wenn sie hier sind und mich fangen wollen, schwimm ich nachts ein bißl durch die Thaya.«
Wenige Tage später verläßt Horváth die Stadt. Die Emigration beginnt. Zwei Wochen Budapest. Fünf Wochen Teplitz-Schönau. Dazwischen einige Tage in Prag.

Ein kurzer Aufenthalt in Mailand.

Zürich, 7. Mai.

»Hier in der Schweiz, ist es sehr still und friedlich, kaum vorstellbar für unsereinen. Die Villen der Millionäre liegen in wunderschönen Gärten, und lieblich lächelt der See – wie lange, wie lange noch?«

Nach zwei Wochen Schweiz – zwei Stunden Brüssel.

Dann acht Tage Amsterdam.

Am Morgen des 28. Mai trifft Horváth in Paris ein. Er ist voller Optimismus. Die Verlagsbesprechungen in Amsterdam sind gut verlaufen, in Paris stehen Filmverhandlungen bevor, seinen Freund Csokor wird er besuchen und dann in die Vereinigten Staaten reisen.

Adieu, Europa!

Bei Wein und grünem Paprika wird Wiedersehen gefeiert. Mit seinen Freunden Walter Mehring, Carl Frucht und Hertha Pauli.

Am 31. Mai sitzen sie bis zum Morgengrauen des 1. Juni im Hôtel de l'Univers zusammen. Die Gläser bleiben auf dem Tisch, denn abends soll weitergefeiert werden.

Nachmittags geht Horváth ins Kino. Nach der Vorstellung erwartet ihn der Regisseur Robert Siodmak im Café Marignan. Sie sitzen auf der Terrasse und genießen den ruhigen Abend.

Nach 19 Uhr verabschiedet sich Horváth. Das Angebot Siodmaks, ihn im Auto ins Hotel zu bringen, lehnt er ab.

Er geht die Champs-Elysées entlang und überquert sie in Höhe der Avenue Marigny.

Alles Weitere geschieht in Sekunden. Ein plötzlicher Windstoß.

Krachen. Horváth sucht Schutz unter den Bäumen.

Dann Stille.

Horváth tritt vor.

Einen Schritt.

Einen zweiten.

Da trifft ihn ein stürzender Ast und zerschlägt ihm das Hinterhaupt. Sieben Menschen stehen in unmittelbarer

Nähe. Abseits spielen Kinder. Ödön von Horváth ist sofort tot.

Es ist neunzehn Uhr dreißig.

Am 7. Juni wird Ödön von Horváth am Friedhof St. Ouen im Norden von Paris bestattet. Ein ungarischer Priester streut ungarische Erde auf den Sarg.

Am Grab – seine Eltern, sein Bruder, seine Freunde.

An Horváths Grab auch Manfred Georg. Er sagt:

»Dem Direktor eines großen Theaters deutscher Zunge, mit dem ich vor drei Jahren einmal spazierenging, und der mir die Unergiebigkeit seines Repertoires klagte, empfahl ich Horváth und vor allem die Wiener-Wald-Geschichten, die er noch nicht gespielt hatte. Aber er wollte nicht. Er hatte Angst davor. Sie waren ihm unbehaglich. Obwohl er ihre Qualität anerkannte. Und sie mußten ihm unbehaglich sein, denn dieser Mann von einer bestimmten klassischen, fast höfischen Kultur, wußte, daß sein Publikum, sich im wesentlichen aus saturierter Bürgerklasse zusammensetzend, das Stück nur schwer ertragen würde. Weil die Menschen ja überhaupt schwer ertragen, wenn man ihnen sagt oder zeigt, was das Leben ist.«

Zehn Jahre nach Horváths Tod auf den Champs-Elysées – 1948 also – werden Horváths ›Geschichten aus dem Wiener Wald‹ zum ersten Mal in Wien gespielt.

Damals schrieb die »Wiener Zeitung«: »In Berlin soll vor etwa 17 Jahren das Stück eben durch seine giftige Verhöhnung des Wienerischen ein Bombenerfolg gewesen sein. Das Wiener Publikum aber wird sich nicht gefallen lassen, daß man ihm seinen traditionellen Familienausflug an die Donau, seine holdseligen Wochenendpantscherln und seinen Heurigendulliöh so vermiest.«

Weitere zwanzig Jahre später – 1968 – schreibt die gleiche »Wiener Zeitung« über die Neuinszenierung von ›Geschichten aus dem Wiener Wald‹: »Eine Kalendergeschichte, wie sie schon tausendmal erzählt wurde. Aber was macht Ödön von Horváth aus ihr? Alles Billige und Sentimentale tritt in den Hintergrund, für jede Situation wird der knappste Ausdruck gefunden, und die poetischen, die erschütternden Elemente sind in den Personen eingeschlossen. Jeder Satz hat dabei seine Aufgabe, die Banalität ist gewollt. Die Stärke Horváths ist die unbedingte Präzision, mit der jedes Wort das höchste Maß an Ausdruckskraft gewinnt.«

Mit diesen beiden Kritiken ist jenes Phänomen umrissen, das man dann später – »halb verwundert, halb verschreckt« (Wapnewski) – als »Horváth-Renaissance« bezeichnete und deren Geschichte, laut Hans Weigel, »eigentlich die Geschichte der jungen Regisseure Erich Neuberg und Michael Kehlmann (ist), die an Horváth glaubten, sich zu ihm bekannten, als er und sie tief unten waren, und die ihn mit hinaufnahmen, als sie aufstiegen. (. . .) Neuberg, Kehlmann und Qualtinger haben ihren imaginären Freund mit sich genommen und sein Exil nach mehr als dreißig Jahren beendet. Und der Fall steht vermutlich einzig da, daß die Renaissance eines dramatischen Autors nicht von den Dramaturgen, sondern via Fernsehen ausgelöst wurde.« Peter Wapnewski schreibt: »Ein erfolgreicher Autor einst; dann verfemt; dann vergessen; dann ein Geheimtip; und heute eine theatralische Sendung, Spielpläne, Seminare, Doktoranden, Regisseure und Verleger heftig bewegend. Horváth verleiht Doktortitel und gibt Kongressen ihren, d. h. seinen Inhalt; und auf Dünndruck liegt die vierbändige Prachtausgabe vor. Und es gibt die Stimmen Urteilsfähiger, die ihn für größer erklären denn den armen, den großen B. B.; die ihn nicht nur für die stärkste dramatische Begabung der deutschen Bühne in der ersten Hälfte des 20. Jahrhunderts halten, sondern für ihren stärksten Dramatiker.«

Schon acht Jahre davor hatte Friedrich Torberg vermerkt: »Ödön von Horváth befindet sich auf dem Weg zum Klassiker, ob er's will oder nicht und ob er's auch noch so komisch fände, wenn er's erlebt hätte.«

Er hätte vieles komisch gefunden, wenn er's erlebt hätte
– so manche der zahllosen Dissertationen, so manche
der Interpretationen.
»Man müßte ein Nestroy sein, um all das definieren zu
können, was einem undefiniert im Wege steht!«
Er hätte vieles komisch gefunden, wenn er's erlebt hätte
– auch die Gedenktafel, die in die Wand des Henndorfer Gasthofs Bräu gedübelt wurde, im dunklen
Gang, zwischen Gaststube und Pissoir.

Das, was sein bester Freund Franz Theodor Csokor
noch 1951 befürchtet hatte, ist nicht eingetreten. Daß
die Gefahr drohe, »daß in unserer geistig zentrifugalen
Zeit die Erinnerungen an seine Bücher und an seine
Stücke . . . mit dem Hingang der Letzten, die ihn kannten und liebten, verlösche«.
1967 starb Heinz Hilpert.
1968 Lajos von Horváth.
1969 Franz Theodor Csokor.
1972 Jenö Krammer und Hertha Pauli.
1976 sein Freund Heinrich Emhardt.

»Wie ist es denn dort, wo du jetzt bist?« fragt in einer
der Vorarbeiten zu ›Geschichten aus dem Wiener Wald‹
der Rittmeister seinen im Krieg gefallenen Burschen
Gorlitzka.
»Wie ist es denn dort, wo du jetzt bist?«
Und Gorlitzka antwortet: »Es ist nicht gut, es ist nicht
schlecht. Es ist ganz anders.«
»Sag mal, wie ist es eigentlich drüben?« fragt der Sta-
tionsvorstand Hudetz den toten Lokomotivführer Pokorny in ›Der jüngste Tag‹. »Friedlich, sehr friedlich!«
lautet Pokornys Antwort. »Weißt, wie in einem stillen,
ländlichen Wirtshaus, wenn es anfängt zu dämmern
– draußen liegt Schnee, und du hörst nur die Uhr –
ewig, ewig – liest deine Zeitung und trinkst dein Bier
und mußt nie zahlen.« Da lächelt Hudetz, weil er es
nicht glaubt. »Wirklich«, sagt Pokorny. »Wir spielen oft

Tarock, und ein jeder gewinnt – oder verspielt, je nachdem, was einer lieber tut. Man ist direkt froh, daß man nimmer lebt.«

1976

Anhang

Editorische Notiz

Die vorliegende Auswahl versucht einen Querschnitt durch Ödön von Horváths Gesamtwerk zu vermitteln, das in knapp fünfzehn Jahren, etwa von 1923 bis etwa 1938, entstand und neben lyrischen Versuchen, kleiner Prosa, zahlreichen Entwürfen und Fragmenten drei Romane und achtzehn abgeschlossene Bühnenstücke, die Umarbeitung und Varianten nicht mitgezählt, umfaßt.

Die ersten ›Sportmärchen‹ schrieb der knapp Dreiundzwanzigjährige. Sie sind die einzigen Arbeiten aus seiner ersten Schaffensperiode, die Horváth auch später noch gelten ließ. ›Sechsunddreißig Stunden‹ war ursprünglich als selbständige Arbeit konzipiert und wurde dann in den Roman ›Der ewige Spießer‹ eingearbeitet, der 1930 im Propyläen Verlag in Berlin erschien.

Sein dramatisches Hauptwerk ›Geschichten aus dem Wiener Wald‹ als ›Volksstück in sieben Bildern‹ ist eine Variante seines ›Volksstücks in drei Bildern‹. Auch bei den unter dem Titel ›Die stille Revolution‹ zusammengefaßten Prosatexten handelt es sich um Skizzen und Vorarbeiten zu dem letzten abgeschlossenen Roman Ödön von Horváths, der 1937 beendet wurde und noch im selben Jahr, mit dem Copyright 1938, im Emigrantenverlag Allert de Lange in Amsterdam erschien.

Das Fragment ›Neue Wellen‹ war als erstes Kapitel des Romanes ›Adieu Europa‹ vorgesehen.

Es handelt sich also, von den ›Sportmärchen‹ abgesehen, durchweg um Vorarbeiten Ödön von Horváths, die – in sich abgeschlossen – nach Meinung des Herausgebers aber durchaus den Rang von Horváths Meisterwerken erreichen.

Die Auswahl beabsichtigte 1976 einerseits in das Gesamtwerk des Dichters einzuführen und andererseits den Horváth-Kenner mit neuen Varianten bekannt zu machen, zu einem Zeitpunkt, da der Ruf nach einer »historisch-kritischen Gesamtausgabe« der Werke Horváths noch verfrüht war.

Hinweise und Quellen

Autobiographische Notiz (auf Bestellung)
Anläßlich der Uraufführung von ›Revolte auf Côte 3018‹
an Erich Ziegels Kammerspielen des Hamburger Thalia-
Theaters am 4. November 1927 (Regie: Hans Lotz). Erst-
veröffentlichung in dem Programmheft ›Der Freihafen.
Blätter der Hamburger Kammerspiele‹. Jahrgang 10.
Heft 3.
Auch abgedruckt in Ödön von Horváth, *Gesammelte
Werke* (in vier Bänden). Frankfurt (3. verb. Aufl.) 1978
(= *GW*) *III, 7.*

Sportmärchen
Etwa 1923/24 entstanden. Der erste Abdruck – das Sportmärchen ›Der Faustkampf, das Harfenkonzert und die
Meinung des lieben Gottes‹ – erfolgte im Münchner ›Simplicissimus‹ in der Ausgabe vom 15. November 1924. Dieser Abdruck folgt einem vierunddreißigseitigen Typoskript Horváths unter Berücksichtigung seiner handschriftlichen Korrekturen. Die einzelnen Seiten sind mehrfach
handschriftlich umpaginiert. Die von Horváth vorgese-
hene Reihenfolge wurde beibehalten. Auch abgedruckt in
GW III, 25 ff.
Sämtliche im Nachlaß aufgefundenen ›Sportmärchen‹ sind
enthalten in *GW III, 25–55* und *III, 519–526.*

Sechsunddreißig Stunden
1928/29 entstanden, wurde diese Arbeit variiert in den
zweiten und dritten Teil des Romans ›Der ewige Spießer‹
(Berlin 1930) aufgenommen. In den Sammelwerken unter
dem Titel ›Die Geschichte vom Fräulein Pollinger‹ veröffentlicht, konnte 1979 aufgrund von Briefen und Dokumenten festgestellt werden, daß Horváth seine Pollinger-
Geschichte als selbständigen Roman mit dem Titel ›Sechsunddreißig Stunden‹ konzipiert hatte.
Dem Abdruck liegt ein unvollständiges Typoskript Ödön
von Horváths zugrunde, das von Seite 1–111 durchpagi-

niert ist. Während in *GW IV, 478–577* die im Typoskript fehlenden Seiten (8–26, 34/35, 41–57) durch Entwürfe der ursprünglichen Fassung ergänzt wurden, wählte der Herausgeber für die Ergänzung der fehlenden Seiten in diesem Band jene Typoskriptseiten Horváths, die als Vorlage für die Reinschrift dienten und von Horváth handschriftlich korrigiert sind.

Vgl. auch die editorischen Notizen im Anhang der Textausgabe in der *Bibliothek Suhrkamp* (BS 630), Frankfurt 1979.

Geschichten aus dem Wiener Wald
Die Vorarbeiten zum Hauptwerk Ödön von Horváths lassen sich bis etwa 1928 zurückverfolgen. Ursprünglich war Horváths Volksstück für sieben Bilder konzipiert; Grundlage für die am 2. November 1931 im Deutschen Theater in Berlin aufgeführte erweiterte Fassung in drei Teilen (15 Bilder).

Der Abdruck in diesem Band folgt einem 78 Seiten umfassenden Typoskript, das erstmals 1976 veröffentlicht wurde. Das Titelblatt sowie die Seiten mit dem Personenregister und Motto sind mit I–III paginiert; nachfolgend die Typoskriptseiten 1–75.

Auch abgedruckt in ›Geschichten aus dem Wiener Wald‹, Band 247 der *Bibliothek Suhrkamp*, erweiterte Neuausgabe 1977.

Die stille Revolution
Die unter diesem Titel zusammengestellten Kapitel sind Vorarbeiten zu dem letzten Roman Horváths ›Ein Kind unserer Zeit‹ (Amsterdam 1938) aus dem Jahre 1937. Teilabdrucke in *GW IV, 578–597;* weitere Varianten und Vorarbeiten sind gesammelt erschienen in dem *suhrkamp taschenbuch* 254 ›Die stille Revolution‹ von Ödön von Horváth.

Die für diesen Band ausgewählten Kapitel sind der oben genannten Ausgabe entnommen; das Kapitel *›Der Irrtum‹* (Seite 257 ff. in diesem Band) wird erstmals veröffentlicht. Es ist die Transkription handschriftlicher Skizzen Horváths, die dann überarbeitet in dem Kapitel *›Im Hause*

des Gehenkten‹ (GW III, 444 ff.) der Endfassung von ›Ein
Kind unserer Zeit‹ Verwendung fanden.

Neue Wellen
Transkription eines handschriftlichen Entwurfs zum ersten
Kapitel des Romans ›Adieu Europa‹, den Horváth 1937
bis 1938 plante. Auch in *GW III, 141 f.* abgedruckt.

Traugott Krischke: Mutmaßungen über
Ödön von Horváth
Originalbeitrag, der erstmals 1976 in der Buchausgabe des
›Lesebuchs‹ veröffentlicht wurde.
(Auslassungen und Kürzungen innerhalb der Texte wur-
den durch . . . gekennzeichnet.)

Auswahlbibliographie

Im ersten Teil werden, den Erscheinungsdaten nach, sämtliche bisher festgestellten Publikationen zu Lebzeiten Ödön von Horváths erfaßt, ausgenommen die maschinenschriftlich »als unverkäufliches Manuskript vervielfältigten« Bühnentexte.

Im zweiten Teil bleiben jene Publikationen unerwähnt, die entweder nur auszugsweise oder in Anthologien und Periodica veröffentlicht wurden, hingegen sind jene Zeitschriften angeführt, die Übersetzungen von Werken Horváths erstmals abdruckten. Die Anordnung nach Erscheinungsdaten soll der leichteren Übersicht über die Publikationschronologie und über die Rezeption der Werke Horváths dienen.

Das Verzeichnis der Sekundärliteratur ist alphabetisch nach den Namen der Verfasser bzw. Herausgeber geordnet und erfaßt alle greifbaren selbständigen Veröffentlichungen über Horváth und dessen Werke, die wissenschaftlichen Arbeiten aber auch dann, wenn diese nur maschinenschriftlich vervielfältigt vorliegen.

Rezensionen bleiben unberücksichtigt. Sie sind für die Hauptwerke Ödön von Horváths in den Materialienbänden der edition suhrkamp greifbar.

Wesentliche Aufsätze, die in Periodica veröffentlicht wurden, sind in den *Anmerkungen* dieses Bandes nachgewiesen.

1. Publikationen zu Lebzeiten Horváths

1922 *Das Buch der Tänze*, München (El Schahin) 1922. [Von Ödön J. M. von Horváth.]

1924 *Der Faustkampf, das Harfenkonzert und die Meinung des lieben Gottes.* In: Simplicissimus. München 22. 9. 1924 (Nr. 26).
Aus einem Rennradfahrerfamilienleben. In: Simplicissimus. München 13. 10. 1924 (Nr. 29).

Vom artigen und unartigen Ringkämpfer. In: Simplicissimus. München 15. 11. 1924 (Nr. 34).
Drei Sportmärchen [Was ist das? Start und Ziel. Vom artigen Ringkämpfer]. In: BZ am Mittag. Berlin 21. 11. 1924 (Nr. 320).

1925 *Legende vom Fußballplatz.* In: Simplicissimus. München 20. 4. 1925 (Nr. 3).

1926 *Legende vom Fußballplatz.* In: Berliner Volkszeitung 18. 11. 1926 (Nr. 544).
Vom artigen und unartigen Ringkämpfer. In: Berliner Volkszeitung 21. 11. 1926 (Nr. 550).
Start und Ziel. In: Berliner Volkszeitung 5. 12. 1926 (Nr. 574).
Der Herr von Bindunghausen. In: Simplicissimus. München 6. 12. 1926 (Nr. 36).

1927 *Autobiographische Notiz (auf Bestellung).* In: Der Freihafen. Blätter der Hamburger Kammerspiele. Jg. 10. November 1927 (Heft 3).

1928 *Zwei Sportmärchen: Vom artigen Ringkämpfer. Vom unartigen Ringkämpfer.* In: Die Jugend. München 1928 (Nr. 25).

1929 *Drei Szenen aus »Sladek« [Erster Akt].* In: Das Theater, Berlin Februar 1929 (Nr. 4).
[Zensur und Proletariat.] In: Die Menschenrechte. Berlin 20. 2. 1929.
Fiume, Belgrad, Budapest, Preßburg, Wien, München. In: Der Querschnitt. Berlin 1929 (Heft 9).
Ein Fräulein wird bekehrt. In: 24 neue deutsche Erzähler. (Hg. von Hermann Kesten.) Berlin (Gustav Kiepenheuer) 1929.

1930 *Der ewige Spießer. Erbaulicher Roman in drei Teilen.* Berlin (Propyläen) 1930.
Wie der Tafelhuber Toni seinen Hitler verleugnet hat. In: Simplicissimus. München 16. 2. 1930 (Nr. 47).
Hinterhornbach. In: Berliner Tageblatt 30. 3. 1930.

1931 *Der mildernde Umstand.* In: Simplicissimus. München 5. 1. 1931 (Nr. 41).
Der ewige Spießer [Vorwort]. In: Das Tagebuch. Berlin 21. 3. 1931 (Nr. 42).

Italienische Nacht. Volksstück. Berlin (Propyläen) 1931.

Geschichten aus dem Wiener Wald. Im 8. Bezirk. In: Der Wiener Tag (Die 6. Seite) 31. 10. 1931.

Geschichten aus dem Wiener Wald. Volksstück in drei Teilen. Berlin (Propyläen) 1931.

Aus den Memoiren des Hierlinger Ferdinand. In: Blätter des Deutschen Theaters. Berlin November 1931 (Heft 3).

1932 *Der Fliegenfänger.* In: Uhu. Berlin Juni 1932 (Heft 9).

[Zu Gerhart Hauptmanns 70. Geburtstag.] In: Heft des Deutschen Theaters zu Ehren Gerhart Hauptmanns. Berlin 1932.

1933 *Ohne Titel. Ein Zeitstück in drei Akten (Theater von heute. Aktuelle Sketsche von heutigen Dramatikern).* In: Die Literarische Welt. Berlin 20. 1. 1933 (Nr. 3).

1937 *Der junge Lehrer* [Auszug aus *Jugend ohne Gott*]. In: Das Neue Tage-Buch. Paris 16. 10. 1937 (Nr. 42).

Ein Knabe stirbt [Auszug aus *Jugend ohne Gott*]. In: Prager Tagblatt 2. 11. 1937 (Nr. 257).

1938 *Jugend ohne Gott. Roman.* Amsterdam (Allert de Lange) 1938.

Ein Kind unserer Zeit. Roman. Amsterdam (Allert de Lange) 1938.

2. Primärliteratur

1a. Gesamtausgaben

1970 *Gesammelte Werke* [in vier Bänden]. Hg. Traugott Krischke und Dieter Hildebrandt. Frankfurt/Main (Suhrkamp) 1970/71. Band I: 3. Aufl. 1974. Band II bis IV; 3. verb. Aufl. 1978 (mit Daten, Bibliographie und Register).

1972 *Gesammelte Werke* [in acht Bänden]. Hg. Traugott Krischke und Dieter Hildebrandt. Frankfurt/Main (Suhrkamp) 1972 (werkausgabe edition suhrkamp). 2. verb. Aufl. 1978 (mit Daten, Bibliographie und Register).

1b. Ergänzende Werkausgaben

Ein Wochenendspiel. Volksstück in sieben Bildern. In: Ödön von Horváth, *Italienische Nacht.* Frankfurt/Main 1971 (Bibliothek Suhrkamp 410).
Geschichten aus dem Wiener Wald. Volksstück in sieben Bildern. In: Ödön von Horváth, *Ein Lesebuch.* Frankfurt/Main 1976. Sowie: Ödön von Horváth, *Geschichten aus dem Wiener Wald.* Frankfurt/Main 1977 (Bibliothek Suhrkamp 247).
Figaro läßt sich scheiden. Komödie in dreizehn Bildern. In: *Spectaculum 20.* Frankfurt/Main 1974.
Gebrauchsanweisung. [Fassungen und Lesarten.] In: *Materialien zu Ödön von Horváths »Kasimir und Karoline«.* Frankfurt/Main 1973 (edition suhrkamp 611).
Interview. [Fassungen und Lesarten.] In: *Materialien zu Ödön von Horváths »Glaube Liebe Hoffnung«.* Frankfurt/Main 1973 (edition suhrkamp 671).
Randbemerkung zu *Glaube Liebe Hoffnung. [Fassungen und Lesarten.]* In: *Materialien zu Ödön von Horváths »Glaube Liebe Hoffnung«.* Frankfurt/Main 1973 (edition suhrkamp 671).
Elisabeth. Monolog. [Lesarten.] In: *Materialien zu Ödön von Horváths »Glaube Liebe Hoffnung«.* Frankfurt/Main 1973 (edition suhrkamp 671).
[Briefe.] Ödön von Horváths Briefe in der Suhrkamp-Ausgabe und der tatsächliche Bestand (Ende 1976). In: Wolfgang Lechner, *Mechanismen der Literaturrezeption in Österreich am Beispiel Ödön von Horváths.* Stuttgart 1978.

2. Sammlungen und ausgewählte Werke

1953　*Zeitalter der Fische. Zwei Romane in einem Band.* Wien (Bergland) 1953. (Mit einem Vorwort von Franz Werfel und der Grabrede Carl Zuckmayers.)
1961　*Unvollendet ...* Graz (Stiasny) 1961. (Stiasny-

Bücherei 97. Eingeleitet und ausgewählt von Franz Theodor Csokor.)

Stücke. Reinbek (Rowohlt) 1961. (Rowohlt Paperback 3. Mit einer Einführung von Traugott Krischke und einem Nachwort von Ulrich Becher.)

1965 *Zeitalter der Fische. Zwei Romane in einem Band.* München (Kindler) 1965. (Kindler Taschenbuch 62. Mit einem Vorwort von Franz Werfel und der Grabrede Carl Zuckmayers.)

1968 *Zeitalter der Fische. Drei Romane und eine Erzählung.* Wien (Bergland) o. J. [1968]. (Mit einer Gedächtnisrede Carl Zuckmayers statt eines Nachworts.)

1969 *Dramen.* Berlin (Volk und Welt) 1969. (Ausgewählt von Dora Huhn und Hansjörg Schneider. Mit einem Nachwort von Hansjörg Schneider.)

Zeitalter der Fische. Drei Romane und eine Erzählung. Wien/Frankfurt/Zürich (Büchergilde Gutenbreg) 1969. (Mit einer Gedächtnisrede von Carl Zuckmayer statt eines Nachworts.)

1971 *Von Spießern, Kleinbürgern und Angestellten.* Frankfurt/Main (Suhrkamp) 1971. (Bibliothek Suhrkamp 285. Auswahl und Nachwort von Traugott Krischke.)

1975 *Die stille Revolution. Kleine Prosa.* Frankfurt/Main (Suhrkamp) 1975. (suhrkamp taschenbuch 254. Mit einem Nachwort von Franz Werfel. Zusammengestellt und mit einem Nachwort versehen von Traugott Krischke.)

1976 *Geschichten aus dem Wiener Wald und andere Dramen.* (Hg. Traugott Krischke und Dieter Hildebrandt.) Berlin/Darmstadt/Wien (Deutsche Buch-Gemeinschaft u. a.) 1976.

Ein Lesebuch. (Hg. Traugott Krischke.) Frankfurt/Main (Suhrkamp) 1976.

1978 *Zur schönen Aussicht / Die Unbekannte aus der Seine / Figaro läßt sich scheiden. Komödien.* München (dtv) 1978. (dtv 1354. Mit einer Einführung und Notizen zu den Stücken von Traugott Krischke.)

1981 *Mord in der Mohrengasse / Revolte auf Côte 3018.*
Frankfurt/Main (Suhrkamp) 1981. (Bibliothek
Suhrkamp 768. Mit einem Nachwort von Ansgar
Hillach.)
Ein Lesebuch. (Hg. Traugott Krischke.) Frankfurt/
Main (Suhrkamp) 1981 (suhrkamp taschenbuch
742).
Ausgewählte Werke (in zwei Bänden). Berlin (Volk
und Welt) 1981. (Herausgegeben von Hansjörg
Schneider.)

3. Einzelausgaben

1938 *Ein Kind unserer Zeit. Roman.* New York/To-
ronto (Longmans, Green & Co) 1938.
1948 *Jugend ohne Gott. Roman.* Wien (Bergland) 1948.
1951 *Ein Kind unserer Zeit. Roman.* Wien (Bergland)
1951. (Mit einem Vorwort von Franz Werfel und
der Grabrede Carl Zuckmayers.) Auch: Vaduz
1951.
1955 *Der jüngste Tag. Schauspiel in sieben Bildern.*
Emsdetten (Lechte) 1955. (Dramen der Zeit. Band
15. Mit einem Vorwort von Helmut Schlien.)
1959 *Figaro läßt sich scheiden. Komödie in drei Akten.*
Wien (Bergland) 1959. (Mit einem Vorwort von
Traugott Krischke.)
1965 *Der ewige Spießer. Erbaulicher Roman in drei Teilen.* Wien (Bergland) 1965. (Neue Dichtung aus
Österreich 119/120. Mit einem Vorwort von Franz
Theodor Csokor.)
1968 *Ein Kind unserer Zeit. Roman.* München (dtv)
1968. (dtv 525. Mit einem Vorwort von Franz
Werfel und der Grabrede Carl Zuckmayers.)
1969 *[Rechts und Links.] Sportmärchen.* Berlin (Hess-
ling) 1969. (25. Druck der Berliner Handpresse.
Mit zwölf vierfarbigen Original-Linolschnitten
von Wolfgang Jörg und Erich Schönig. Mit einem
Nachwort von Walter Huder.)
1970 *Geschichten aus dem Wiener Wald. Volksstück in
drei Teilen.* Frankfurt/Main (Suhrkamp) 1970.

(Bibliothek Suhrkamp 247. Mit einer Nacherzählung von Peter Handke.)

1971 *Der ewige Spießer. Erbaulicher Roman in drei Teilen.* Berlin (Volk und Welt) 1971. (Volk und Welt Spektrum 31. Mit einer Nachbemerkung von Hansjörg Schneider.)
Jugend ohne Gott. Roman. Frankfurt/Main (Suhrkamp) 1971 (suhrkamp taschenbuch 17).

1972 *Sportmärchen.* Frankfurt (Insel) 1972. (Mit einem Nachwort von Traugott Krischke. Insel-Bücherei 963.)
Kasimir und Karoline. Volksstück. Frankfurt/Main (Suhrkamp) 1972. (Bibliothek Suhrkamp 316. Herausgegeben und mit einem Nachwort versehen von Traugott Krischke. Mit Vorarbeiten und Varianten. Vorwort von Alfred Polgar.)

1973 *Ein Kind unserer Zeit. Roman.* Frankfurt/Main (Suhrkamp) 1973 (suhrkamp taschenbuch 99).
Der ewige Spießer. Erbaulicher Roman in drei Teilen. Frankfurt/Main (Suhrkamp) 1973 (suhrkamp taschenbuch 131).
Glaube Liebe Hoffnung. Ein kleiner Totentanz. Frankfurt/Main (Suhrkamp) 1973. (Bibliothek Suhrkamp 361. Herausgegeben und mit einem Nachwort versehen von Traugott Krischke. Mit Entwürfen, Vorarbeiten und Varianten.)

1974 *Sladek oder Die schwarze Armee. Historie in drei Akten.* Frankfurt/Main (Suhrkamp) 1974. (suhrkamp taschenbuch 163. Herausgegeben mit Dokumentation und Nachwort von Dieter Hildebrandt.)
Italienische Nacht. Volksstück. Frankfurt/Main (Suhrkamp) 1974. (Bibliothek Suhrkamp 410. Edition und Nachwort von Traugott Krischke. Mit der Erstveröffentlichung *Das Wochenendspiel* sowie Entwürfen, Vorarbeiten und Varianten.)
Jugend ohne Gott. Roman. (Hg. Ian Huish.) London (Harrap & Co. Ltd) 1974. (Modern Literature Series.)

1975 *Don Juan komt aus dem Krieg. Schauspiel.* Frankfurt/Main (Suhrkamp) 1975. (Bibliothek Suhr-

kamp 445. Edition und Nachwort von Traugott
Krischke. Mit Entwürfen, Skizzen und Fragmenten.)

1976   *Jugend ohne Gott. Roman.* Frankfurt/Main (Suhrkamp) 1976. (Suhrkamp Literatur Zeitung Nr. 7/2.
Programm. Mit Materialien und einer Einführung
von Traugott Krischke.)

1977   *Geschichten aus dem Wiener Wald. Volksstück in
drei Teilen.* Frankfurt/Main (Suhrkamp) 1977.
(Erweiterte Neuausgabe der Bibliothek Suhrkamp
247. Edition und Nachwort von Traugott Krischke.
Mit dem Abdruck von *Geschichten aus dem Wiener
Wald. Volksstück in sieben Bildern,* Vorarbeiten,
Fragmenten und Varianten sowie einer Nacherzählung von Peter Handke.)

1978   *Kasimir und Karoline. Szenen von Liebe, Lust und
Leid und unserer schlechten Zeit.* Einrichtung von
Ulrich Heising und Michael Pehlke. Text der Ruhrfestspiele Recklinghausen 1978.

1979   *Italienische Nacht. Volksstück [mit Materialien].*
Ausgewählt und eingeleitet von Dietrich Steinbach.
Stuttgart (Klett) 1979 (Editionen für den Literaturunterricht).
*Geschichten aus dem Wiener Wald. Ein Film von
Maximilian Schell.* Frankfurt/Main (Suhrkamp)
1979. (suhrkamp taschenbuch 595. Mit Daten, Notizen und Materialien zur Vorgeschichte des Films
von Maximilian Schell. Fotos von Gabriele Brandenstein.)
*Sechsunddreißig Stunden. [Die Geschichte vom
Fräulein Pollinger.] Roman.* Frankfurt/Main
(Suhrkamp) 1979. (Bibliothek Suhrkamp 630. Edition und Nachwort von Traugott Krischke.)

1980   *Kasimir und Karoline. Volksstück [mit Materialien].* Ausgewählt und eingeleitet von Dietrich
Steinbach. Stuttgart (Klett) 1980 (Editionen für
den Literaturunterricht).
*Geschichten aus dem Wiener Wald. Volksstück in
drei Teilen.* London (Bell & Hyman) 1980. (Hg.
Hugh Rank. Introduction, Notes, Vocabulary,

Select Bibliography.)

1981 *Stunde der Liebe. Hörspiel.* Baden (Grasl) 1981.
(Edition Niederösterreich-Gesellschaft für Kunst
und Kultur in Zusammenarbeit mit dem ORF-
Landesstudio Niederösterreich. Mit Tonkassette.)
Der jüngste Tag. Schauspiel in sieben Bildern.
Frankfurt/Main (Suhrkamp) 1981. (suhrkamp
taschenbuch 715. Hg. Traugott Krischke.)

4. Übersetzungen

1930 *A kisasszony megtérítése* (d. i. *Ein Fräulein wird
bekehrt*). In: Korunk. Klausenburg 1930.

1938 *A Child of our Time and Being Youth without
God.* (Ü: R. Wills Thomas.) London (Methuen &
Co Ltd) 1938.
Er is een Moord begann. (Ü: J. Winkler.) Amster-
dam (Arbeiderspeers) 1938.
Młodzież bez Boga. (Ü: I. Berman.) Lwow (Wy-
dawnictwo »Wierch«) 1938.
Mládi bez Boha. (Ü: V. Schwarz.) Praha 1938.
[Argentinische Ausgabe: *Jugend ohne Gott* und
Ein Kind unserer Zeit. Nähere Angaben fehlen.]

1939 *A Child of our Time.* (Ü: R. Wills Thomas.) New
York (Dial Press) 1939.
The Age of Fish. (Ü: R. Wills Thomas.) New York
(Dial Press) 1939.
Jeunesse sans Dieu. (Ü: Armand Pierhal.) Paris
(Plon) 1939.
Mladež bez Boga. (Ü: M. Leskovac, H. Petris.)
Zagreb (Izdanje »Savremente Biblioteke«) 1939.
Gudlos Ungdom. (Ü: Mogens Klitgaard.) Køben-
havn (Povl Branner) 1939.
[Schwedische Ausgabe: *Jugend ohne Gott*. Nähere
Angaben fehlen.]

1940 *Soldat du Reich.* (Ü: Armand Pierhal.) Paris (Plon)
1940.

1941 *Soldat del Reich.* (Ü: José Mora Guaraido.) Mon-
tevideo (Editorial Salamandra) 1941.

Ti san-ti-kuo-tiping si (d. i. *Ein Kind unserer Zeit*). Shanghai (Kajtschin) 1941.

1948 *Gioventu senza Dio.* (Ü: Bruno Maffi.) Milano (Bompiani) 1948.
Un Figlio del nostro tempo. (Ü: Bruno Maffi.) Milano (Bompiani) 1948.
Et Barn af vor Tid. (Ü: Gustav Hansen.) København (Povl Branner) 1948.

1949 *Ti san-ti-kuo-ti ping si.* Shanghai (Wen-hua-seng-hue) 1949 und 1953.

1967 *La nuit italienne suivi de Cent cinquante marks et de Don Juan revient de guerre.* (Ü: Renée-Saurel.) Paris (Gallimard) 1967.

1968 *Povidky z Videňského lesa a jine hry* (enthält: *Geschichten aus dem Wiener Wald, Die Unbekannte aus der Seine, Figaro läßt sich scheiden;* Ü: Jiři Stach, Karla Kvasničková, Jarmila Hrubešová). Praha (Orbis) 1968.

1971 *Mesél a bécsi erdö* (d. i. *Geschichten aus dem Wiener Wald;* Ü: Mészöly Deszö). In: Nagyvilág Januar 1971.

1972 *Dósa.* (Ü: Walkó György.) In: Nagyvilág September 1972.

1973 *Alląhsiz gençlik* (d. i. *Jugend ohne Gott;* Ü: Burhan Arpad.) Istanbul (May Yayinlari) 1973.
Jumalata noorus (d. i. *Jugend ohne Gott;* Ü: Ain Kaalep). Tallinn (d. i. Reval) 1973.
Noite italiana. (Ü: Umberto Gandini, Emilio Castellani.) In: Sipario. Milano August/September 1973.
Mésel a bécsi erdö. (Ü: Mészöly Deszö.) In: Világszinpad 3. Magvetö Könyvkiadó Budapest 1973.

1974 *Teatro Popolare* (enthält: *Italienische Nacht, Geschichten aus dem Wiener Wald, Kasimir und Karoline, Glaube Liebe Hoffnung;* Ü: Umberto Gandini, Emilio Castellani). Milano (Adelphi) 1974.
L'eterno filesteo. Tutti i romanzi (enthält: *Der ewige Spießer, Jugend ohne Gott, Ein Kind unserer Zeit;* Ü: Giorgio Backaaus, Bruno Maffi). Milano (Bompiani) 1974.

Gioventu senza Dio. (Ü: Bruno Maffi.) Milano (Bompiani) 1974. (i piccolo delfini 19).

Az örök kispolgár (d. i. *Der ewige Spießer*; Ü: Thurzó Gábor). Budapest (Gondolat) 1974.

1976 *La Foi, l'Esperance et la Charité.* (Ü: Renée Saurel.) Paris (L'Avant Scène) 1. 7. 1976.

1977 *Tales from Vienna Woods.* (Ü: Christopher Hampton.) London (Faber and Faber) 1977.

1978 *Don Juan comes back from the war.* (Ü: Christopher Hampton.) London (Faber and Faber) 1978.
The Age of the Fish. (Ü: R. Wills Thomas.) New York (Pomerica Press Limited) 1978.
The Age of the Fish. (Ü: R. Wills Thomas.) New York (Popular Library) 1978.

1979 *La Era del Pez.* (Ü: Eduardo Goligarsky.) Barcelona (Editorial Pomaire) 1979.

1980 *[Stücke]* (enthält: *Sladek oder Die schwarze Armee, Italienische Nacht, Geschichten aus dem Wiener Wald, Kasimir und Karoline, Hin und her, Don Juan kommt aus dem Krieg, Figaro läßt scheiden;* Ü: J. I. Archipow, K. Asadowskij, E. Muchelewitsch, A. Nazarenko, V. Nikitin, N. und D. Pawlowitsch, E. Wengerowa). Moskau (Verlag Wissenschaft) 1980.

3. Sekundärliteratur

1. Einführungen, Monographien und Biographien

François, Jean-Claude: *Historie et fiction dans le théâtre d'Ödön von Horváth.* Grenoble (Presses Universitaires) 1978.

Hildebrandt, Dieter: *Ödön von Horváth in Selbstzeugnissen und Bilddokumenten.* Reinbek (Rowohlt) 1975 (rororo bildmonographien 231).

Hildebrand, Dieter und Traugott Krischke (Hg.): *Über Ödön von Horváth.* Frankfurt/Main (Suhrkamp) 1972 (edition suhrkamp 584).

Huder, Walther: *Inflation als Lebensform. Ödön von*

Horváths Kritik am Spießertum. Ein Querschnitt durch das Gesamtwerk. Gütersloh (Sonderdruck) 1972. (Aus Anlaß der Eröffnung der Ödön von Horváth-Ausstellung in Gütersloh.)

Huish, Ian: *A Student's Guide to Horváth.* London (Heinemann Educational Books Ltd) 1980.

Kahl, Kurt: *Ödön von Horváth.* Velber (Friedrich) 1966. (Friedrichs Dramatiker des Welt-Theaters 18). Neuausgabe München (dtv) 1976.

Kienzle, Siegfried: *Ödön von Horváth.* Berlin (Colloquium Verlag) 1977 (Köpfe des XX. Jahrhunderts, Bd. 87).

Krammer, Jenö: *Ödön von Horváth. Leben und Werk aus ungarischer Sicht.* Wien (Internationale Lenau-Gesellschaft) 1969 (Wissenschaftliche Reihe I).

Krammer, Jenö: *Ödön von Horváth. Monographie.* Budapest (Akadémiai Kiadó) 1971 (Modern Filológiai Füzetek 13).

Krischke, Traugott (Hg.): *Materialien zu Ödön von Horváth.* Frankfurt/Main (Suhrkamp) 1970 (edition suhrkamp 436).

Krischke, Traugott und Hans F. Prokop (Hg.): *Ödön von Horváth. Leben und Werk in Dokumenten und Bildern.* Frankfurt/Main (Suhrkamp) 1972 (suhrkamp taschenbuch 67).

Krischke, Traugott und Hans F. Prokop (Hg.): *Ödön von Horváth. Leben und Werk in Daten und Bildern.* Frankfurt/Main (Insel) 1977 (insel taschenbuch 237).

Krischke, Traugott: *Ödön von Horváth. Kind seiner Zeit. Biographie.* München (Heyne) 1980 (Heyne Biographien 71).

Krischke, Traugott (Hg.): *Ödön von Horváth.* Frankfurt/Main (Suhrkamp) 1981 (suhrkamp taschenbuch materialien 2005).

Ödön von Horváth. Festschrift zum 75. Geburtstag (Hg. vom Thomas Sessler Verlag. Text und Gestaltung: Tamara Auer-Krafka.) Wien 1977.

Poppe, Andries: *Ödön von Horváth. Monographie.* Brugge (Ontmoetingen) 1965 (Literaire monografieen).

Prokop, Hans F. (Hg.): *Katalog* anläßlich der Ödön von

Horváth-Ausstellung im Museum des 20. Jahrhunderts. Wien 1971.

Symposion on Ödön von Horváth (1901–1938). London (The Departement of German, University College London and Austrian Institute) 1976.

2. Darstellungen und Einzeluntersuchungen zum Werk

Ballin, Dolly Elisabet: *Irony in the dramatic work of Ödön von Horváth*. Diss. Washington 1969.

Bartsch, Kurt, Uwe Baur und Dietmar Goltschnigg (Hg.): *Horváth-Diskussion*. Kronberg/Ts. (Scriptor) 1976 (Monographien Literaturwissenschaft 28).

Boelke, Wolfgang: *Die »entlarvende« Sprachkunst Ödön von Horváths. Studien, zu seiner dramaturgischen Psychologie*. Diss. Frankfurt/Main 1970.

Carhoun, Peter: *Die Frauengestalten in Horváths Volksstücken*. Hausarbeit Wien 1975.

Cermak, Wolfgang: *Politische Positionen bei Ödön von Horváth (1927–1930)*. Hausarbeit Salzburg 1977.

Cyron-Hawryluk, Dorota: *Zeitgenössische Problematik in den Dramen Ödön von Horváths*. Wroclaw 1974 (Acta Universitatis Wratislaviensis 209. Germanica Wratislaviensia XIX). Auch Diss. Wroclaw 1971.

Czerny, Karin Hauss: *Ödön von Horváth; Themen und Technik*. Diss. New York 1976.

Dachs. Werner: *Die Thematik bei Ödön von Horváth und ihre Abwandlungen*. Hausarbeit Salzburg 1972.

Dietrich, Stephan: *Gesellschaft und Individuum bei Ödön von Horváth. Interpretation anhand von Stücken bis zur Emigration*. Diss. Zürich 1975.

Esser, Herbert: *Die didaktische Dramaturgie des Volksstücks bei Ödön von Horváth*. Hausarbeit Köln 1972.

Feigl, Susanne: *Das Thema der menschlichen Wandlung in den Romanen Ödön von Horváths*. Diss. Wien 1970.

Fritz, Axel: *Ödön von Horváth als Kritiker seiner Zeit. Studien zum Werk und seinem Verhalten zum politischen, sozialen und kulturellen Zeitgeschehen*. München (List) 1973 (List Taschenbuch der Wissenschaft. Literaturwissenschaft, Bd. 1446). Auch Diss. Stockholm 1971.

Gehmair, Veronika: *Die Darstellung des Kleinbürgers in*

den »Volksstücken« Ödön von Horváths. Hausarbeit Salzburg 1977.

Gelderen, Evelyne van: *Die Rolle der Frau in den Werken Ödön von Horváths.* Diplomarbeit Berlin 1974.

Hackl, Erich: *Kleinbürgertum und Faschismus in den Werken Ödön von Horváths.* Hausarbeit Salzburg 1976.

Hell, Martin: *Kitsch als Element der Dramaturgie Ödön von Horváths* (Arbeitstitel). Diss. Saarbrücken 1981 (in Arbeit).

Herschbach, Robert Alexander: *The »Volksstück« of Ödön von Horváth. Text and context.* Diss. Massachusetts 1973.

Heyne, Arnd: *Der Dramatiker Ödön von Horváth. Zur Demaskierung des Bewußtseins.* Diss. Freiburg i. Br. 1969.

Hollmann, Helga: *Gesellschaftskritik in den Volksstücken Ödön von Horváths.* Magisterarbeit Berlin o. J. [1970].

Hopf, Christa: *Ödön von Horváths Anknüpfung an weltliterarische Stoffe und aktuelles Bildungsgut.* Hausarbeit Graz 1975.

Hummel, Reinhard: *Die Volksstücke Ödön von Horváths.* Baden-Baden (Hertel) 1970. Auch Diss. Berlin 1970.

Kling, Vincent: *Die Illusion des Waffenstillstands. Individuum und Gesellschaft in den Werken Horváths.* Diss. Pennsylvania 1972.

Kofler, Maria: *Sprachform und Erzählstruktur in Ödön von Horváths Roman »Jugend ohne Gott«.* Hausarbeit Innsbruck 1975.

Krischke, Traugott (Hg.): *Materialien zu Ödön von Horváths »Geschichten aus dem Wiener Wald«.* Frankfurt/Main (Suhrkamp) 1972 (edition suhrkamp 533).

Krischke, Traugott (Hg.): *Materialien zu Ödön von Horváths »Kasimir und Karoline«.* Frankfurt/Main (Suhrkamp) 1973 (edition suhrkamp 611).

Krischke, Traugott (Hg.): *Materialien zu Ödön von Horváths »Glaube Liebe Hoffnung«.* Frankfurt/Main (Suhrkamp) 1973 (edition suhrkamp 671).

Kurzenberger, Hajo: *Horváths Volksstücke. Beschreibung eines poetischen Verfahrens.* München (Fink) 1974 (Kritische Information 17). Auch Diss. Heidelberg 1972.

Lechner, Wolfgang: *Mechanismen der Literaturrezeption in Österreich am Beispiel Ödön von Horváths*. Stuttgart (Akademischer Verlag Hans-Dieter Heinz) 1978 (Stuttgarter Arbeiten zur Germanistik Nr. 46). Auch Diss. Innsbruck 1977.

Lensing, Paul: *Die Rolle der Frau im Werk Horváths*. Diss. Münster 1971.

Leoni, Maria Eugenia: *Ödön von Horváth – »Spießertum« e »Demaskierung des Bewußtseins«*. Diss. Bologna 1966.

Lettner, Sylvia: *Horváth, Fleißer, Kroetz: ein Vergleich zum realistischen Volksstück*. Hausarbeit Salzburg o. J.

Lottmann, Birgit: *Das Verhältnis von Bewußtsein und Sprache bei Nestroy und Horváth am Beispiel zweier Komödien* (Nestroys »Talisman« und Horváths »Kasimir und Karoline«). Arbeit zur Ersten Philologischen Staatsprüfung Münster 1974.

Melzer, Gerhard: *Das Phänomen des Tragischen. Untersuchungen zum Werk von Karl Kraus und Ödön von Horváth*. Kronberg/Ts. (Scriptor) 1976. Auch Diss. Graz 1975.

Nagele, Franz: *Die Horváth-Renaissance in der österreichischen Literatur in Verbindung mit einem Vergleich zwischen »Geschichten aus dem Wiener Wald« und »Sauschlachten«*. Hausarbeit Salzburg 1977.

Neikirk, Joan Cantwell: *The role of women in the works of Ödön von Horváth*. Diss. Wisconsin 1971.

Nolting, Winfried: *Der totale Jargon. Die dramatischen Beispiele Ödön von Horváths*. München (Fink) 1976 (Literatur und Presse. Karl Kraus Studien II). Auch Diss. Münster 1974.

Probst, Hans Ulrich: *Dramentheorie und Dramentechnik Horváths*. Diss. Basel 1970.

Reuther, Gabriele: *Ödön von Horváth. Gestalt, Werk und Verwirklichung auf der Bühne*. Diss. Wien 1962.

Roth, Friedhelm E.: *Die Darstellung des Kleinbürgertums bei Marieluise Fleißer und Ödön von Horváth*. Examensarbeit o. O., o. J.

Schleising-Scheffel, Ina-Dolores: *Zum Verhältnis von Individuum und Gesellschaft in den Volksstücken Ödön von Horváths.* Examensarbeit Berlin 1974.

Schröder, Jürgen (Hg.): *»Der Fall E.« oder Die Lehrerin von Regensburg.* Frankfurt/Main (Suhrkamp) 1982 (suhrkamp taschenbuch materialien 2014).

Schulte, Birgit: *Ödön von Horváth – verschwiegen – gefeiert – glattgelobt. Analyse eines ungewöhnlichen Rezeptionsverlaufs.* Bonn (Bouvier) 1980 (Abhandlungen zur Kunst-, Musik- und Literaturwissenschaft; Bd. 303).

Seitz, Renate: *Studien zu den Dramen Ödön von Horváths. Die Technik der ironischen Entlarvung.* Hausarbeit Bonn 1967.

Steets, Angelika: *Die Prosawerke Ödön von Horváths. Versuch einer Bedeutungsanalyse.* Stuttgart (Akademischer Verlag Hans-Dieter Heinz) 1975. Auch Diss. München 1974.

Strelka, Joseph: *Brecht Horváth Dürrenmatt. Wege und Abwege des modernen Dramas.* Wien/Hannover/Bern (Forum) 1962.

Stuhlmann-Laeisz, Gabriele: *Die »Demaskierung des Bewußtseins«, dargestellt an den erotischen Verhältnissen im dramatischen Werk Ödön von Horváths.* Examensarbeit Hamburg 1972.

Walder, Martin: *Die Uneigentlichkeit des Bewußtseins. Zur Dramaturgie Ödön von Horváths.* Bonn (Bouvier) 1974 (Studien zur Germanistik, Anglistik und Komparistik; Bd. 22). Auch Diss. Zürich 1972.

Weissensteiner, Franz: *Die Bedeutung des Christentums in den Dramen Ödön von Horváths.* Hausarbeit Innsbruck 1973.

Winston, Krishna Ricarda: *Horváth's Studies. Close Readings of Six Plays (1926–1931).* Bern, Frankfurt/Main, Las Vegas 1977 (Europäische Hochschulschriften. Serie XXX, Film- und Theaterwissenschaftliche Studien, Bd. 5).

(Stand: August 1981)

Ödön von Horváth im Suhrkamp Verlag

*Gesammelte Werke. Herausgegeben von
Traugott Krischke und Dieter Hildebrandt*

Band I: Volksstücke, Schauspiele
Revolte auf Côte 3018
Die Bergbahn
Italienische Nacht
Geschichten aus dem Wiener
Wald
Kasimir und Karoline
Glaube Liebe Hoffnung
Mord in der Mohrengasse
Sladek oder Die schwarze Armee
Sladek der schwarze Reichswehr-
mann
Der jüngste Tag
Don Juan kommt aus dem Krieg

Band II: Komödien
Zur schönen Aussicht
Rund um den Kongreß
Die Unbekannte aus der Seine
Hin und her
Himmelwärts
Mit dem Kopf durch die Wand
Figaro läßt sich scheiden
Ein Dorf ohne Männer
Sklavenball
Pompeji

Band III: Lyrik, Prosa, Romane
Das Buch der Tänze
Sportmärchen
Erzählungen und Skizzen
Der ewige Spießer
Jugend ohne Gott
Ein Kind unserer Zeit

Band IV: Entwürfe, Varianten, Exposés
Fragmente und Varianten
Theoretisches, Briefe, Verse

*Werkausgabe in acht Bänden
Herausgegeben von Traugott Krischke
und Dieter Hildebrandt*

(Textidentisch mit der vierbändigen Dünndruckausgabe, mit textlichen Korrekturen und Erweiterungen sowie einem Anhang mit Daten, bibliographischen Hinweisen und einem Werkregister.)

Ödön von Horváth – Ein Lesebuch
Herausgegeben von Traugott Krischke. 1976. 280 S. Ln.

Bibliothek Suhrkamp
Geschichten aus dem Wiener Wald, BS 247
Von Spießern, Kleinbürgern und Angestellten, BS 285
Kasimir und Karoline, BS 316
Glaube Liebe Hoffnung, BS 361
Italienische Nacht, BS 410
Don Juan kommt aus dem Krieg, BS 445
Sechsunddreißig Stunden, BS 630
Mord in der Mohrengasse/Revolte auf Côte 3018, BS 768

edition suhrkamp
Materialien zu Ödön von Horváth, es 436
Materialien zu »Geschichten aus dem Wiener Wald«,
es 533
Über Ödön von Horváth, es 584
Materialien zu »Kasimir und Karoline«, es 611
Materialien zu »Glaube Liebe Hoffnung«, es 671

suhrkamp taschenbücher
Jugend ohne Gott. *Roman,* st 17
Ödön von Horváth. *Leben und Werk in Dokumenten und Bildern,* st 67
Ein Kind unserer Zeit. *Roman,* st 99
Der ewige Spießer. *Roman,* st 131
Sladek oder Die schwarze Armee. *Historie in drei Akten,* st 163
Die stille Revolution. *Kleine Prosa,* st 254
Geschichten aus dem Wiener Wald. *Ein Film von Maximilian Schell,* st 595
Der jüngste Tag. *Schauspiel,* st 715
Ein Lesebuch, st 742

suhrkamp taschenbuch materialien
Ödön von Horváth, stm 2005

Ödön von Horváth im Insel Verlag
Sportmärchen. Insel-Bücherei 963
Ödön von Horváth, Leben und Werk in Daten und
Bildern. insel taschenbuch 237

Alphabetisches Gesamtverzeichnis der suhrkamp taschenbücher

Achternbusch, Alexanderschlacht 61
– Der Neger Erwin 682
– Die Stunde des Todes 449
– Happy oder Der Tag wird kommen 262
Adorno, Erziehung zur Mündigkeit 11
– Studien zum autoritären Charakter 107
– Versuch, das ›Endspiel‹ zu verstehen 72
– Versuch über Wagner 177
– Zur Dialektik des Engagements 134
Aitmatow, Der weiße Dampfer 51
Alegría, Die hungrigen Hunde 447
Alfvén, Atome, Mensch und Universum 139
– M 70 – Die Menschheit der siebziger Jahre 34
Allerleirauh 19
Alsheimer, Eine Reise nach Vietnam 628
– Vietnamesische Lehrjahre 73
Alter als Stigma 468
Anders, Kosmologische Humoreske 432
v. Ardenne, Ein glückliches Leben für Technik und
Forschung 310
Arendt, Die verborgene Tradition 303
Arlt, Die sieben Irren 399
Arguedas, Die tiefen Flüsse 588
Artmann, Grünverschlossene Botschaft 82
– How much, schatzi? 136
– Lilienweißer Brief 498
– The Best of H. C. Artmann 275
– Unter der Bedeckung eines Hutes 337
Augustin, Raumlicht 660
Bachmann, Malina 641
v. Baeyer, Angst 118
Bahlow, Deutsches Namenlexikon 65
Balint, Fünf Minuten pro Patient 446
Ball, Hermann Hesse 385
Barnet (Hrsg.), Der Cimarrón 346
Basis 5, Jahrbuch für deutsche Gegenwartsliteratur
276
Basis 6, Jahrbuch für deutsche Gegenwartsliteratur
340
Basis 7, Jahrbuch für deutsche Gegenwartsliteratur
420
Basis 8, Jahrbuch für deutsche Gegenwartsliteratur
457
Basis 9, Jahrbuch für deutsche Gegenwartsliteratur
553
Basis 10, Jahrbuch für deutsche Gegenwartsliteratur
589
Beaucamp, Das Dilemma der Avantgarde 329
Becker, Jürgen, Eine Zeit ohne Wörter 20
– Gedichte 690
Becker, Jurek, Irreführung der Behörden 271
– Der Boxer 526
– Schlaflose Tage 626
Beckett, Das letzte Band (dreisprachig) 200
– Der Namenlose 536
– Endspiel (dreisprachig) 171
– Glückliche Tage (dreisprachig) 248
– Malone stirbt 407
– Molloy 229
– Warten auf Godot (dreisprachig) 1
– Watt 46
Das Werk von Beckett. Berliner Colloquium 225
Materialien zu Beckett »Der Verwaiser« 605
Materialien zu Becketts »Godot« 104
Materialien zu Becketts »Godot« 2 475
Materialien zu Becketts Romanen 315
Behrens, Die weiße Frau 655

Benjamin, Der Stratege im Literaturkampf 176
– Illuminationen 345
– Über Haschisch 21
– Ursprung des deutschen Trauerspiels 69
Zur Aktualität Walter Benjamins 150
Beradt, Das dritte Reich des Traumes 697
Bernhard, Das Kalkwerk 128
– Der Kulterer 306
– Frost 47
– Gehen 5
– Salzburger Stücke 257
Bertaux, Hölderlin 686
– Mutation der Menschheit 555
Beti, Perpétue und die Gewöhnung ans Unglück 677
Bierce, Das Spukhaus 365
Bingel, Lied für Zement 287
Bioy Casares, Fluchtplan 378
– Schweinekrieg 469
Blackwood, Besuch von Drüben 411
– Das leere Haus 30
– Der Griff aus dem Dunkel 518
Blatter, Zunehmendes Heimweh 649
Bloch, Spuren 451
– Atheismus im Christentum 144
Böni, Ein Wanderer im Alpenregen 671
Börne, Spiegelbild des Lebens 408
Bonaparte, Edgar Poe, 3 Bde. 592
Bond, Bingo 283
– Die See 160
Brasch, Kargo 541
Braun, J. u. G., Der Fehlfaktor 687
– Unheimliche Erscheinungsformen auf Omega XI
646
Braun, Das ungezwungene Leben Kasts 546
– Gedichte 499
– Stücke 1 198
– Stücke 2 680
Brecht, Frühe Stücke 201
– Gedichte 251
– Gedichte für Städtebewohner 640
– Geschichten vom Herrn Keuner 16
– Schriften zur Gesellschaft 199
Brecht in Augsburg 297
Bertolt Brechts Dreigroschenbuch 87
Brentano, Berliner Novellen 568
– Prozeß ohne Richter 427
Broch, Hermann, Barbara 151
– Briefe I 710
– Briefe II 711
– Briefe III 712
– Dramen 538
– Gedichte 572
– Massenwahntheorie 502
– Novellen 621
– Philosophische Schriften 1 u. 2
2 Bde. 375
– Politische Schriften 445
– Schlafwandler 472
– Schriften zur Literatur 1 246
– Schriften zur Literatur 2 247
– Schuldlosen 209
– Tod des Vergil 296
– Unbekannte Größe 393
– Verzauberung 350
Materialien zu »Der Tod des Vergil« 317
Brod, Der Prager Kreis 547
– Tycho Brahes Weg zu Gott 490

Broszat, 200 Jahre deutsche Polenpolitik 74
Brude-Firnau (Hrsg.), Aus den Tagebüchern
Th. Herzls 374
Büßerinnen aus dem Gnadenkloster, Die 632
Bulwer-Lytton, Das kommende Geschlecht 609
Buono, Zur Prosa Brechts. Aufsätze 88
Butor, Paris–Rom oder Die Modifikation 89
Campbell, Der Heros in tausend Gestalten 424
Casares, Schlaf in der Sonne 691
Carossa, Ungleiche Welten 521
Über Hans Carossa 497
Carpentier, Explosion in der Kathedrale 370
– Krieg der Zeit 552
Celan, Mohn und Gedächtnis 231
– Von Schwelle zu Schwelle 301
Chomsky, Indochina und die amerikanische
Krise 32
– Kambodscha Laos Nordvietnam 103
– Über Erkenntnis und Freiheit 91
Cioran, Die verfehlte Schöpfung 550
– Vom Nachteil geboren zu sein 549
– Syllogismen der Bitterkeit 607
Cisek, Der Strom ohne Ende 724
Claes, Flachskopf 524
Condrau, Angst und Schuld als Grundprobleme in
der Psychotherapie 305
Conrady, Literatur und Germanistik als Herausfor-
derung 214
Cortázar, Bestiarium 543
– Das Feuer aller Feuer 298
– Die geheimen Waffen 672
– Ende des Spiels 373
Dahrendorf, Überall ist Polen 195
– Lebenschancen 559
Dedecius, Überall ist Polen 195
Degner, Graugrün und Kastanienbraun 529
Der andere Hölderlin. Materialien zum »Hölderlin«-
Stück von Peter Weiss 42
Dick, LSD-Astronauten 732
– UBIK 440
Doctorow, Das Buch Daniel 366
Döblin, Materialien zu »Alexanderplatz« 268
Dolto, Der Fall Dominique 140
Döring, Perspektiven einer Architektur 109
Donoso, Ort ohne Grenzen 515
Dorst, Dorothea Merz 511
– Stücke 1 437
– Stücke 2 438
Duddington, Baupläne der Pflanzen 45
Duke, Akupunktur 180
Duras, Hiroshima mon amour 112
Durzak, Gespräche über den Roman 318
Edschmidt, Georg Büchner 610
Ehrenberg/Fuchs, Sozialstaat und Freiheit 733
Ehrenburg, Das bewegte Leben des Lasik
Roitschwantz 307
– 13 Pfeifen 405
Eich, Ein Lesebuch 696
– Fünfzehn Hörspiele 120
Eliade, Bei den Zigeunerinnen 615
Eliot, Die Dramen 191
Zur Aktualität T. S. Eliots 222
Ellmann, James Joyce 2 Bde. 473
Enzensberger, Gedichte 1955–1970 4
– Der kurze Sommer der Anarchie 395
– Der Untergang der Titanic 681
– Museum der modernen Poesie, 2 Bde. 476
– Politik und Verbrechen 442
Enzensberger (Hrsg.), Freisprüche. Revolutionäre
vor Gericht 111

Eppendorfer, Der Ledermann spricht mit Hubert
Fichte 580
Eschenburg, Über Autorität 178
Ewald, Innere Medizin in Stichworten I 97
– Innere Medizin in Stichworten II 98
Ewen, Bertolt Brecht 141
Fallada/Dorst, Kleiner Mann – was nun? 127
Fanon, Die Verdammten dieser Erde 668
Feldenkrais, Abenteuer im Dschungel des Gehirns
663
– Bewußtheit durch Bewegung 429
Feuchtwanger (Hrsg.), Deutschland – Wandel und
Bestand 335
Fischer, Von Grillparzer zu Kafka 284
Fleißer, Der Tiefseefisch 683
– Eine Zierde für den Verein 294
– Ingolstädter Stücke 403
Fletcher, Die Kunst des Samuel Beckett 272
Frame, Wenn Eulen schreien 692
Franke, Einsteins Erben 603
– Paradies 3000 664
– Schule für Übermenschen 730
– Sirius Transit 535
– Ypsilon minus 358
– Zarathustra kehrt zurück 410
– Zone Null 585
v. Franz, Zahl und Zeit 602
Friede und die Unruhestifter, Der 145
Fries, Das nackte Mädchen auf der Straße 577
– Der Weg nach Oobliadooh 265
Frijling-Schreuder, Was sind das – Kinder? 119
Frisch, Andorra 277
– Der Mensch erscheint im Holozän 734
– Dienstbüchlein 205
– Herr Biedermann / Rip van Winkle 599
– Homo faber 354
– Mein Name sei Gantenbein 286
– Montauk 700
– Stiller 105
– Stücke 1 70
– Stücke 2 81
– Tagebuch 1966–1971 256
– Wilhelm Tell für die Schule 2
Materialien zu Frischs »Biedermann und die
Brandstifter« 503
– »Stiller« 2 Bde. 419
Frischmuth, Amoralische Kinderklapper 224
Froese, Zehn Gebote für Erwachsene 593
Fromm/Suzuki/de Martino, Zen-Buddhismus und
Psychoanalyse 37
Fuchs, Todesbilder in der modernen Gesellschaft
102
Fuentes, Nichts als das Leben 343
Fühmann, Bagatelle, rundum positiv 426
– Erfahrungen und Widersprüche 338
– 22 Tage oder Die Hälfte des Lebens 463
Gadamer/Habermas, Das Erbe Hegels 596
Gall, Deleatur 639
García Lorca, Über Dichtung und Theater 196
Gespräche mit Marx und Engels 716
Gibson, Lorcas Tod 197
Gilbert, Das Rätsel Ulysses 367
Glozer, Kunstkritiken 193
Goldstein, A. Freud, Solnit, Jenseits des Kindes-
wohls 212
Goma, Ostinato 138
Gorkij, Unzeitgemäße Gedanken über Kultur und
Revolution 210
Grabiński, Abstellgleis 478
Griaule, Schwarze Genesis 624

Grossmann, Ossietzky. Ein deutscher Patriot 83
Gulian, Mythos und Kultur 666
Habermas, Theorie und Praxis 9
– Kultur und Kritik 125
Habermas/Henrich, Zwei Reden 202
Hammel, Unsere Zukunft – die Stadt 59
Han Suyin, Die Morgenflut 234
Handke, Als das Wünschen noch geholfen hat 208
– Begrüßung des Aufsichtsrats 654
– Chronik der laufenden Ereignisse 3
– Das Ende des Flanierens 679
– Das Gewicht der Welt 500
– Die Angst des Tormanns beim Elfmeter 27
– Die linkshändige Frau 560
– Die Stunde der wahren Empfindung 452
– Die Unvernünftigen sterben aus 168
– Der kurze Brief 172
– Falsche Bewegung 258
– Hornissen 416
– Ich bin ein Bewohner des Elfenbeinturms 56
– Stücke 1 43
– Stücke 2 101
– Wunschloses Unglück 146
Hart Nibbrig, Ästhetik 491
– Rhetorik des Schweigens 693
Heiderich, Mit geschlossenen Augen 638
Heilbroner, Die Zukunft der Menschheit 280
Heller, Die Wiederkehr der Unschuld 396
– Enterbter Geist 537
– Nirgends wird Welt sein als innen 288
– Thomas Mann 243
Hellman, Eine unfertige Frau 292
Henle, Der neue Nahe Osten 24
v. Hentig, Die Sache und die Demokratie 245
– Magier oder Magister? 207
Herding (Hrsg.), Realismus als Widerspruch 493
Hermlin, Lektüre 1960–1971 215
Herzl, Aus den Tagebüchern 374
Hesse, Aus Indien 562
– Aus Kinderzeiten. Erzählungen Bd. 1 347
– Ausgewählte Briefe 211
– Briefe an Freunde 380
– Demian 206
– Der Europäer. Erzählungen Bd. 3 384
– Der Steppenwolf 175
– Die Gedichte. 2 Bde. 381
– Die Kunst des Müßiggangs 100
– Die Märchen 291
– Die Nürnberger Reise 227
– Die Verlobung. Erzählungen Bd. 2 368
– Die Welt der Bücher 415
– Eine Literaturgeschichte in Rezensionen 252
– Glasperlenspiel 79
– Innen und Außen. Erzählungen Bd. 4 413
– Klein und Wagner 116
– Kleine Freuden 360
– Kurgast 383
– Lektüre für Minuten 7
– Lektüre für Minuten. Neue Folge 240
– Narziß und Goldmund 274
– Peter Camenzind 251
– Politik des Gewissens, 2 Bde. 656
– Roßhalde 312
– Siddhartha 182
– Unterm Rad 52
– Von Wesen und Herkunft des Glasperlenspiels 382
Materialien zu Hesses »Demian« 1 166
Materialien zu Hesses »Demian« 2 316
Materialien zu Hesses »Glasperlenspiel« 1 80

Materialien zu Hesses »Glasperlenspiel« 2 108
Materialien zu Hesses »Siddhartha« 1 129
Materialien zu Hesses »Siddhartha« 2 282
Materialien zu Hesses »Steppenwolf« 53
Über Hermann Hesse 1 331
Über Hermann Hesse 2 332
Hermann Hesse – Eine Werkgeschichte von Siegfried Unseld 143
Hermann Hesses weltweite Wirkung 386
Hildesheimer, Hörspiele 363
– Mozart 598
– Paradies der falschen Vögel 295
– Stücke 362
Hinck, Von Heine zu Brecht 481
Hinojosa, Klail City und Umgebung 709
Hobsbawm, Die Banditen 66
Hofmann (Hrsg.), Schwangerschaftsunterbrechung 238
Hofmann, Werner, Gegenstimmen 554
Höllerer, Die Elephantenuhr 266
Holmqvist (Hrsg.), Das Buch der Nelly Sachs 398
Hortleder, Fußball 170
Horváth, Der ewige Spießer 131
– Der jüngste Tag 715
– Die stille Revolution 254
– Ein Kind unserer Zeit 99
– Jugend ohne Gott 17
– Leben und Werk in Dokumenten und Bildern 67
– Sladek 163
Horváth/Schell, Geschichten aus dem Wienerwald 595
Hsia, Hesse und China 673
Hudelot, Der Lange Marsch 54
Hughes, Hurrikan im Karibischen Meer 394
Huizinga, Holländische Kultur im siebzehnten Jahrhundert 401
Ibragimbekow, Es gab keinen besseren Bruder 479
Ingold, Literatur und Aviatik 576
Innerhofer, Die großen Wörter 563
– Schattseite 542
– Schöne Tage 349
Inoue, Die Eiswand 551
Jakir, Kindheit in Gefangenschaft 152
James, Der Schatz des Abtes Thomas 540
Jens, Republikanische Reden 512
Johnson, Berliner Sachen 249
– Das dritte Buch über Achim 169
– Eine Reise nach Klagenfurt 235
– Mutmassungen über Jakob 147
– Zwei Ansichten 326
Jonke, Im Inland und im Ausland auch 156
Joyce, Ausgewählte Briefe 253
Joyce, Stanislaus, Meines Bruders Hüter 273
Junker/Link, Ein Mann ohne Klasse 528
Kappacher, Morgen 339
Kästner, Der Hund in der Sonne 270
– Offener Brief an die Königin von Griechenland. Beschreibungen, Bewunderungen 106
Kardiner/Preble, Wegbereiter der modernen Anthropologie 165
Kasack, Fälschungen 264
Kaschnitz, Der alte Garten 387
– Ein Lesebuch 647
– Steht noch dahin 57
– Zwischen Immer und Nie 425
Katharina II. in ihren Memoiren 25
Kawerin, Das doppelte Portrait 725
Keen, Stimmen und Visionen 545
Kerr (Hrsg.), Über Robert Walser 1 483

- Über Robert Walser 2 484
- Über Robert Walser 3 556
Kessel, Herrn Brechers Fiasko 453
Kirde (Hrsg.), Das unsichtbare Auge 477
Kluge, Lebensläufe. Anwesenheitsliste für eine Beerdigung 186
Koch, Anton, Symbiose – Partnerschaft fürs Leben 304
Koch Werner, Jenseits des Sees 718
- Pilatus 650
- See-Leben I 132
- Wechseljahre oder See-Leben II 412
Koehler, Hinter den Bergen 456
Koeppen, Das Treibhaus 78
- Der Tod in Rom 241
- Eine unglückliche Liebe 392
- Nach Rußland und anderswohin 115
- Reise nach Frankreich 530
- Romanisches Café 71
- Tauben im Gras 601
Koestler, Der Yogi und der Kommissar 158
- Die Nachtwandler 579
- Die Wurzeln des Zufalls 181
Kolleritsch, Die grüne Seite 323
Komm schwarzer Panther, lach doch mal 714
Komm, der Idiot des Hauses 728
Konrád, Der Stadtgründer 633
- Besucher 492
Konrád/ Szelényi, Die Intelligenz auf dem Weg zur Klassenmacht 726
Korff, Kernenergie und Moraltheologie 597
Kracauer, Das Ornament der Masse 371
- Die Angestellten 13
- Kino 126
Kraus, Magie der Sprache 204
Kroetz, Stücke 259
Krolow, Ein Gedicht entsteht 95
Kücker, Architektur zwischen Kunst und Konsum 309
Kühn, Josephine 587
- Ludwigslust 421
- N 93
- Siam-Siam 187
- Stanislaw der Schweiger 496
Kundera, Abschiedswalzer 591
- Das Leben ist anderswo 377
- Der Scherz 514
Lagercrantz, China-Report 8
Lander, Ein Sommer in der Woche der Itke K. 155
Laqueur, Terrorismus 723
Laxness, Islandglocke 228
le Fanu, Der besessene Baronet 731
le Fort, Die Tochter Jephthas und andere Erzählungen 351
Lem, Astronauten 441
- Der futurologische Kongreß 534
- Der Schnupfen 570
- Die Jagd 302
- Die Untersuchung 435
- Die vollkommene Leere 707
- Imaginäre Größe 658
- Memoiren, gefunden in der Badewanne 508
- Mondnacht 729
- Nacht und Schimmel 356
- Solaris 226
- Sterntagebücher 459
- Summa technologiae 678
- Transfer 324
- Über Stanisław Lem 586
Lenz, Hermann, Andere Tage 461

- Der russische Regenbogen 531
- Der Tintenfisch in der Garage 620
- Die Augen eines Dieners 348
- Neue Zeit 505
- Tagebuch vom Überleben 659
- Verlassene Zimmer 436
Lepenies, Melancholie und Gesellschaft 63
Lese-Erlebnisse 2 458
Leutenegger, Ninive 685
- Vorabend 642
Lévi-Strauss, Rasse und Geschichte 62
- Strukturale Anthropologie 15
Lidz, Das menschliche Leben 162
Link, Das goldene Zeitalter 704
Literatur aus der Schweiz 450
Lovecraft, Cthulhu 29
- Berge des Wahnsinns 220
- Das Ding auf der Schwelle 357
- Die Katzen von Ulthar 623
- Die Stadt ohne Namen 694
- Der Fall Charles Dexter Ward 391
MacLeish, Spiel um Job 422
Mächler, Das Leben Robert Walsers 321
Mädchen am Abhang, Das 630
Machado de Assis, Posthume Erinnerungen 494
Malson, Die wilden Kinder 55
Martinson, Die Nesseln blühen 279
- Der Weg hinaus 281
Mautner, Nestroy 465
Mayer, Außenseiter 736
- Georg Büchner und seine Zeit 58
- Wagner in Bayreuth 480
Materialien zu Hans Mayer, »Außenseiter« 448
Mayröcker, Ein Lesebuch 548
Maximovič, Die Erforschung des Omega Planeten 509
McCall, Jack der Bär 699
McHale, Der ökologische Kontext 90
Melchinger, Geschichte des politischen Theaters 153, 154
Meyer, Die Rückfahrt 198
- Eine entfernte Ähnlichkeit 242
- In Trubschachen 501
Miłosz, Verführtes Denken 278
Minder, Dichter in der Gesellschaft 33
- Kultur und Literatur in Deutschland und Frankreich 397
Mitscherlich, Massenpsychologie ohne Ressentiment 76
- Thesen zur Stadt der Zukunft 10
- Toleranz – Überprüfung eines Begriffs 213
Mitscherlich (Hrsg.), Bis hierher und nicht weiter 239
Molière, Drei Stücke 486
Mommsen, Goethe und 1001 Nacht 674
- Kleists Kampf mit Goethe 513
Morante, Lüge und Zauberei 701
Morselli, Licht am Ende des Tunnels 627
Moser, Gottesvergiftung 533
- Lehrjahre auf der Couch 352
Muschg, Albissers Grund 334
- Entfernte Bekannte 510
- Gegenzauber 665
- Gottfried Keller 617
- Im Sommer des Hasen 263
- Liebesgeschichten 164
- Noch ein Wunsch 735
Myrdal, Asiatisches Drama 634
- Politisches Manifest 40

Nachtigall, Völkerkunde 184
Nizon, Canto 319
– Im Hause enden die Geschichten. Untertauchen 431
Norén, Die Bienenväter 117
Nossack, Das kennt man 336
– Der jüngere Bruder 133
– Die gestohlene Melodie 219
– Nach dem letzten Aufstand 653
– Spirale 50
– Um es kurz zu machen 255
Nossal, Antikörper und Immunität 44
Offenbach, Sonja 688
Olvedi, LSD-Report 38
Onetti, Das kurze Leben 661
Painter, Marcel Proust, 2 Bde. 561
Paus (Hrsg.), Grenzerfahrung Tod 430
Payne, Der große Charlie 569
Pedretti, Harmloses, bitte 558
Penzoldts schönste Erzählungen 216
– Der arme Chatterton 462
– Die Kunst das Leben zu lieben 267
– Die Powenzbande 372
Pfeifer, Hesses weltweite Wirkung 506
Phaïcon 3 443
Phaïcon 4 636
Plenzdorf, Die Legende vom Glück ohne Ende 722
– Die Legende von Paul & Paula 173
– Die neuen Leiden des jungen W. 300
Pleticha (Hrsg.), Lese-Erlebnisse 2 458
Plessner, Diesseits der Utopie 148
– Die Frage nach der Conditio humana 361
– Zwischen Philosophie und Gesellschaft 544
Poe, Der Fall des Hauses Ascher 517
Politzer, Franz Kafka. Der Künstler 433
Portmann, Biologie und Geist 124
– Das Tier als soziales Wesen 444
Prangel (Hrsg.), Materialien zu Döblins »Alexanderplatz« 268
Prinzhorn, Gespräch über Psychoanalyse zwischen Frau, Dichter, Arzt 669
Proust, Briefe zum Leben, 2 Bde. 464
– Briefe zum Werk 404
– Im Schatten junger Mädchenblüte, 2 Bde. 702
– In Swanns Welt 644
Psychoanalyse und Justiz 167
Puig, Der schönste Tango 474
– Verraten von Rita Hayworth 344
Raddatz, Traditionen und Tendenzen 269
– ZEIT-Bibliothek der 100 Bücher 645
– ZEIT-Gespräche 520
Ramos, Karges Leben 667
Rathscheck, Konfliktstoff Arzneimittel 189
Recht, Verbrecher zahlen sich aus 706
Regler, Das große Beispiel 439
– Das Ohr des Malchus 293
Reik (Hrsg.), Der eigene und der fremde Gott 221
Reinisch (Hrsg.), Jenseits der Erkenntnis 418
Reinshagen, Das Frühlingsfest 637
Reiwald, Die Gesellschaft und ihre Verbrecher 130
Riedel, Die Kontrolle des Luftverkehrs 203
Riesman, Wohlstand wofür? 113
– Wohlstand für wen? 114
Rilke, Materialien zu »Cornet« 190
– Materialien zu »Duineser Elegien« 574
– Materialien zu »Malte« 174
– Rilke heute 1 290
– Rilke heute 2 355
Rochefort, Eine Rose für Morrison 575

– Frühling für Anfänger 532
– Kinder unserer Zeit 487
– Mein Mann hat immer recht 428
– Ruhekissen 379
– Zum Glück gehts dem Sommer entgegen 523
Rosei, Landstriche 232
– Wege 311
Roth, Der große Horizont 327
– die autobiographie des albert einstein. Künstel. Der Wille zur Krankheit 230
Rottensteiner (Hrsg.), Blick vom anderen Ufer 359
– Polaris 4 460
– Polaris 5 713
– Quarber Merkur 571
Rüegg, Antike Geisteswelt 619
Rühle, Theater in unserer Zeit 325
Russell, Autobiographie I 22
– Autobiographie II 84
– Autobiographie III 192
– Eroberung des Glücks 389
v. Salis, Rilkes Schweizer Jahre 289
Sames, Die Zukunft der Metalle 157
Sarraute, Zeitalter des Mißtrauens 223
Schäfer, Erziehung im Ernstfall 557
Scheel/Apel, Die Bundeswehr und wir. Zwei Reden 522
Schickel, Große Mauer, Große Methode 314
Schimmang, Der schöne Vogel Phönix 527
Schneider, Der Balkon 455
– Die Hohenzollern 590
– Macht und Gnade 423
Über Reinhold Schneider 504
Schulte (Hrsg.), Spiele und Vorspiele 485
Schultz (Hrsg.), Der Friede und die Unruhestifter 145
– Politik ohne Gewalt? 330
– Wer ist das eigentlich – Gott? 135
Scorza, Trommelwirbel für Rancas 584
Semprun, Der zweite Tod 564
Shaw, Der Aufstand gegen die Ehe 328
– Der Sozialismus und die Natur des Menschen 121
– Die Aussichten des Christentums 18
– Politik für jedermann 643
Simpson, Biologie und Mensch 36
Sperr, Bayrische Trilogie 28
Spiele und Vorspiele 485
Steiner, George, In Blaubarts Burg 77
– Der Tod der Tragödie 662
Steiner, Jörg, Ein Messer für den ehrlichen Finder 583
– Sprache und Schweigen 123
– Strafarbeit 471
Sternberger, Panorama oder Ansichten vom 19. Jahrhundert 179
– Gerechtigkeit für das 19. Jahrhundert 244
– Heinrich Heine und die Abschaffung der Sünde 308
– Über den Tod 719
Stierlin, Adolf Hitler 236
– Das Tun des Einen ist das Tun des Anderen 313
– Eltern und Kinder 618
Stolze, Innenansicht 721
Strausfeld (Hrsg.), Materialien zur lateinamerikanischen Literatur 342
– Aspekte zu Lezama Lima »Paradiso« 482
Strehler, Für ein menschlicheres Theater 417
Strindberg, Ein Lesebuch für die niederen Stände 402
Struck, Die Mutter 489

- Lieben 567
- Trennung 613
Strugatzki, Die Schnecke am Hang 434
- Picknick am Wegesrand 670
Stuckenschmidt, Schöpfer der neuen Musik 183
- Maurice Ravel 353
- Neue Musik 657
Suvin, Poetik der Science Fiction 539
Swoboda, Die Qualität des Lebens 188
Szabó, I. Moses 22 142
Szillard, Die Stimme der Delphine 703
Szczepański, Vor dem unbekannten Tribunal 594
Tendrjakow, Mondfinsternis 717
Terkel, Der Große Krach 23
Timmermans, Pallieter 400
Trocchi, Die Kinder Kains 581
Ueding (Hrsg.), Materialien zu Hans Mayer,
»Außenseiter« 448
Ulbrich, Der unsichtbare Kreis 652
Unseld, Hermann Hesse – Eine Werkgeschichte 143
- Begegnungen mit Hermann Hesse 218
- Peter Suhrkamp 260
Unseld (Hrsg.), Wie, warum und zu welchem Ende
wurde ich Literaturhistoriker? 60
- Bertolt Brechts Dreigroschenbuch 87
- Zur Aktualität Walter Benjamins 150
- Mein erstes Lese-Erlebnis 250
Unterbrochene Schulstunde. Schriftsteller und
Schule 48
Utschik, Die Veränderung der Sehnsucht
566
Vargas Llosa, Das grüne Haus 342
- Die Stadt und die Hunde 622
Vidal, Messias 390
Waggerl, Brot 299
Waley, Lebensweisheit im Alten China 217
Walser, Martin, Das Einhorn 159
- Der Sturz 322
- Die Anselm Kristlein Trilogie, 3 Bde. 684
- Ein fliehendes Pferd 600

- Ein Flugzeug über dem Haus 612
- Gesammelte Stücke 6
- Halbzeit 94
- Jenseits der Liebe 525
Walser, Robert, Briefe 488
- Der »Räuber« – Roman 320
- Poetenleben 388
Über Robert Walser 1 483
Über Robert Walser 2 484
Über Robert Walser 3 556
Weber-Kellermann, Die deutsche Familie 185
Weg der großen Yogis, Der 409
Weill, Ausgewählte Schriften 285
Über Kurt Weill 237
Weischedel, Skeptische Ethik 635
Weiss, Peter, Das Duell 41
Weiß, Ernst, Georg Letham 648
- Rekonvaleszenz 31
Materialien zu Weiss' »Hölderlin« 42
Weissberg-Cybulski, Hexensabbat 369
Weltraumfriseur, Der 631
Wendt, Moderne Dramaturgie 149
Wer ist das eigentlich – Gott? 135
Werner, Fritz, Wortelemente lat.-griech. Fachaus-
drücke in den biolog. Wissenschaften 64
Wie der Teufel den Professor holte 629
Wiese, Das Gedicht 376
Wilson, Auf dem Weg zum Finnischen Bahnhof
194
Winkler, Menschenkind 705
Wittgenstein, Philosophische Untersuchungen
14
Wolf, Die heiße Luft der Spiele 606
- Pilzer und Pelzer 466
- Punkt ist Punkt 122
Wollseiffen, König Laurin 695
Zeemann, Einübung in Katastrophen 565
Zimmer, Spiel um den Elefanten 519
Zivilmacht Europa – Supermacht oder Partner?
137